[加] 马修 · L. 史密斯（Matthew L. Smith）
[加] 凯瑟琳 · M. A. 赖利（Katherine M. A. Reilly）
主编

吴红敏 译

钮晓鸣 校

开放发展

国际发展中的网络化创新

上海大学出版社
· 上 海 ·

图书在版编目(CIP)数据

开放发展：国际发展中的网络化创新/(加) 马修·L.史密斯，(加) 凯瑟琳·M. A.赖利主编；吴红敏译. —上海：上海大学出版社，2019. 7
(上海产业技术研究院战略咨询丛书)
书名原文：Open Development：Networked Innovations in International Development
ISBN 978-7-5671-3547-5

Ⅰ.①开… Ⅱ.①马… ②凯… ③吴… Ⅲ.①网络化—研究—世界 Ⅳ.①G203

中国版本图书馆 CIP 数据核字(2019)第 108344 号

上海市版权局著作权合同登记图字：09-2019-299 号

Published by the MIT Press.
A copublication with International Development Research Centre
ISBN 978-1-55250-568-7 (IDRC e-book)
ISBN 978-0-262-52541-1 (pbk.：alk. paper)

版权引进 石伟丽
责任编辑 石伟丽
封面设计 柯国富 吴红梅
技术编辑 金 鑫 钱宇坤

开放发展：国际发展中的网络化创新

[加] 马修·L.史密斯(Matthew L. Smith)
[加] 凯瑟琳·M. A.赖利(Katherine M. A. Reilly) 主编
吴红敏 译
钮晓鸣 校

上海大学出版社出版发行
(上海市上大路 99 号 邮政编码 200444)
(http://www.shupress.cn 发行热线 021-66135112)
出版人 戴骏豪

*

南京展望文化发展有限公司排版
江阴金马印刷有限公司印刷 各地新华书店经销
开本 850mm×1168mm 1/32 印张 10.75 字数 270 千
2019 年 7 月第 1 版 2019 年 7 月第 1 次印刷
ISBN 978-7-5671-3547-5/G·2952 定价 39.00 元

目　录

序

约柴·本科勒(Yochai Benkler)

非专有的、自组织的生产方式在网络环境、网络文化及网络社会秩序建设中起着越来越重要的作用。互联网与万维网(World Wide Web)的标准设置都基于非国家的、非专有的组织模式。不只是万维网的核心软件,越来越多的服务器、智能手机、嵌入式计算的操作系统、企业软件甚至统计程序包,都是基于免费开源软件而开发的。组成我们知识综合体的基础,即我们这个时代的百科全书,是基于维基百科(Wikipedia)与谷歌(Google)搜索的部分组合,其本身就是由传统模式与新型分布式模式相结合而产生的信息综合体。21世纪的头十年中,基于知识共享的同行生产与社会生产方式,在经历了最初的无人问津,之后的受嘲讽、引发恐慌,以及被当作特例或知识分子的怪癖等阶段之后,最终成为一种常态,成了生活不可或缺的一部分。到2012年,问"这是真的吗?"这样的问题显得太落伍了,而问"这意味着什么?"这样的问题才恰如其时。

在本书中,来自不同领域的作者们直面当今世界的一个主要挑战:数十亿人口因受经济和政治因素的严重制约而生活境遇不佳,怎样做才能改善他们的这种状况?显然,开放发展(open development)并不是灵丹妙药——压根也没有什么灵丹妙药。但这种可在较宽范围中组织人类事务的方法有何新颖之处?

2008年的大萧条打破了后苏联时期欢欣鼓舞地盛行于20世纪90年代的"一切以市场为基础的意识形态"泡沫,尽管其众多追随者仍继续不加批判地推广其教义:吸取教训并不是易事。当美国几大银行和金融机构吸收着数千亿美元的政府资金而得以存活，而为了拯救公司，通用汽车（General Motors）成了一家国家和工人共同所有的公司（尽管随后又迅速重新私有化），理论家和自利党派继续宣扬着他们的自由市场言论。欧洲的几个大国试图通过实施紧缩和节约开支来唤醒沉睡中自信的宠儿，就好像市场本身运作良好，问题只是政府方面破坏了市场的信心而已，而这样做的结果是逐渐破坏了本国的政治稳定。

viii

市场的明显缺陷与同样明显的国家管理的不完善叠加，导致了非国家、非市场主导的生产和务实的组织正成为在网络社会中提供各种需求（特别是公共产品）的重要理念和有效方案。社会干预的显著特点是能够解决以市场或国家管理缺失为代表的问题：它试图创造一种变通方法，利用社会生产来完成市场或国家的完整功能而又不受同样的限制；或者说，它至少在寻求建立一个监督机制或压力点，迫使相关的市场或国家做出反应来缓解已察觉到的问题。

正如自由市场的理想作为一种意识形态与官僚机构或国家形成对照，开放模式的概念与社会组织的这两种理想类型也形成鲜明对比。与自由市场一样，开源发展也建立在个人的、自主的行为基础上，依赖于与其他人的合作，而在很大程度上跟国家扯不上关系。但与自由市场不同的是，开放资源其核心是反对通过所有权进行独家控制的主张，这与市场组织的公司版本不同，因而培养了一种坚持拒绝等级制度的文化（与所有理想类型一样，如果确实有也经常会受到破坏）。关键不在于开放模式真的包括这些，它们其实并不比自由市场更独立于国家，也并不是完全的剥削。事实上，国家也不是其进步理想或自由主义反乌托邦的整体体现。开放模式一方面与市场一致而与国家不同，即只有依赖于相对分散权力控制的非国家行为才能变得比较理想（正如完美的市场理想）；另一方面与国家（特别是在民主方面）一致而与市场不同，即开放模式包括非商品化关系、生产和交换。(未必是缺乏资金本身,而是没有将联合产品商品化作为组织原则,并坚持不将生产和使用之间的关系降格为纯粹的商品化交易形式。)

因此,特别是对于发展而言,开放模式为新自由主义华盛顿共识(Washington Consensus)提供了一个重要的平衡砝码,以及后来软化它的力量。尤其是开放模型从工程意义上提供了一定程度的自由度,用于设计面向发展的、不严重依赖于市场或国家的干预措施。

ix

如果一个国家的电信运营商在政治上太强大,或者其政府因主要操作系统或企业软件供应商的承诺而产生腐败,那么开放模式提供了一种替代途径,可以避开此类失败模式而制定发展目标。在以下每个案例中——无论是印度尼西亚以人们可以负担得起的价格提供宽带的社区 Wi-Fi 网络,还是人们在南非使用的操作系统;抑或是肯尼亚通过协作、免费和开源软件开发模式建立的实时暴力监测系统变为全球可用的进行选举和自然灾害监测的免费软件——开放模式为善意的人们提供了一种解决方案,让他们可以共同解决市场和国家体系的局限性问题。在某些情况下,开放模式必须克服来自它们所干扰的国家或市场的直接竞争或压力。而在其他一些案例中,开放模式可以大大减轻国家必备系统(如教育和卫生系统)的负担,使发展落后的国家和市场也可以承受。

全球网络信息经济一个新的且至关重要的特点是其涉及与人类发展相关的方方面面。人类发展的各种需求确实可以由开放的社会生产模式提供或支持。知识、创新和沟通能力是人类发展的核心要素,是推进人类发展的贡献力量。它们也是网络环境的构建模块和核心输出内容。本书中探讨的方法为找到新的可能性提供了一个窗口,也为人们聚集在一起培养与建设可以改善人类状况的基本能力和设施提供了新的方式。同时,正如工业化并没有完全占据生活的所有领域，而是改变了其周边的一切形态，有好的也有坏的，网络化的社会行动也会如此。它不会是人类发展各方面问题的解决方案（或其原因）；但是，它所实现的新的有效行动可以从根本上重塑人类发展的问题、解决方案和制度框架。

前　言

在一个人数庞大却又在不同区域开展网络式协作并产生无数新点子的人群中，我们只能算得上是一小组策划人。一位朋友在同本书的主编之一凯瑟琳·M. A.赖利（Katherine M. A. Reilly）讨论一项会议策划时就曾说过："我们不能把它当成一个论坛，而是以每个对话、每次体验、每次活动为载体的几百万个小论坛。"同理，这本书也只是对一次复杂对话的一种陈述而已；有鉴于此，我们想在前言部分介绍一下写这本书的起因。

2008 年，国际发展研究中心（International Development Research Centre，IDRC）的发展项目信息技术部（Information Technology for Development Program Area）做了一次关于"发展所需的信息通信技术（information and communication technologies for development，ICT4D）最新研究进展"的调研。通过梳理过去五年中相关领域的研究进展情况，并展望未来，调研小组注意到一个有着深远意义的发展趋势。如果用一个词来概述，那就是"开放"（openness）。

国际发展研究中心就这一关键词扩大了调研范围，并撰写了题为《开放的发展所需的信息通信技术》（"Open ICT4D"）的工作报告。以此为基础，在 2010 年 3 月出版的《信息技术与国际发展》（*Information Technology and International Development*）杂志上又刊发了《开放的信息通信技术生态系统正改变着发展中国家》（"Open ICT Ecosystems Transforming the Developing World"）一文。在这项研究工作中，马修·L. 史密斯（Matthew L. Smith）和他的同事劳伦特·埃尔德（Laurent Elder）假设开放的社会体系在方式上会增强或转变社会活动的内容与形式，这个方式也将彻底颠覆信息通信技术在发展问题上的影响力。

然而，《开放的发展所需的信息通信技术》无法充分体现史密斯和埃尔德所期望的这种转变。随着这一领域的更多研究成果不断涌现，我们可以清楚地看到发展所需的信息通信技术的聚焦面过于狭窄，而开放才是对我们思考发展有着重要意义的一种现象。有鉴于此，国际发展研究中心于2009年初以“开放发展”为主题征集稿件，主旨就是围绕开放在发展进程中的作用以及如何利用开放推进发展这个议题展开激烈讨论。2010年3月以此为主题召开的国际研讨会搭建了一个交叉学科互动平台，聚集了从世界各地赶来的发展项目执行者、学者、政策制定者、资助者等，其中许多人已与国际发展研究中心合作多年。

xii

那段时期，凯瑟琳正在进行博士论文的答辩。在这篇关于中美洲开放网络的论文中，她从理论上探讨了开放对于发展的意义。凯瑟琳也报名参加了国际研讨会并提交了论文，最终她和马修开始合作，而成果就是这本书的编辑出版。

你会发现这本书中很多章节的撰写都是以参加开放发展国际研讨会为起点的，另有一些章节作为补充充实了整本书的内容。书中渗透着大家一年中对史密斯和埃尔德的最初假设及其与发展理论关系的思考，并在不同章节中对其做出各种阐述。我们越是深挖开放发展的含义，越多讨论或是阅读他人的著作，就越能够学到（或发现更多未知的）关于发展本身的知识。本书的每一章都各自探讨了开放发展在不同领域中的内涵、积极意义与挑战，而汇聚在一起又开启了对发展实践与理论的建设性论述。

在本书完成之际，我们不禁惊讶于开放发展这一理念已经形成的深远影响。比如，2012年9月在赫尔辛基举行的“开放知识节”（Open Knowledge Festival）活动中就创建了一个线上平台，大家可以就“开放发展与我”这一话题，从专业角度或是个人立场分享观点。平台上发表的各种帖子有力地证明了开放的力量。这些回帖的作者来自不同的人群,涉及的内容也是方方面面的,包括共同创造、共享与合作、自下而上流程、信息获取、相互学习、尊严、援助方式及流向的改变、透明与诚实、转型、责任性、专注于流程而非产品,以及不分社会地位对他人的认同感等。很明显,这一理念很有发展势头,随着在这个领域的研究推进,我们也期待着关于开放发展意义的讨论可以持续下去。

本书的完成有赖于许多人的付出与支持。我们对所有参与并对书中理论的发展与手稿的完成做出贡献的人深表感谢,其中包括国际发展研究中心的很多同事,还有在研讨会期间,对本书的某个章节或整本书提供了重要反馈意见的匿名审稿人。特别要感谢这本书的发起者——迈克尔·克拉克(Michael Clarke)、劳伦特·埃尔德、赫洛伊丝·埃姆登(Heloise Emdon)和本·彼得拉齐尼(Ben Petrazzini)。凯瑟琳想要特别感谢推荐她来编写这本书的罗恩·戴伯特(Ron Deibert),以及她2010学年秋季学期的研究助理西瓦什·罗克尼(Siavash Rokni)。

最后,再感谢一下家人。凯瑟琳想对支持她的丈夫韦恩·卡里根(Wayne Carrigan)表达她的爱意与敬意。他的支持超越了任何项目的参数值,值得在任何场合加以赞赏与感谢。马修想要感谢他的父亲,他在开明开放方面已是表率;他的母亲则教会了他如何分享,还有很多其他重要的人生经验;还有卡罗琳娜(Carolina),马修每天都对她充满感激。他还想把这本书献给他刚出生的双胞胎女儿:希望她们能在一个珍惜共享与合作而非自利与竞争的世界里成长。

第1章

引　言

马修・L.史密斯、凯瑟琳・M. A.赖利

丽贝卡・乔(Rebecca Chiao)自2005年起就在开罗的一家旨在解决性骚扰问题的非政府组织(nongovernmental organization, NGO)工作,而她自己也是一个受害者。事情发生在开罗一个人来人往、交通繁忙的公交车站。没有人上前来帮她,甚至没有人敢言语一声。

2009年,大部分旨在解决性骚扰问题的非政府组织都把重点放在政策制定上,希望通过法律框架的改变改善现状。然而在丽贝卡看来,相比法律层面,这个问题更是社会层面的。人们必须改变他们的观点,重新认识什么是可接受的行为,什么是不能容忍的。这就需要将工作重点放在挑战当前在埃及对性骚扰加以容忍的社会规范上。

在那段时间,丽贝卡了解到了两个开源软件平台:Frontline SMS和Ushahidi。Frontline SMS可以让用户在一个移动网络中发送、接收和管理短信(文字短信)。Ushahidi则可利用短信、电邮、推特(Twitter)和网页上的信息进行众包。丽贝卡觉得将两者结合起来可以更好地调查问题,让公众意识到性骚扰问题的普遍存在,使其成为一个强大的工具。特别是埃及的手机普及率已达97%,这种方式很方便与公众沟通互动。她的构想很简单:市民可以通过手机报告在哪里发生了性骚扰事件,并在一张在线地图上标识出事件发生的地点。

丽贝卡把她的构想写成方案,发给相关的非政府组织,但是没

有任何一家表示有兴趣。于是丽贝卡说服了三位埃及朋友，跟她一起将这个构想付诸实践。他们用了一年多时间开发了一个数字化报告系统，并补充了强大的真实社区参与的元素。如果他们想要改变在性骚扰问题上的文化，就必须尽可能多地与埃及当地人联起手来。

在一家叫 NiJeL 的技术公司的帮助下，2010 年 12 月 HarassMap 上线了——性骚扰报告也随之涌入。这些报告很快就突破了性骚扰相关的一些典型模式，而且报告来自埃及各地——沙漠、尼罗河盆地(Nile Basin)、红海(Red Sea)海岸，有些地方 HarassMap 的创办者们甚至都没有听说过，这说明性骚扰问题并不只在开罗这样的大城市才存在。此外，性骚扰的受害者并不只是一些穿着暴露的女士，也有用面纱甚至尼卡布(包住全身与脸的黑色罩袍)包裹自己的女士们，还有一些男士受到其他男人或女人的骚扰。

2

HarassMap 的作用已超出了数字化报告系统的功能。只要有人发送事件报告，系统就会自动回复一条短信，告知受害者可以得到的免费服务信息(包括心理辅导、自卫术课程、法律援助等)。HarassMap 团队还培训了一支人数虽少但非常敬业且经过培训的志愿者队伍。这些志愿者深入社区，对街坊中的人员(比如商店业主或是门卫)进行访谈，向其宣传并努力说服其挺身而出，抵制性骚扰恶俗。谈到最后，约有 80%的受访者会同意支持，然后志愿者就把相关的区域在地图上标识为安全区，人们会更愿意光顾这些商店或是搬到这样的地区。

HarassMap 团队一边维护项目的核心理念，一边又努力开放，对社区的反馈及时响应，经常征求意见并尝试各种新的想法，观察效果如何。到 2012 年他们已积极推动了一系列新的项目，包括在社交媒体上宣传、撰写指导材料、举办艺术展览会、成立摄制小组、扩大警察巡逻范围，以及对所收集数据真实性进行验证。正如乔所描述的那样，团队的工作方式是“比较自由的形式”。

HarassMap 项目开展至今，已有 16 个国家的团队表现出浓厚的兴趣。2013 年就在本书还在编写的过程中，6 个 HarassMap 的克隆项目在也门、孟加拉、巴勒斯坦、叙利亚、黎巴嫩和巴基斯坦上线了，而在利比亚、土耳其、南非、美国、加拿大、印度、伊朗、马来西亚、印度尼西亚和日本的项目也处在准备阶段了。

HarassMap 案例讲述了一个令人折服的故事——年轻女性利用开放模式解决一个定义清晰的社会问题。这是一次市民自发驱动的项目，结合社区参与和技术支撑的社会报告创新方式，普及至更多埃及人，并打破陈规，这在以前是不可能发生的。此外，得益于日益开放的技术与工具生态系统，HarassMap 团队只用很少的资金和日常工作之余的时间就完成了所有工作。

开放：国际发展的挑战

3

本书旨在探索国际发展中的新领域和新机遇（比如 HarassMap 项目），并评估其潜力。其应遵循两个基本的、相互作用的前提条件：其一，我们生活的世界正在快速发展为高度网络化的社会，这为国际发展带来了很好的机遇，但威胁也同时存在；其二，国际发展理论与实践都要体现这个新情况。在过去的几十年中，迅速成长的网络化社会极大地改变了决定发展态势的条件（还有实现的方式）。我们相信这些变化着的条件和新的机遇正逐渐成为发展过程的中心。

本书特别关注这些机遇和威胁的一个特定源头：在数字化网络技术基础上出现的开放型网络化模式。20 世纪 70 年代开始发展的数字化网络日益扩散，同时又相互联结，在全世界的各个层面和社会中得以整合，深远地改变着有着共同目标的人群自发组织以及达成其目标的方式。随着这种数字化的扩散，一系列开放网络架构和活动逐渐形成，人和信息通过这些架构与活动汇聚在一起，影响着我们分享知识、协调、组织、合作、决策等行为的方式。

其中一些模式已经广为人知了，比如开源软件和维基协作生产模式；一些正日益受到关注，比如学术作品的开放获取、开放教育资源、开放政府数据和 Ushahidi 众包信息平台；还有一些则仍默默无闻，包括科学研究过程信息的开放获取、私营企业对开放型商业模式的使用，等等。尽管这些模式在形式、内容和结果上都极为不同，但它们都汲取人类协作的力量，并涵盖数字化条件下的开放所固有的内容和组合：分享想法和知识，对内容再利用、修正或赋予其新的用途，增强流程的透明度，扩大参与度，协作式生产。

这些开放模式在国际发展中的应用及其背后的逻辑我们称之为“开放发展”。自 2009 年我们开始编写这本书以来，“开放发展”这个词也获得了广泛关注。比如，很多国际会议开设了以“开放发展”为主题的分会场。世界银行研究院（World Bank Institute）以它命名了一系列活动，包括“开放发展技术联盟”（Open Development Technology Alliance）。宣传组织 ONE 开发了一个开放发展框架，称其“代表了一种理解发展的含义、发生的方式，以及外部合作伙伴作用的全新视角”。而非洲发展银行将其衍生为开放、智能和包容（OSI）的发展。当然，重要的并不是用什么词，而是其背后的理念，即：利用日益普及的信息通信技术创造新的组织形式来改善人们的生活。

4

本书试图更综合性地考虑开放发展所带来的机遇与挑战及其对国际发展的意义。书中的章节涉及各种开放应用案例，探索其潜力、限制与缺点。第 2 章，编者从理论上尝试阐释开放发展及相关名词，而这些词都是随后各个章节的奠基石。如果读者有兴趣挖掘一下开放发展思维所涉及的情境、定义和理念，阅读第 2 章是一个很好的开始。而如果读者对开放发展的案例更感兴趣，那我们建议先读后面的三部分。第一部分是“开放的模式”，介绍了一些案例，说明开放模式可以（或正在）用来解决某些特定的发展问题。这部分的几个章节探索了在健康、道德消费、生物技术和教育等领域的国际发展中开放模式可能发挥的作用,并分析了一些正在进行的实验。第二部分是“开放的冲突”,讨论了对开放模式的争议,比如希望保持现状的既得利益者所施加的压力、缺乏足够的机构支持或是执行开放政策的困难等。第三部分“开放的建设”则更概念化了。这一部分的三章分别探讨了决定着开放模式发展与结果的社会建设流程、知识管理和个人意愿的作用。其中最后一章也是这本书的结尾部分,总结了开放发展作为发展范例的意义以及在以竞争为主导的国际大环境中要利用好开放模式的力量需要哪些条件。

编排这些章节的方式其实有很多种,而每一种方式都会有优缺点。每个章节所涉及的领域和案例都非常多样化,读者们会发现这些章节在互相对话,虽然讨论的问题与主题经常重复出现,但其观点根植于截然不同的个人经历或视角。我们认为这种横切主题和问题呈现不同观点的方式比简单堆砌研究成果更有效果。虽然说在自己所关注的领域内从各种实际应用中吸取经验教训非常重要(比如,在资源有限的条件下如何开放政府数据),通过关注其共同点与差异性,从其他领域的开放应用案例上汲取经验教训,也可能是很有裨益的。这些不同领域的开放应用案例乍一看可能毫无共同之处,但开放的逻辑则贯穿始终。

5

横切主题

在这里我们简要地讨论几个在所有章节中横向贯通、交织显现的主题。但我们并不准备用一个综合性的清单列举出对这些章节梳理后做出的明确的结论或是什么理论。我们只是想要重点标出我们认为比较重要的学习方向和未来可以深入探索的领域,激发一下读者的兴趣。我们只是抛砖引玉,给出与读者就一些重要的共性话题进行对话的开场白，希望他们能在阅读此书和其他开放发展著作时加以思考和探索。

重点是发展，而非开放

本书中的大部分章节探讨了为达成特定发展目标而应用开放的不同方式，比如在南非减少 HIV 感染，在边缘化社区改善教育体验与机会，或是在保护市民隐私权的同时改善政府的服务等。在这些案例中，开放提供了以前所未有的方式达成这些目标的机会。开放贡献了它独有的逻辑，在解决问题中实现附加值。比如在第 5 章中，哈桑·马萨姆(Hassan Masum)、卡尔·施罗德(Karl Schroeder)、迈拉·卡恩(Myra Khan)和阿布达拉·达尔(Abdallah S. Daar)探索了如何将开源的软件制作模式调整应用到生物技术领域，希望能借此改善农作物的产出或是推进医学研究，为边缘化的社区带去积极的改变。而在第 4 章中，马克·格雷厄姆(Mark Graham)和哈瓦德·哈尔斯塔德(Håvard Haarstad)考虑的是维基的潜在应用与射频识别技术(RFID，即附在产品上的智能追踪芯片)如何让货物链更透明，消费者借此可以更多地了解自己所购买的商品，包括劳动力和环境影响等信息。在这些章节中，开放在发展目标的实现过程中能提供明确的益处。

这些章节也提出了这样一个问题：我们如何通过开放获得附加值，以解决一个特定的发展问题？更具体一点，这些章节讨论了如何调整开放的模式来解决手头一个特定的发展问题。换句话说，就是先从发展问题开始着手，然后引向开放，而不是反过来，这是一种很明显的趋势。开放是解决问题的一种方法；开放不是唯一的方法，也不是结果。当然，对开放的理解与应用有很多不同的方式。鉴于发展本身就是一个争论激烈的领域，发展问题也具有很强的区域化特征，这就显得很正常了。这并不妨碍我们分享在

6

特定的区域情境中汲取的经验教训，只是提醒我们在构思新的开放发展倡议时要注意仔细研究区域特点。

开放需有层次

在思考开放带来哪些价值时，需要将其与技术本身的角色区分开。比如，马歇尔·S. 史密斯（Marshall S. Smith）在第6章中讨论了开放教育资源（Open Educational Resources，OERs）与技术在教育中的应用这两者的显著差别。在课堂中应用的技术可以包括开放教育资源，也可以不包括。开放教育资源的独特之处在于免费获取内容或重新整合、使用、调整目标以及分配这些内容的能力带来的附加值。这样的案例就是技术“加”开放的案例。

更重要的问题是，不管是在技术意义上还是社会意义上，开放模式被置于现有结构的最顶层，并非从无到有，凭空出现的。这不是一个颠覆性的想法，但提出这一点很重要，因为开放发展是一种演变过程而非分裂状态。我们仍可以依靠原有的基础，但要对复杂性进行分层处理。

这就意味着我们不必摒弃以前在发展所需的信息通信技术这样的学科领域的研究积累。我们仍然需要解决获取方式、能力、内容、有效使用、技术政策等基本问题（虽然在第2章中我们又争论说也许我们需要新的方法，特别是在信息通信技术到处渗透的形势下）。比如，知识产权（intellectual property，IP）在发展所需的信息通信技术领域从来都不是很重要的政策或研究问题；但是，本书的多个章节都举例说明了在开放发展中这是个首要而中心的问题。权力和不平等问题并没有解决，只是有时增强，有时减弱，有时被转移到他处而已。发展所需的信息通信技术关注的是能力建设，而在开放发展中标准设定是同等重要的问题。

7

开放是颠覆

信息系统(information system，IS)是发展所需的信息通信技术的基础，信息技术的应用引发了一系列的改革并波及整个社会。启用某一项技术绝不是单纯的“技术”问题，而是部分由技术引发的社会协商的结果。基于这样的原因，学者们用了一个比较奇怪的新词——“社会技术”(socio-technical)来取代信息系统，因为社会与技术总是相互交织的。

建立在信息通信技术基础之上的开放模式也是社会技术系统。就像使用某项技术会影响到整个组织一样，采用新的组织模式也会影响到整个组织架构，不论是微小的调整还是根本性的改变。本书中的一些章节就举例说明了朝更为开放的模式转型给机构带来的其他方面的改变。最广为人知的案例就是微博和网络媒体对传统报刊行业的冲击。第 2 章中，我们将更为详细地讨论这些颠覆性的改变。

从本书的案例中我们可以看到，开放模式带来的颠覆可能不是大张旗鼓，却力量强劲。我们可以列举两个后面章节中会反复出现的例子。第一个是在组织共享与合作中如何迫使机构重新考虑质量与绩效的评价指标。第 8 章中，莱斯利·成(Leslie Chan)和伊芙·格雷(Eve Gray)就阐述了学术出版物的开放获取如何挑战现有的、单一标准的学术影响评估系统，并催生了对学术产出新标准的需求。尤其是现行的系统低估了发展中国家相关的研究成果，开放获取系统的新标准提供了一个纠正这种状况的机会。正如成和格雷在第 8 章中所言，“标准应该用于支持我们认为有价值的东西，而不是给它下定义”。如果说“你的结果来自你的测量”这句话是对的，那么这些测量标准的定义对我们希望看到哪种类型的世界就无比重要了。

第二个例子是伴随开放模式的价值转变。序言中的约柴·本科勒和第13章中的伊内克·布斯肯斯(Ineke Buskens)都提到，开放模式逐渐显现了这个世界仍以市场价值与经济理论为主导。在当下，商业价值依然主导着出版业和学术系统(见第6章)，西方国家定义了知识产权法则；而开放模式用一个看上去有望实现的选项挑战着这些价值系统。正如杰里米·德贝尔(Jeremy de Beer)和奇迪·奥古马南姆(Chidi Oguamanam)在第10章中所说的，在国际发展中应用开放“对于转变主导了20世纪下半叶的概念范式有着非凡的意义”。这种向共享与合作方向的文化转变与本质上追求个人利益的市场体系形成了对立。

8

以上举例其实也在说明开放模式可以带动发展收益的再分配。由此推论，开放模式从内在上讲是政治性的，挑战着现行体制内执行者的权威，并影响着资源的配置和权力的归属。由于开放模式实施的是新的知识产出方式，会调整参与、决策或意义建构的模式，这也意味着新的政治形式。凯瑟琳·M. A.赖利会在第12章中对此进行探讨。

功能性开放需要好的结构

充分利用开放的力量不能仅靠偶然，需要搭建良好的结构。就像语言需要句法规则才能明白易懂，构建一种开放模式通常需要某种程度的对立面，即封闭性，才能提供一个结构让开放发挥作用。不受限制、缺乏结构控制的开放无法有效凝聚参与者的合力从而使其朝着有意义的目标前进。因此，功能性开放要在两股力量之间取得平衡：开放的灵活性和达成目标的结构。

定义行为的结构的重要性在本书各章节中以不同形式呈现，比如生物技术领域科学家合作的平台、开放获取的资料库、易掌握并再利用的开放教育资源模块、新的知识产权法律框架、对话所需的安全(隐私)空间、参与的规范化，甚至是基于开放数据的可视化，都赋予了数据本身一种特别的逻辑。

这里有一个合二为一的关键点：这样的结构基于社会实际情况而搭建，搭建方式又有其特定的目的。开放模式的架构是经过构成开放空间的无数假设与决策(不论是隐含的还是显而易见的)逐渐形成的，这些假设与决策可能是关于参与流程的规范，也可能是通信标准，或是决策的程序化手段，可谓林林总总。技术，以其内置的逻辑，也可以决定参与的形式。所有这些方面都是最终决定开放模式本身的性质与其各种可能性的决策和社会协商的结果。换句话说，它们提供的不仅是成功所需的结构，还有对成功的诠释(反过来又对上述的测量标准定义产生影响)。

9

开放：理想与现实总有差距

一个开放模式的必要结构还有另外一个重要方面：没有一个开放模式是普遍性的、完全开放的，这是一个永远都不可能达到的目标。尽管信息通信技术以其跨越时间与距离障碍的能力而著称，但也不可能完全做到。人、现行社会制度、开放模式的架构等限制条件都限定了参与的人和方式。时间、距离、语言、文化、以往的经验等都影响着个人能在多大意义上获取并参与。同样，标准、政策、技术基础、激励机制等因素在提供开放结构的同时又阻挡着可能与机遇。在第11章中，布兰·哈维(Blane Harvey)就详细地描述了在一个参与性高的社团创建过程中，“获取开放的空间对于不同的人来说可能是不一样的，因此，有些人比其他人更容易获取”。根据哈维的意思，开放并不是指对所有人开放，而是对某些选区的选民开放。要理解一个开放模式，不仅要看清它选择的人群是哪些，更要从本质上看他们是如何排除其他人群的。

开放需要批判的视角

开放中存在着理想与现实的差距则提示我们需要用批判的视角去审视开放的模式，看它是否在平衡中达到发展的目标。开放这个概念颇具感染力与吸引力，而这往往掩盖了不平等或是出乎意料的负面影响。阿伦·K.马丁（Aaron K. Martin）与卡拉·M.博尼纳（Carla M. Bonina）在第9章中就指出政府通过开放治理提高透明度与责任性的同时也产生了对市民隐私的一系列威胁。作者将改善公民在线参与的一个政府项目作为案例，呼吁加强在线身份管理意识，尽可能地降低无谓的隐私侵害、恶意监控或歧视。

帕明德·吉特·辛格（Parminder Jeet Singh）和安尼塔·古鲁穆里（Anita Gurumurthy）在第7章中批判性地审视了开放模式在一系列领域中的应用，并说明了开放模式如何掩盖而非直接解决权力不对称的问题。比如，目前我们对推特这样的私有平台的开放模式非常依赖，针对这样做的益处与风险，他们就提出了这样的问题："这些平台究竟有多大的开放程度？""依赖这些私人公司来管理我们的开放空间涉及的风险有哪些？"等等。吉特·辛格和古鲁穆里强调开放的真实条件应该基于"网络公众"（network publics）。所谓"网络公众"是由公共机构和支撑真正意义上开放的权利与义务组成的制度生态体系。虽然本科勒在前言中指出开放模式在市场化或公益化支撑方面可以做出不同的选择方案，但辛格和古鲁穆里认为开放还是应依赖于公共领域及其机构来发挥其全部的潜力。开放发展所面临的主要挑战是分析并实施新的制度、文化与政策框架，让开放的力量发挥作用，巩固（而非破坏）发展的结果。 10

而排斥因素的形成通常很微妙，比如文化价值或假设。布斯肯斯在结论中指出，在很多情况下有必要“揭开面纱”审视不同的开放发展项目，这样就能看到“组织并告知我们”的假设之下还有着更深层的理念，微妙地决定了谁可以参与开放模式。只有这样，我们才能清楚地看到意向（比如更多的平等参与）与现实（流程所固有的排除结构）之间的不一致。这些理念的力量如此之强，如果不加以质疑、修正，那些排除在外的人群会进一步被边缘化。

开放是一个复杂的过程，而非一种状态

正像其他所有概念一样，此书中所描述的开放概念与模式，并不能完整地表达出现实的状况。概念所表达的是一些固定和静态的思维，要么开放，要么封闭。开放发展的现实却更具有易变性与不确定性。

如第 2 章所阐述的那样，开放至少可以在三个维度上拓展：内容的开放、对人的开放以及流程的开放。一般来说，当谈到一个开放的模式时，我们想到的都是内容的开放和对人的开放。但随着这两个方向的持续开放，势必会带来流程的开放。因为随着内容的日益多元化，更多的人参与其中，下一步会发生什么也会越来越不确定，这种日益增长的多元性把我们推向一个动态而复杂的社会形态，其包含的非线性流程是无法提前预见或确定的。用哈维的话来说，“对开放的最佳理解应该是这样的，它是一个集合式的流程，持续不断地发展着并需时时给予审视”。

正如在引言部分我们介绍的 HarassMap 案例，开放模式不只是针对这种偶然事件，更是对其进行吸纳融合并从中受益。当然，发展总是一个社会性的复杂流程。本书各章节的作者们都明确陈述了引入开放会使这种复杂性走到明处。梅利莎·劳登（Melissa Loudon）与乌尔里克·里韦特（Ulrike Rivett）就在第 3 章中指出，合作研究是基于相互信任之上的，势必涉及在过程中对合作者的

11

各自贡献及不同观点的开放。开放教育资源与政府数据会带来积极的变化，它的动力部分来自区域化使用与调整所获得的成果，而这些成果是始料未及的。复杂性并不是一个漏洞，而是一个特征。

本书中的各章节都说明了直面复杂性和开放模式的积极意义。很多开放模式的核心特点就是对目标与对话内容的一致理解，特别是在参与度很高的模式中更是如此。在复杂空间中工作需要灵活性与学习能力，能做出即兴反应。需要进行实验与研究来确定在不同的情境中哪些可行，哪些不可行。在寻找解决方案的过程中，也需要充分考虑并吸纳多元化的数据、观点以及不同的认知方式。开放模式中还需要包括执行原则和区域化调整，而并不是最佳实践。原则可以在不同的情境或是领域间通用，但实际的模式却并不能。这也意味着未来需要的是另一种专家，他们能帮助构建开放流程，而不是指出一条前进的最佳路线。

然而，包容不确定性与目前主导国际发展的基于结果的管理模式有些背道而驰。现行的模式主要以事先规划好成果与中间结点为基础，并沿着这样的路径推动项目的实施。偏离计划的内容都会被调整甚至排除。与之相反，开放模式归根到底是一个各种共同创造的多元发展路径并存的流程，而不是以预先设定的路径从未发展状态演变为已发展状态。它既是一个构架，又是一个流程。正如德贝尔和奥古马南姆在第 10 章中描述的那样，“尊重不同社会权利，让它们自己确定在国际化世界中的发展路径”。

参考文献：

12

1. Benkler, Y. *The Penguin and the Leviathan: How Cooperation Triumphs over Self-interest*. New York, NY: Crown Business, 2011.
2. Hanna, N. “Open, Smart and Inclusive Development: ICT for Transforming North Africa: Report to the African Development Bank.” (2012). http://www.afdb.org/fileadmin/uploads/afdb/Documents/Publications/Brochure%20Open%20Smart%20Anglais.pdf.

3. Smith，M. L.，and L. Elder. “Open ICT Ecosystems Transforming the Developing World.” *Information Technology and International Development* 6，no.1 (2010)：65 – 71.
4. Smith，M. L.，L. Elder，and H. Emdon. “Open Development：A New Theory for ICT4D.” *Information Technology and International Development* 7，no. 1 (2011)：iii – ix.

第2章
开放发展模式在网络化社会中逐渐显现

凯瑟琳·M. A.赖利、马修·L.史密斯

在本章中,我们通过审视开放模式如何重塑我们思考并推动国际发展项目的方式来讨论开放发展的性质。确实,在国际发展领域中这些崭露头角的新实验已证明开放模式会带来各种积极的变化。我们相信这些新的、开放的、网络化的模式能够也必然会起到转型作用,但其结果并不一定都能带来良好的社会效益。首先,在这样一个包容各种视角与对话的开放时代,要结论性地阐释什么是"良好的社会效益"也并不容易。再者,这些开放模式的转型性质在既得利益获得者与改革派之间必然引发摩擦,而其结果则影响着未来社会中许多资源的分配。

这一章奠定了整本书的基石。我们首先会阐释什么是网络化社会,以及有哪些与"开放模式"相关的新的、开放的、网络化架构及活动。然后我们会探讨并定义开放模式的概念,再从两个方面探索"开放发展"的概念:一是作为获得发展的工具;二是作为转型与斗争的场所。

开放模式的发展情境

我们认为,开放模式是社会日渐网络化的一个证明。为了进一步理解国际发展中开放模式的性质与意义,我们在这一部分简要地从理论和实践经验的角度探讨一下开放模式出现的情境。这还得从西班牙社会学家曼纽尔·卡斯特尔(Manuel Castells)关于

16

从工业时代向信息时代转型的研究说起。不过卡斯特尔的研究并没有涵盖最新的由于网络化技术的大规模扩散而引起的社会动态变化。为了填补这些空白之处，这一部分还会采用约柴·本科勒关于网络化信息经济的一些概念和他对于信息共享与合作日趋增长的重要性的精妙见解。这样就完成了从发展所需的信息通信技术阶段到开放发展阶段的历史回顾。

从工业时代向信息时代转型

学术界对工业时代是何时向信息时代转型的这一问题一直争论不休，不过，如果我们像卡斯特尔一样同意丹尼尔·贝尔(Daniel Bell)的论点，那么这一转型应该发生在20世纪70年代左右。那时，美国和当时的苏联发现因为冷战而建立的军事-工业复合体有很多局限性，感觉受到了在技术发展上有前瞻性的日本、德国等国的制造业在竞争力上的威胁。而信息通信技术的进步革命性地改变了产品设计、制造、分销、市场营销与服务之间的关系，提升了制造业的生产效率。冷战落下帷幕之后，福特式组装线代表的国家保护主义让位给了信息化发展模式所代表的国际化资本主义，“生产力提升的主要动力来自知识对于知识本身的提升”。而这种新的模式又依存于国际市场与管理的新自由主义重构。

卡斯特尔所称的“信息时代”引领了一系列重大的变化，它是以“国际化、信息化的资本主义”和“网络化社会”为标志的一个时间周期。信息通信技术让经济活动可以在国际范围内实时地、高度灵活地进行。组织形式不再是分级式的，而是网络式的：“这是一股发展潮流，信息时代占主导的功能与流程日趋围绕网络进行。网络成了新的‘社会形态’，而网络式逻辑的扩散不仅在很大程度上改变着生产流程的操作与结果，还改变着社会中的权力与文化。”在网络化社会中，经济活动、政府管理、新的探索、社会与文化活动及斗争都日渐通过跨越国界的数字网络来组织。

这一新型国际经济模式意味着发展的新挑战。卡斯特尔在给联合国社会发展研究所（United Nations Research Institute for Social Development，UNRISD）的一份报告中指出，在信息时代，社会发展为全球信息资本主义服务，而不是相反，这就造成了信息社会中发展的窘境。信息资本主义利用了新的网络形态而变得无拘无束，天马行空。卡斯特尔认为，这种情况会导致各地在争夺资本投资时出现逐底竞争的社会和经济政策。而资本会快速地抽离，留下当地民众食其苦果。其结果，就是卡斯特尔的著名论点：被排斥在网络之外的民众会被边缘化或彻底出局。

卡斯特尔在其著作中建议，发展政策要确保信息资本主义为社会发展服务，这样才能保证所有人都与时俱进，不被排斥在外或滞后不前。归根到底，人才是最重要的，要放在首位。卡斯特尔认为，在信息时代要做到这一点，就要确保信息通信技术的普及，要重构并持续提高教育水平，让所有人都会使用信息通信技术。这样，我们才能确保民众可以受益于信息资本主义并创造社会发展的必要条件。所以，社会发展政策不应该是新自由主义的，而是要创建人的重要性高于利润的环境。换句话说，我们可以从卡斯特尔著作的字里行间感受到国际化需要加以控制，不能让其横冲直撞，随意践踏当地的社区。

卡斯特尔的理论在发展所需的信息通信技术的研究中被一再提及，主要体现在两个方面。一方面，有些学者认为需要填补数字技术鸿沟以确保当地政府与机构可以利用信息资本主义推进社会发展。这一论点的衍生论点是要注重教育与知识产出的改革。这是对卡斯特尔理论比较主流的阐释。另一方面，一些更为激进的团体认为要从根源上解决不平等的问题，就要从根本上改变信息资本主义，正如变革其他任何形式的资本主义所要做的一样。他们主张找到合适的信息通信技术以创造新的发展形式。不管是哪一方面，20 世纪 90 年代开始迅速发展并延伸至新千禧年的发展所需的信息通信技术研究都是在卡斯特尔的理论基础上发展壮大的。

但是卡斯特尔的论点，即信息时代中发展依赖于信息通信技术的普及度和使用这些技术的教育水平，在近几年中随着网络化社会嵌入越来越多的领域而逐渐遭遇挑战。首先，卡斯特尔认为信息通信技术的获取是信息时代任何发展的决定性特征，然而随着移动网络覆盖整个地球，这一特征越来越无关紧要。其次，卡斯特尔对于网络的研究相对有限，因此他的研究成果缺少了一些关键的新的社会创新点，但我们认为这些创新点在国际发展中日益凸显出其重要性。正是由于这些局限，我们开始从最新的现实角度重新考量信息通信技术与发展之间的关系，并在下文中加以论述。

18

获取不再是主要问题

对于卡斯特尔来说，“获取”信息通信技术是融入网络化社会的根本条件，而融入网络化社会又是当前发展的先决条件。很多作者在本书中将这一理论发扬光大，纷纷论述了数字鸿沟是将地区或团体排斥在网络化社会之外的罪魁祸首。因此，要跨越数字鸿沟的障碍，发挥出信息通信技术推动发展的巨大潜力，就要克服获取信息通信技术的各种阻力。这些阻力来自技能、物理访问、财政资源、相关内容等的缺失。

然而，进入千禧年以来，数字鸿沟现象以及有效获取信息通信技术的种种障碍有了很大的改观。这表明我们不能再将数字鸿沟视为信息时代发展的主要障碍。这是两股相关潮流推动的结果：① 价格的下降和普及度的提高让更多的民众可以接入网络；② 不管民众有没有接入网络，网络化社会的扩张逐渐形成的一套重要规则决定了当今世界发展的种种可能。

21 世纪初，互联网、移动通信技术和社交媒介平台的迅速扩散不仅推进了信息网络在发达与发展中国家的普及，也拓展了信息网络的类型。到 2010 年，全世界 20 亿互联网用户中有 60%（约 120 万[①]）在发展中国家。不过这个数字由于中国而产生了偏差，因为在中国估计就有 4.2 亿的互联网用户。互联网用户分布极不平均。发展中国家总人口中也只有 21%接入了互联网，其中非洲是最落后的，只有 11%的人口接入了互联网。不过，随着新的电缆铺设进程，非洲的网络接入程度也会大大提高。

在全球范围内，移动电话的发展速度已远超互联网的普及速度。到 2011 年，移动电话在发展中国家的普及率估计达 78%左右，非洲的普及率最低，约 53%。手机的普及速度如此之快，以至于发展中国家手机的增长率开始下降，从 2005 年至 2006 年的超过 30%降到了 2009 年至 2010 年的 15%（不过这个增长率还是很高）。网络接入的大规模扩大加强了社会、经济与政府网络，从而显著地提升了发展中国家民众的能力。 19

手机的这种爆炸式增长也使全球的互联网接入通过 3G、4G 以及之后的升级技术而变得更为便利。在中国，到 2010 年底，手机用户已达 2.88 亿，比前一年增长了 42%，预计 2012 年将超过 6 亿。在印度，这个数字已超过 1.5 亿，并且仍在增长。在撒哈拉以南的非洲国家（Sub-Saharan Africa），谷歌的数据显示这个地区的网页搜索需求以每年 50%的增长率迅速增加，并且每 10 个搜索需求中就有 4 个是在手机上提交的。随着智能手机的价格持续下降，这个比例会继续扩大。到 2011 年，非洲 5 亿部手机中，非智能手机与智能手机的比率是 32∶1，这个比率有望在 2015 年缩小到 5.6∶1。 21

这样的大规模扩散有着重要意义与影响，不管民众是否接入

① 原文为“1.2 million”（120 万），但根据上下文，此处应为“1.2 billion”（12 亿）。——译者注

网络，相关技术的发展都支撑着网络化社会在日益扩张。比如，就算有些群体缺少电子通信手段，他们的日常生活也被网络化社会所重塑。他们会循环利用电子废弃物，或者随着信息通信技术的新进展引发的市场重组与优化而失去就业机会。有些人会到生产信息通信技术产品的工厂工作，或参与利用信息通信技术来推动政府管理或社会流程变革的社会运动，或被动地受其影响。全球化信息资本主义带来的是全球市场的重构而不是摆脱传统生产模式（如农业或制造业）的大规模转型，那么决定发展的并不是对信息通信技术的获取，而是信息通信技术在重塑生产关系中的工作方式。

基于以上论点，我们发现研究数字化不平等（而非数字鸿沟）的学者更准确地看清了当前的情况。数字化不平等是指获取者之间在能否充分利用所获取的技术和信息方面存在的不平等性。此外，数字鸿沟的概念更侧重技术，而数字化不平等的观点则考量了更为长期的、形成社会不平等和社会发展的社会进程。

朝着开放模式推进

卡斯特尔理论的第二个局限是他只关注了单一类型的经济转型，即“全球信息资本主义”。全球信息资本主义的发展其实是与跨国公司兴起的准时制造及跨国制造相依而存的。这里，关注点在制造手段的变换，也许还有富裕国家中知识密集型服务的增长。这种关注的结果就是卡斯特尔理论倾向于假设只有资本才能使用和（或）形成网络。在这样的世界中，被边缘化的社区情况就会比较惨淡，它们在全球化资本面前表现得束手无策。此外，在卡斯特尔眼里，网络是由扁平的点及其之间的联结构成的。他由此认为发展的可能性取决于你是在网络内还是在网络外；取决于你是否与之连接。这个论点在一定程度上是对的，因为有证据显示被排除在网络之外的代价是严重的，“不成比例并且持续增加”。

22

然而，由于卡斯特尔理论注重的是全球信息资本主义，其无法充分解释利用网络化计算机技术而产生的诸多社会新模式。这些新兴的社会模式用网络化信息经济的理念去解释更合适。正如本科勒所说，“网络化信息经济的特征就是离散式的个人行动，具体来说，就是新型的协作式和协调进行的行动都通过分布在各处的、非市场化的机制进行，不依赖于产权战略，其作用要比以前在工业信息经济中发挥的作用更大、更重要”。

本科勒的观点反映了自下而上进行变革与发展所面临的新的切实可行的机遇。网络化信息经济为极为分散同时又需协作协调的行动提供了新机遇，而这些行动正代表着知识生产与使用方式重要的、持续的改变。网络化信息经济孕育的新的知识生产系统可以提供形成全球信息资本主义或将其转型的手段，“为改善人类在各处的发展提供了看似不起眼却意义重大的机遇”。总的来说，知识的生产与使用正在以远比卡斯特尔所预计的更为复杂、更难理解的方式改变着。

本科勒解释说，“免费信息资源使得参与经济活动不再需要克服金融与社会事务网络的准入壁垒。而在工业经济中，要突破这样的壁垒对于贫困地区来说是很困难的。这些资源与工具提高了机遇的平等性”。因此，进入网络化信息经济，当地的团体可以使用各种方法进行创新，从而打破了其他生产领域的权力平衡，对政治与社会都会产生影响。这更像是网络化社会 Web 2.0 版的观点，展现出由复杂的交互网络填充的开放空间。换句话说，在信息时代更大灵活性的好处（或挑战）在于每个人都可以获取信息，而不限于大公司，这是信息通信技术实现了交互开放空间的结果。这个观点已在近期颇受欢迎的著作中经常出现，比如下文从《纽约时报》（*New York Times*）评论员托马斯·弗里德曼（Thomas Friedman）的文章中引用的内容：

我们从“阿拉伯之春”所看到的第二种趋势是“卡尔　23

森法则"("Carlson's Law")的一个例证。硅谷的SRI国际研究院(SRI International)首席执行官柯蒂斯·卡尔森(Curtis Carlson)曾这样陈述其法则："这个世界现在有如此众多的人能获得教育机会和用以创新的低价工具，因此自下而上的创新虽然纷杂混乱却充满智慧，而自上而下的创新虽然有条不紊却寡然无趣。"所以，卡尔森认为，现如今创新的甜头正"往下走"，更贴近民众，而非往上，毕竟人多力量大，三个臭皮匠还顶个诸葛亮呢，更何况现在所有人都能获得发明与合作的工具。

对于发展项目的执行者们来说，这意味着聚焦点的转移。基于本科勒与其他学者的理论，我们认为网络化社会所涉及的并不只是生产手段层次体系的改变，还有信息、知识和文化产出与传播模式的循环渐进。一个团体在信息时代的发展并不完全取决于它是否能获取信息通信技术，而更多的是取决于它如何创建和(或)利用信息通信技术实现新型的、更为开放的网络化社会形式，即我们称之为开放模式的网络化社会形态。所以，我们"不能再拘泥于"通过加强对信息通信技术的获取来填补数字鸿沟，而要看得更远。这就是我们所认为的发展所需的信息通信技术。此外，还需要更多地关注这些开放模式在信息时代的这些开放空间中如何通过交互平衡富人和穷人(或者说，实际案例也经常如此，既得利益者与新生派)之间的关系。这就是我们认为的"开放发展"机遇。

什么是开放模式?

本书中，我们开始通过审视各种新兴的开放信息网络架构和活动(开放模式)来探讨开放发展，这些架构和活动给国际发展进程带来的既有希望又有风险。但首先，我们要对这些开放模式的性质有一些更深刻的认识。

开放模式的(近期)简史

为了进一步了解社会组织新模式,有必要追溯一下它们的历史。而要追溯基于信息通信技术的开放模式的起源,可以先从利用微电脑和早期网络化联结兴起的开源软件生产模式开始。开源软件的产生起源于 20 世纪 70 年代后期由美国麻省理工学院(Massachusetts Institute of Technology,MIT)的理查德·斯托尔曼(Richard Stallman)创立的 GNU(自由软件操作系统)项目和自由软件基金会(Free Software Foundation)。软件的自由体现在以下四个本质方面:　24

- 程序运行的自由,不管是出于什么目的。
- 学习程序如何运作的自由,并可以改变程序以满足自己的需要。前提条件是可以获得源代码。
- 传播其复制品的自由。
- 将自己改过的版本传播给其他人的自由。这样做,可以让整个社区从你所修改的软件中受益。前提条件是可以获得源代码。

"开源"一词在 20 世纪 90 年代后期作为一种战略决策开始出现,主要是为了将自由软件定位为商业社区。开源强调的不仅是开放代码的技术优先权,还有随之而来的商业新模式。那时已经有多个开源软件案例证明了协作式、自由共享的软件开发的巨大能量。比如,Apache Web 服务器就是一个开源项目,目前已成为世界上最受欢迎的网络服务器,完胜微软(Microsoft)和太阳微系统(Sun)这样的知名大公司创建的竞争产品。另外一个案例是企业级开源医疗记录系统,已在很多发展中国家被采纳并应用。1993 年以来,开源生产模式急剧增长壮大。　25

开源模式的成功以及数字技术普及度的稳定增长都意味着对

开放的深度理解和相应的道德与文化观念在很多领域得以推广应用。“我们对相继出现的合作技术可以做同样的试验，将它们应用于想要做的项目中，而这一项目清单也越来越长，有时也能用来尝试解决自由市场无法解决的问题，然后验证其效果。……在每一次变革中，社会化的力量，包括共享、合作、开放与透明度等，要比任何人想象得更为切实有效。”我们目睹了这些新想法的应用带来的指数级增长，包括开放商业模式、开放获取、开放教育资源等等。

27

相关的例子有很多。Ushahidi 就是一个被广为宣传的开放思维应用，2008 年开发的时候主要用途是追踪肯尼亚大选时期的暴力事件。Ushahidi 结合了许多开放模式的两个共同组成部分：开源软件和众包方式。众包就是将一个任务分包给“大众”，这些参与者通常是分散在各处，相互之间并不认识。这跟通过公司与组织来解决一个问题不同，信息通信技术低廉的交易成本可以让我们将一个任务以很低的成本分派出去，利用对其产生兴趣的个人所拥有的知识和创造力来共同解决。Ushahidi 平台通过人们提交的手机或网络短信来收集信息，并在一张实时在线地图上标识出信息的地理位置。平台开源并很容易修改，因此在全世界得以广泛应用，人们用它来解决各种各样的问题。截至 2011 年 3 月，Ushahidi 平台已开发了超过 11 000 项各类应用。比如 HarassMap 用来追踪在开罗发生的性骚扰事件，在墨西哥其修改版则用来追踪选民舞弊。最出名的应该还是 2010 年海地发生地震后为公众健康和后勤保障问题（包括水污染、断电、安全威胁等）所做的地图。

另一个例子是政府在不断尝试的工作，一改从前公共信息难以获取的情况，让市民可以自由、开放地获得公共信息。事实证明，以适当的模式（比如以结构化的、更易懂的格式）开放数据，可以带来诸多社会与经济方面的益处。开放数据的早期案例中，有一项研究就证明了开放数据政策带来的价值高于限制数据政策。

欧洲施行的是限制数据政策，其在气象数据领域的投资为 95 亿美元，经济回报为 680 亿美元。相比之下，美国投资了 190 亿美元，估算的经济回报竟高达 7 500 亿美元。2008 年，华盛顿特区开放了很多数据组，并启动了竞赛，众包手机、脸书（Facebook）与网络应用程序（app）来对这些开放数据进行开发利用。组织这个竞赛仅花费了市政府 5 万美元的开销，而所获得的 47 个应用程序据估算能为这座城市带来超过 250 万美元的价值。加拿大的开放数据政策则帮助政府调查通过非法慈善活动进行的税务欺诈行为，追回了 32 亿美元的税金。发展中国家也在效仿，比如肯尼亚就启动了开放数据门户网站。国际组织也很欢迎开放数据运动。比如，联合国就启动了 UN Data 网站，开放了联合国的许多统计数据库。28 同样，世界银行也将许多数据组在其网站上开放。将捐赠者的信息透明公开，也对抑制受捐赠方的腐败行为有积极影响。

同样的，科学知识产生过程的开放也好处多多。一项调查表明，美国国立卫生研究院（National Institute of Health，NIH）规定所有受其资助的项目应开放研究成果的主要内容，这一协议有着深远的意义。特别是，NIH 发现开放极大地增加了后续研究的数量，也使研究者与项目更加多元化。为了说明开放能带来的潜在益处，NIH 还通过举反例，找出了开放之对立面的局限性，即“知识产权可能在科研内容与人员多元化方面增加限制。如果能摆脱这些限制，科研人员就能选择一个很好的想法，在多个研究路径上做实验”。新兴的开放获取期刊利用互联网的优点，通过免费获取实现了对研究内容更为广泛的传播。当然，这些文章一般比受限或需订阅的文章下载次数更多，但并不表示它们被引用次数或利用率更高。自从有了互联网提供的便利，国际科学合作得到进一步增强，科研人员之间的合作会创造更多的机遇。

开放的应用，包括改变知识产权的方法，也正在被商界所接受，甚至创造出了新的商业模式。比如，在巴西，一个新的音乐创作模式 Technobrega 正在兴起，其销售利润让音乐产业的传统模式黯然失色。这个故事有几个地方可圈可点。首先是 Technobrega 数字音乐制作可以借助个人电脑的强大功能，在家里就能完成，这使其制作成本陡然下降。其次，Technobrega 音乐的制作与销售过程中“完全没有对该音乐的知识产权加以保护”。事实上，音乐家及其音乐之所以能够流行，关键就在于他们能通过一个街头销售员网络自由分销其作品。音乐人从 Technobrega 的销售伙伴所交的许可费及其 CD 销售利润中赚钱。

开放实践的增长可以说是部分体现了“更广泛范围的政治经济上的‘开放’”。在很多情况下，开放似乎孕育了更多的开放。麻省理工学院启动开放课程项目时，把很多课程放在网络上公开发布，那么其他大学就很难再对类似内容收费。政府、非政府组织或者其他主张转变的活动家进一步有效地利用集体智慧来实现他们的目标，我们认为这种趋势会继续。因为在这些活动增长扩散的同时，共享与协作也在扩散，这又推动了进一步的开放。

29

然而，很多相反的趋势，也促进了更为封闭的生态系统。我们在引言中讨论过的知识产权问题就一直与开放有着冲突，其他对抗因素还包括网络的中立性与流量形成等，还有移动网络与操作系统的开放与封闭之争。由此可见，向开放的转变并不是大势所趋，特别是触动到既得利益者的利益时。

事实上，呈现出的一个更大范围的趋势是通信技术历史上的兴衰涨落，大肆宣扬大张旗鼓的开放与垄断封闭之间的你方唱罢我登场。蒂姆·吴(Tim Wu)说过，我们正进入一个垄断式兼并阶段，互联网与基于计算机的信息通信技术日趋封闭。这个世界本来因为技术革命而欢欣鼓舞，现在却变成“由私人企业控制的产业巨兽和 21(世纪)‘旧媒体’巨人掌控的世界，所有信息内容的流动与性质将基于商业原因而受到严格控制”。比如，手机运营商就开始抵制更为自由化的电信策略，因为他们寻求的是更多的市场份额。最后一个阶段是重新开始一个循环;一个系统封闭时间长到一定程度就会被新的技术创新击溃,再一次获得开放。

定义开放模式

正如前文所述,低成本网络化计算机与通信设施的快速普及成就了开放模式。通信设施的普及与低成本接入让人们可以探索自由传播的内容,加上能撬动民众之力的流程,就产生了社会的变革。比如,通过自由获取源代码,开源软件可以充分发挥软件码农们的作用来修正编码的错误和漏洞,其结果就是软件质量的提高。同时,这个可以自由获取的软件还能加以修改以适应个性化需求。Ushahidi 不只是一个开源软件平台,还有赖于分散在各处的数据采集者提供信息。社交媒介平台允许多对多的通信方式,反过来又可以让人们以新的、与当地需求相关且有创造性的方式进行组织与协调,这种方式往往也对现行的社会结构提出挑战。

需要进一步澄清我们所说的开放模式到底是什么。首先,虽然开放模式建立在技术的基础上,它们更应该被当作以信息网络化结构与活动组成的"社会"系统。这些系统的"开放"体现在三个方面:① 内容;② 参与者;③ 流程。

30

第一个方面是内容的开放,即前文中开源社区所倡导的两种自由:自由获取和自由处理开放的内容(再利用、修改、混合和传播)。有些人认为免费的内容和开放的内容有一个重要的区别;内容可以免费获取,但除非它以合法的方式许可别人进行某种程度的处理,不然就不能算是真正的开放。

第二个方面是对人的开放,指的是谁可以积极参与和(或)在此模式中进行协作。请注意这里开放的定义要比开放的内容更宽泛。开放的内容只有在人们使用它时才是真正地开放了,使用的人越多就越开放。而对人的开放强调了开放模式实际上是"社会"

开放的一个形式。也就是说，开放模式是社会性的，是基于信息网络的，是共享、参与和合作的模式。严格地说，这表示一个开放模式相关的开放度已超越了它底层的通信系统，延伸至其他因素，包括在此模式中主要角色的能力、法律框架、明示或暗示的标准、规则、开放模式结构的作用，等等。

第三个方面是流程的开放，包含至少两个部分：透明的开放与偶发的开放。透明的开放，比如开放政治上比较敏感的文件，是在20世纪50年代出现的“开放政府”潮流中常谈论的开放类型。透明就是开放流程的内部运转信息，供外部监督与问责。而偶发的开放则是关于未来种种可能的临时开放形式。例如，参与型活动的概念就是由于参与者的介入才会产生相应的流程。同理，开放政府数据库，为未来以意想不到的方式使用这些数据打开了大门。

有必要将这三个方面加以区分，因为每个方面都为开放带来了不同的附加值。比如，尽管免费的内容会扩大获取，而开放的内容允许根据当地的特定情境进行调整，并且实行开放，让参与者向内容创造者提交反馈来改善其内容。透明的开放则可以提升流程的可靠性和合法性，而随着参与度的扩大又可以进一步提升流程的作用，或者提供不同的视角和想法来激发创新。这些例子并不全面：还有很多文献详细地说明了开放在这些方面带来的价值。而这些正是开放引发改变的机制。

31

基于开放的多样性及多面性，显然开放并不是一个两极化的状态：如果只是把某个事物简单地分类成“开放”或“封闭”的状态显然对理解这一问题没有任何帮助。开放的程度或形式是以上三个方面的组合。这些组合在社会生活的各个领域产生出各种各样的开放模式。未来的研究者需要考虑一个系统是否以及何时“足够开放”，才能说明开放的影响。

理解开放的一种方式是看它的对立面，我们认为就是“控制”。更为开放的社会系统允许内容的流动以及民众的参与；这意味着权力的离散化和分布式的控制。更为封闭的社会系统则包括中央集权的控制（比如传统的商业公司），通常视信息为关键产权资源，因此保留有限的会员制。因此，我们可以把开放看成中央化的逆向行为；它定义了平台结构的排外程度（谁可以获取、参与和合作）以及内容的专有性（什么内容可以再利用、修改、混合与传播）。将开放视为一个控制功能也能说明任何开放运动所固有的特征就是权力的变化；它一般是指曾经有“控制权”的人失去了他们的权力。

无论我们怎么看待开放模式（更多的信息、更多的参与者或者更少的控制），有必要指出我们用的“模式”一词也相当宽泛。“模式”，一般意义上是指已完成、可复制的结构，但在这里却恰恰不是这个意思。这些模式的稳定性也不尽相同，有的很稳定（如维基百科），有的一直在发展状态（如政府探索如何开放其数据的流程），而有的则是突发的（利用各种通信方式进行的政治宣传）。此外，每一个开放模式的案例都是特定团体基于通信架构在特定情境下为完成特定目标进行组织活动的产物。

综上所述，这些合作、生产、散布和出版的开放模式是网络化社会的最新表现形式。我们相信这些开放模式可以利用更好的灵活性与更广范围内对资源的获取，提供机遇来改变造成数字不平等的权力关系。但是无论它们如何改变机遇与利益的分布，我们相信这些新的模式影响着发展的方式，也就是我们所称的“开放发展”。

32

什么是开放发展？

开放发展既是一个目标产物，也是达标的过程与手段。用阿马蒂亚·森（Amartya Sen）的话说，开放模式是过程，它们自身能够构成发展（成果）。迄今为止，开放模式创造了许多条件，让人们摆脱了因贫困带来的种种“不自由状况”。开放模式还能让更多的人更有效地掌握开放的技能，更好地引领发展（手段）。

既是发展手段又是发展目标的开放模式

从积极方面讲，开放模式可以通过参与度更高的流程和话语权的提高来拓展个人的“自由”，同时还可能通过扩大对资源（特别是数字信息与接入资源及其带来的所有其他资源）的获取来提升民众的“能力”。这里有个关于信息与发展之间关联的案例，其很有说服力。比如，政府对产权的信息透明化让民众可以更加有效地利用他们的生产资源（比如农田），同时也推进了政府的民主决策流程，使决策（比如对农民的要求）得到更快响应，也更负责。另一个例子是高质量教育资源的扩大获取进一步推广了民众的受教育权，也进一步提升了自由度。与此同时，教育的结果也得到改善，民众的能力也得以提升。

开放与创新也有关联。一个普遍被大家接受的理论就是，互联网之所以成为创新的引擎是因为它的开放结构。互联网的逻辑是一个端对端的模型，各种信息置于各个端口，而非中心。网络遵循一套开放的协议（TCP/IP），对在其中传输的内容与应用保持中立。这样，网络越开放，就会有越多的用户竞相产生越多的新创意。只要用户遵守通信协议，任何人只要有相应的资源，都可以在网络中进行创新。网络通信协议 TCP/IP 的发明者之一文特·瑟夫（Vent Cerf）在给美国众议院的一封信中写道，“互联网基于一个有层次的端对端的模型，允许人们在每一个层次上进行创新，不受任何中央控制器的限制。将情报置于边缘并排除网络中心的控制，互联网创造的是一个创新的平台”。

33

这里特别要指出创新可能来自边缘地带。虽然创立一个印刷媒体企业需要大笔的资金投入，但是现在准入的成本对于越来越多的人来说是微不足道了。这意味着开放模式可以升级发展流程，同时又为更大的群体创造机遇与利益。

保持批判思维在讨论发展的开放模式时也是十分重要的。当技术驱动着对发展的投入并对发展产生干预时，人们就会对技术的应用历史不加批判地进行炒作。当技术型公司将经济上的刺激作为重要因素时，技术更新往往会取代社会变革而成为发展项目的最终目标。同样的，开放有标准内涵，可以是为之奋斗的理想，正如自由软件运动的兴起；但如果盲目接受开放，认为是一种社会福利，而没有注重其重要的"发展"部分，就会成为一个错误。开放发展并非是不惜代价地推进开放。要确定开放的理想程度（或利于开放的方法）应该先评估什么样的方法能在特定情境下达成最佳发展结果。

开放模式带来的利益也并不保证比那些相对封闭的模式更多，或者更均匀地分配。开放带来的种种可能很大程度上取决于形成开放可能性的各种条件。更进一步说，开放可以扩大自由度，也可以限制自由度。比如，日益透明化的政府在理论上非常完美，特别是在提高责任性方面，但是有时候会造成误解与不信任。信息可能很容易就被断章取义，特别是涉及政治方面，很可能破坏民主制度的可信度。因此，尽管在技术层面上网络可以更加开放，在社会层面上信息使用所造成的结果却是多种多样的。开放政策如果被不恰当地执行，反而会强化现行的条件或变得更糟。在印度发生的一个案例就说明了这种情况。土地记录的数字化、集中化以及开放获取反而导致腐败增多。"它实际上帮助了一些土地市场的大玩家在班加罗尔土地价格暴涨的时候抢得了大量土地。"所以开放带来的发展的利益并不总是在社会中得以平均分配，实际上有时候还会出现倒退。

34

开放的关键要素与个人自由的限制密切相关。比如，如果一个开放模式涉及很多人的个人信息，那么从中获益的那些人很容易受到指责。社交媒体平台是政府收集市民信息的金矿，这对民众的隐私权构成了威胁。虽然脸书声称对于埃及的革命起了重要作用，但它也成了政府搜索那些利用网站组织活动的政治活动家相关信息的手段。的确是这样，构成开放模式基础的网络技术的穿透性恰好反过来限制了自由。在美国国会第 112 次会议上，一项反儿童色情立法提案建议国家立法规定所有的互联网服务供应商要追踪记录其“所有的互联网活动”并保存 18 个月。而带有全球定位功能、无处不在的手机也为政府执行类似的监控提供了可能。如果这些提案真的实施了，这种对隐私的侵犯是违背民主的核心原则的，而且会遏制社会活动和言论自由。

开放会激发创新，但是其方式有可能导致更大程度的财富集中。比如，当某些行业以众包的方式进行工艺创新时，少数人会从众多自愿付出劳动的制作者身上获得丰厚的收益。2000 年，加拿大巴里克黄金公司(Barrick Gold)开放了其所拥有的位于加拿大安大略省(Ontario)靠近红湖(Red Lake)的一块 55 000 英亩(1 英亩约为 4 050 平方米)土地的地质数据，并组织了一场竞赛，征集在这片区域勘探地下金矿的最佳方案。获胜者们分享了竞赛的 57.5 万美元奖金，而竞赛的成功举办却使巴里克的市值从 1 亿美元飙升到 90 亿美元。从那以后，巴里克又在其他区域组织了类似的活动，包括 2007 年的“解锁价值”(Unlock the Value)项目，这个项目在科学界征集针对阿根廷的贝拉德罗(Veladero)银矿提高银回收率的成本效率法。人们担心在生产行业采用众包方式会让竞争失败者贡献了知识却得不到经济补偿。

此外，开放与创新之间并没有必然的直接关系。开放有可能会支持某些类型的创新，但在开放与封闭的系统之间可能会产生动态的、富有成效的拉力。有时在开放系统中会产生封闭式的技术创新，有时开放的项目也可以利用封闭的技术或系统。开源解决方案供应商红帽公司(Red Hat)就开发了界面友好、基于 Linux 的桌面操作系统，并通过提供用户支持服务创造了可赢利的商业模式。苹果公司(Apple)封闭的操作系统 Mac OS X 是部分基于开源的 FreeBSD 系统(又称 Berkeley Unix)而开发的,取得了商业上的成功。反过来说,封闭的系统也可能是开放不可或缺的一部分。谷歌的搜索引擎与翻译技术让全世界的人们可以轻而易举地进行网上浏览并获取网页内容。同样地,谷歌地图是 Ushahidi 平台重要且免费的组件。苹果封闭的(相对来讲)app 市场也涌现了大量的创新成果。事实上,也有这样的说法,即受限制是驱动创新的一种动力。

因此,发展流程采用开放的模式来刺激创新,或者是受到透明化趋势、协作、参与和获取度增强的影响时,产生的影响并不一定是积极正面的。需要进一步研究怎样利用开放的社会流程提升自由度、能力和创新从而支持发展,研究如何抑制那些限制自由度和创新能力的流程。如果这些社会流程是静止不动的,这种研究显然比较容易进行,然而,现实是一旦注入了开放的模式,情境就开始发生转型变化,甚至会颠覆现状。所以说,开放是一个动态的流程,转型与冲突并存。

转型与冲突并存的开放空间

开放模式所带来的机遇往往会超过既得利益者做出相应调整的能力。新的模式会挑战旧的运行方式,为社会、政治、经济“创业者”开辟新的领地。随之而来的是巨大的转型潜能,开放政府管理体系、市场份额或文化创作,惠及更广大的民众,并将这些体系的利益进行更广泛的分配。但同时引入开放模式也意味着封闭(产权、分级式)与开放(基于民众、网络式)的做法之间必然会有冲突。从文化上来讲,开放也挑战了认为人类本质上是自利的、需要激励驱动的理论,因为参与开放空间通常是由更为广义的价值观激发的,比如善心、慷慨、合作与信任。

36

转型的过程已不可逆转，而引发的系列冲突也十分明显。比如，在备受打击的印刷媒体行业，就因为各种各样网络新闻的出现导致读者购买印刷产品的数量下降而不得不开始寻求新的可持续的收入来源。同样的，像音乐这样的创意行业，也因为新的技术能让音乐既保证音质又几乎零成本地传播，越来越难支撑其传统的分销模式。科学资料的开放获取以及开放教育资源的爆发式增长，重新定义了谁是使用者、创造者、出版者和管理者，颠覆了高度集中和受控的知识产生与传播系统。

这些知识密集型行业相对快速的转型引发了关于知识产权(intellectual property rights，IPRs)的法律层面的斗争。由于发展流程中信息与知识是处于中心地位的，知识产权(专利权、著作权)无疑成了网络化时代政策争论的焦点。以往，知识产权是平衡创造者的利益与获取创造性成果的一个手段。这种平衡在《世界人权宣言》(Universal Declaration of Human Rights)第 27 条中得以体现："人人有权自由参加社会的文化生活，享受艺术，并分享科学进步及其产生的福利。人人对由于他所创作的任何科学、文学或艺术作品而产生的精神的和物质的利益，享有受保护的权利。"然而，互联网的出现打破了这一平衡。现今世界，信息数字化且复制成本如此低廉，几乎无法做到专有，那如何才能保护创造者的利益呢？

在过去 10 年中，知识产权法极大地扩展了范畴，努力保护创造者的利益。世界知识产权组织促成了一系列国际协定的签署，争取最大化地保护知识产权。美国 1998 年颁布的《著作权年限延长法案》(Copyright Term Extension Act of 1998，又被戏称为"米老鼠保护法案")将著作权延长至作者过世后 70 年。这种保护向创作者的权益倾斜，偏向产业租金，而有点背离了设立知识产权作为刺激创新创造提升社会福利之手段的初衷。著作权和专利保护的延长如今正"迅速地将天平向遏制创新的方向倾斜"。此外，这

些政策上的辩论通常并没有良好的经验数据的支撑，而这种情况下发展的政治经济意味着抵制产业利益的研究会受到忽视。 37

一些运动正试图恢复之前的平衡，其中之一就是知识获取运动。这项运动旨在改善网络化信息经济中四大要素的获取：人类知识的获取、信息的获取、嵌入知识的商品的获取，以及嵌入知识的商品的制造工具的获取。对这项运动的倡议者来说，对于知识的获取就是"对民主参与、融入全球化以及经济公平的需求"。此项运动始于 20 世纪 90 年代将抗逆转录病毒药品这样的嵌入知识的商品向发展中国家推广的运动。正如利·谢弗(Lea Shaver)所说，"创新系统造就了能够拯救生命的发现，但随后这一发现却不能为这个世界大多数人所知，这真是极大的讽刺"。而信息与发展之间的联系使得将重要知识向边缘化的社区推广成为可能。

还有一项反对"把头脑的共同结晶封闭起来"的运动就是"版权向左"(copyleft)许可，即用法律的手段保留知识产权的开放。第一份许可是通用公共许可(GNU General Public Licenses，GNU GPL)，是从自由软件运动中产生的。而如同 GNU GPL 开放软件内容一样，之后知识共享(Creative Commons，CC)创建的开放内容许可系统开放了文化内容。这些开放许可运动的目标都是在交易成本最小化的同时实现信息使用的最大化。知识共享运动取得了广泛的成功。据知识共享的估计，知识共享许可量从 2007 年的不到 1 亿件增长到 2010 年的超过 4 亿件。

在知识产权领域，维护版权与开放知识双方的立场可谓是泾渭分明，而在其他领域，对于开放的争斗却更为复杂而微妙。其中一种冲突是围绕着通信平台与流经平台的内容之间的关系而逐渐演变加剧的。平台如果非常开放，按道理说不能对它的使用添加许多控制，也就可能对不道德和非法的活动大开方便之门。为了能限制某些使用，就需要限制平台的开放性(使其更为受控)，使一些使用者弃之不用或者限制平台对于创新或能力提升的促进作用。

这种冲突在政府想要遏制网上不当行为时尤其明显，比如在美国和巴西抵制儿童色情的立法提案。朱克曼(Zuckerman)撰写过一篇关于数字媒体的“可爱猫咪理论”(“cute cat theory”)的文章，其中提到的案例也很说明问题：YouTube 或博客(Blogger)这样的网上平台允许民众进行各种活动，发布可爱猫咪的照片，或是组织抗议活动。当然，这种平台不是专门用来组织活动的；它们只是提供了便利，支持具有各种社会目的各种活动。如果政府为了控制某种活动(比如组织抗议活动)而限制了登录这种平台的路径，就会引发其他用户(比如发布可爱猫咪照片的人)的愤怒。在巴基斯坦，政府就多次屏蔽了 YouTube，过一阵子又恢复了。在恢复的同时，政府仍试图屏蔽有攻击性内容的视频[以及来自其他网站的内容，如谷歌、雅虎(Yahoo)、亚马逊(Amazon)和必应(Bing)]，尽管技术上处理海量信息是很困难的(绕开禁令的方法也是多种多样的)。2011 年初，埃及在平息抗议活动时出现了类似的情况。时任总统穆巴拉克(Hosni Mubarak)就曾命令阶段性地屏蔽社会媒体与独立的新闻社，还在 1 月 27 日当天断掉了全国互联网的接入。2 月 2 日，他才下令恢复了网络连接，因为断网有很多负面影响，包括商界的经济利益也因此受到破坏，公众对政府也更为疏远。9 天后，穆巴拉克辞职。

38

平台对创新的影响是冲突发生的另一个源头。受控的平台为创新提供指导，以便产出高质量的产品，但是不受控的平台有可能发生转型式的创造活动。苹果的 iPhone 平台与谷歌的安卓(Android)操作系统就体现着非常不同的商业战略。苹果商店是集中控制的，有严格的版权规定与执行方式。任何一个想要挑战其平台(如 iTunes)的应用程序都会功能受限或被完全拒绝。即使如此，仍有成千上万的应用程序可用，甚至有全新的商业模式来制作这些应用程序。显然，这个受控的平台激发了极高水平的创新，但这些创新受到平台准入条件的约束。安卓应用程序市场的限制条件就少很多。控制少意味着创新的范围可以更大，对现有的由既得利益者控制的商业模式存在潜在的威胁，可以使创新带来的益处散布得更广。但是这种更广泛的开放是有缺陷的，因为质量会参差不齐。比如现在有很多被嵌入了恶意软件的安卓应用程序。

在对照集中控制的手机通信网络与相对分布控制的互联网时就会发现另一种冲突。与可以在终端进行创新的互联网的网络式 39 结构不同，要在手机网络上放置应用程序需要得到手机网络运营商的同意。所以像M-PESA这样基于手机转账服务的创新应用是肯尼亚手机网络运营商Safaricom（Vodafone的下属公司）发起的就不足为奇了。虽然这一创新使很多肯尼亚民众受益，但创新其实被圈在了主要既得利益者支持的范围内，而不是来自草根。这里的挑战在于理解如何建设接入与通信的生态系统，使其“足够”开放，为信息与想法的流通提供便利，激发创新。

毫无疑问，需要进一步研究开放模式如何影响发展。有些案例很清楚明了。既得利益者垄断了权力，将大众排斥在外，独享机遇与好处，而开放则提供了一剂良方来解决这一问题。比如，生物技术的开源手段就可以将一些平价药推广到缺少相关资源的社区。同样，发展与维护教育资源的开放方法会对现行的教育课程出版发行模式带来冲击，通过提供高质量、可调整的免费课程可以极大地提高公众的获取度。既得利益者回击对抗开放流程带来的威胁时，比如争取对知识产权的最大化保护等，生产、创新、文化交流或政府管理的条件会受到削弱。开放模式的引入可能只会更牢固地确立既得利益者手中已有的权力或将权力从一个团体转到另一个团体，在使一些人失去手中的权力的同时给予另一些人权力，就像印度土地记录开放案例中发生的情况。除此之外，以往因一定程度的控制而能确保的质量控制与保护，会因为开放而失去，由此会产生一系列的问题，如垃圾邮件、病毒、身份窃取以及互联网上的其他恶意活动。

我们需要研究在既得利益者与挑战者之间或是权力拥有者与竞争者之间的冲突给我们带来的是什么样的好处和坏处，这些结果在信息时代为发展构建了什么样的潜能。很明显，未来的社会变革是基于谁能创新、谁受益于创新以及变革的颠覆程度。创新与变革的环境建设有赖于我们现在做出的政策与设计决定。开放[40]模式要提升自由度、扩大新机遇和提高建设能力也完全取决于其开放空间的类型、改变生产流程的方式和权力的转换关系。这些又反过来决定了发展的类型，以及从这些生产流程中所得到的利益的分配。

[47] **参考文献：**

1. Bar, E., W. Baer, S. Ghandeharizadeh, and F. Ordonez. Infrastructure: Network Neutrality and Network Features. In *Networked Publics*, ed. K. Varnelis, 109 - 144. Cambridge, MA: MIT Press, 2008.
2. Benhamin, S., R. Bhuvaneswari, and P. R. Manjunatha. "Bhoomi: 'E-governance.' Or, An Anti-politics Machine Necessary to Globalize Bangalore?" A CASUM-m Working Paper. Bangalore: CASUM, January, 2005.
3. Benkler, Y. *The Wealth of Networks: How Social Production Transforms Markets and Freedom*. New Haven: Yale University Press, 2006.
4. Benkler, Y. "Capital, Power, and the Next Step in Decentralization." *Information Technologies & International Development* 618, 11 (SE, 2010), 75 - 77.
5. Benkler, Y. *The Penguin and the Leviathan: How Cooperation Triumphs over Self-Interest*. New York: Crown Business, 2011.
6. Boyle, J. "The Second Enclosure Movement and the Construction of the Public Domain." *Law and Contemporary Problems* 66 (Winter-Spring 2003): 33 - 74. http://ssrn.com/abstract=470983.
7. [48] Burkeman, O. "The Wiki Way." September 5, 2007, http://www.guardian.co.uk.

8. Castells, M. *The Rise of the Network Society*. Malden, MA: Wiley-Blackwell, 1996.
9. Castells, M. (1999) *Information Technology, Globalization and Social Development*. UNRISD Discussion Paper No. 114. Geneva: UNRISD, September 1999.
10. Castells, M. *The Rise of the Network Society*. 2nd ed. Malden, MA: Blackwell, 2010.
11. Christensen, Z., R. Nielsen, D. Nielson, and M. Tierney. "Transparency Squared: The Effects of Aid Transparency on Recipients' Corruption Levels," Presented at the International Political Economy Society Conference, Cambridge, MA. November 12 - 13, 2010.
12. Cohen, J. "Cyberspace as/and Space." *Columbia Law Review* 107 (210) (2007): 210 - 256.
13. Davis, P. "Open Access, Readership, Citations: A Randomized Controlled Trial of Scientific Journal Publishing." *FASEB Journal* 25 (7) (2011): 2129 - 2134.
14. Dshpande, A., and D. Riehle. "The Total Growth of Open Source." In Proceedings of the Fourth Conference on Open Source Systems (OSS), 197 - 209. New York: Springer Verlag, 2008.
15. Fitzgerald, B. "Open Content Licensing (OCL) for Open Educational Resources," *OECD Centre for Educational Research and Innovation*, 2007, http://learn. creativecommons. org/wp-content/uploads/2008/07/oecd-open-licensing-review.pdf.
16. Freedom House. *Freedom on the Net 2011: A Global Assessment of Internet and Digital Media.*, edited by S. Kelly and S. Cook, Washington, DC: Freedom House, April 18, 2011, http://www. freedomhouse. org/sites/default/files/FOTN 2011.pdf.
17. Hagel, J., III, J. S. Brown, and L. Davison. *The Power of Pull: How Small Moves, Smartly Made, Can Set Big Things in Motion*. New York: Basic Books, 2010.
18. Hamelink, Cees J. "Social Development, Information and Knowledge: Whatever Happened to Communication?" Development 45 (4) (2002): 5 - 9.
19. International Telecommunications Union. "The World in 2010: ICT Facts and Figures," http://www.itu.int/ITU-D/ict/material/FactsFigures2010.pdf.

20. Kelly, K. *What Technology Wants*. New York: Penguin Group, 2010.
21. Kenny, C. *Getting Better: Why Global Development is Succeeding — and How We Can Improve the World Even More*. New York: Basic Books, 2011.
22. Kleemann, F. G., and G. Günter Voß Kerstin Rieder. "Un (der) paid Innovators: The Commercial Utilization of Consumer Work through Crowdsourcing." *Science, Technology & Innovation Studies* 4 (1) (2008): 5 - 26.
49 23. Lessig, L. *The Future of Ideas*. New York: Random House, 2001.
24. Lewis, D. V. "The Inevitability of Open Access." *College & Research Libraries Pre-Print*, 2011, http://crl.acrl.org/content/early/2011/09/21/crl-299.full.pdf +html.
25. Mansell, R., and U. Wehn. Building Innovative Knowledge Societies. In *Knowledge Societies: Information Technology for Sustainable Development*, ed. R. Mansell and U. Wehn, 5 - 18. Oxford, UK: Oxford University Press, 1998.
26. Martinez, J. The Internet and Socially Relevant Public Policies: Why, How and What to Advocate? In *Internet and Society in Latin America and the Caribbean*, ed. Marcello Bonilla and Gilles Cliché, 262 - 385. Ottawa: IDRC, 2001.
27. May, C. "Opening Other Windows: A Political Economy of 'Openness' in a Global Information Society." *Review of International Studies* 34 (January 2008): 69 - 92.
28. Melody, W. "Openness: The Central Issue in Telecom Policy Reform and ICT Development." *Information Technologies & International Development* 6 (Special Edition, Harvard Forum II Essays). Cambridge, MA: MIT Press, 2010.
29. Mizukami, P. N., and R. Lemos. From Free Software to Free Culture: The Emergence of Open Business. In *Access to Knowledge in Brazil: New Research on Intellectual Property, Innovation and Development*, ed. Lea Shaver, 25 - 66. New Haven, CT: Information Society Project, 2008.
30. Murray, F., P. Aghion, M. Dewatripont, J. Kolev, and S. Stern. "Of Mice and Academics: Examining the Effect of Openness on Innovation." Working Paper Series, w14819, Cambridge, MA: NBER, 2009.
31. Norris, P. "The Digital Divide." In *Digital Divide: Civic Engagement*,

Information, Poverty and the Internet Worldwide, 3 - 25. New York: Cambridge University Press, 2000.
32. Robins, K. K., and F. Webster. *Times of the Technoculture: From the Information Society to the Virtual Life*. London: Routledge, 1999.
33. Robinson, S. S. "Reflexiones sobre la inclusión digital." *Nueva Sociedad* no.195, (2005): 126 - 139.
34. Shaver, L. "Chapter One, Intellectual Property, Innovation and Development: The Access to Knowledge Approach." In *Access to Knowledge in Brazil: New Research on Intellectual Property, Innovation and Development*, ed. R. Subramanian and L. Shaver, 23. New Haven, CT: Information Society Project, 2008.
35. Shirky, C. *Here Comes Everybody: The Power of Organizing Without Organizations*. New York: Penguin Press, 2008.
36. Smith, M. L., R. Spence, and A. Rashid. "Mobile Phones and Expanding Human Capabilities." *Information Technologies & International Development* 7 (3) (2011): 77 - 88.
37. Stadler, F. *Manuel Castells: The Theory of the Network Society*. Cambridge: Polity Press, 2006.
38. The Royal Society. *Knowledge, Networks and Nations: Global Scientific Collaboration in the 21st Century*. London: The Royal Society, 2011.
39. Tongia, R., and E. J. Wilson, III. "The Flip Side of Metcalfe's Law: Multiple and Growing Costs of Network Exclusion." *International Journal of Communication* 5 (2011): 665 - 681.
40. Warschauer, M. "Dissecting the 'Digital Divide': A Case Study in Egypt." *Information Society* 19 (4) (2003): 297 - 304.
41. Webster, F. *Theories of the Information Society*. 3rd ed. New York: Routledge, 2006.
42. Weiss, P. *Borders in Cyberspace: Conflicting Public Sector Information Policies and Their Economic Impacts*. Washington, DC: National Weather Service, United States Department of Commerce, 2002.
43. Wu, T. *The Master Switch: The Rise and Fall of Information Empires*. New York: Random House, 2010.
44. Yu, H., and D. G. Robinson. "The New Ambiguity of 'Open Government'." *UCLA Law Review. University of California, Los Angeles. School of Law* 59 (6) (2012): 178 - 208.

50

45. Zuckerman, E. "Decentralizing the Mobile Phone — A Second ICT4D Revolution?" In Information Technologies & International Development 6 (Special Edition, Harvard Forum II Essays). Cambridge, MA: MIT Press, 2010.

第一部分

开放的模式

第3章
在发展所需的信息通信技术研究中启用开放模式

梅利莎·劳登、乌尔里克·里韦特

本章将探讨发展所需的信息通信技术研究对发展产出“可行知识”的作用。我们思考了开放的框架作为参与、知识共享及共同创造的一种活跃流程是如何引导发展所需的信息通信技术研究的。我们还通过分析 Cell-Life 研究合作，特别是其中的抗逆转录病毒疗法的智能普及项目（Intelligent Dispensing of Anti-retroviral Treatment，iDART）来探讨开放模式的应用。本章的两位作者都参与了 iDART 项目和 Cell-Life 研究合作，因此，这些分析结果是基于亲身经验的回顾总结，也是持续推进的在研内容。

2010 年初，iDART 项目在南非成功地将抗逆转录病毒药剂分配到近 15 万名病人的手中，Cell-Life 研究成果也孵化成一家独立的非营利机构。在 iDART 项目和其他相关的项目中，我们努力朝着开放转变，不仅在所用的技术方面，也包括开发这些系统的流程。我们也分析了研究过程本身，致力于进一步理解发展所需的信息通信技术研究者本身的研究工作以及大学的研究工作。我们的分析不仅是项目层面的，也是机构层面的，特别关注南半球的高校。而分析结果表明在项目实施层面和机构层面都有阻碍，但也有成功的可能。总而言之，我们认为 iDART 项目中知识产出的成功模式主要基于将开放引入了发展所需的信息通信技术的研究。

背景

在2003年抗艾滋病的行动方案中，南非政府明确提出抗逆转录病毒疗法（anti-retroviral treatment，ART）能够延长艾滋病患者的寿命。对这一声明，如今没有人会提出异议，在当时却意义重大，它结束了关于政府是否有义务提供抗艾滋病治疗这一问题近10年的激烈争论。

54

在成功地解决了一系列法律问题、确定了操作计划之后，如何向最偏远的农村地区提供药品这样实际而复杂的问题就成了大家最关注的问题。随着ART计划的部署，卫生部门设定了2011年前让80%有抗逆转录病毒治疗需求的患者获得相关药物的宏伟目标。要进行有效而持续的抗逆转录病毒治疗需要每位患者保持95%的依从率，如此才能防止抗药性和病毒的可能突变。不仅如此，治疗过程中还要根据时间表调整饮食，各种副作用也需要定期监控。对于那些处于落后地区的资源匮乏的基层健康卫生中心来说，艾滋病毒/艾滋病治疗，特别是定期监控患者的状况，真是一项不可能完成的任务。

iDART项目创建了一个药品分配系统，设计宗旨是提高偏远地区和资源匮乏的诊所提供抗逆转录病毒治疗的能力。该项目于2003年启动，是科研合作项目Cell-Life的子项目。2001—2006年开普敦大学（University of Cape Town）与开普半岛科技大学（Cape Peninsula University of Technology）的合作项目Cell-Life组成了一个国际多元化的团队，包括工程学、健康科学和计算机专业的师生。2006年，Cell-Life从开普敦大学孵化出来，成为一家非营利组织，同时从科研团体转型成为提供科研和技术支持的组织，主要原因就是其软件的应用站点日益增多，需要相关的技术支持。到2010年中，共有20多家组织（非政府组织或资助机构）管理着67

个 iDART 站点,覆盖了南非所有的 9 个省。每月约有 15 万名患者从 iDART 站点接受药物治疗,差不多是接受政府或捐赠者资助抗逆转录病毒疗法患者总数的六分之一。

Cell-Life 项目团队的组建本来是对艾滋病大流行这个发展的关键问题的响应,这次大流行无论在规模上还是结构层次上都是前所未见的。特别是在南非的农村地区,那里的服务相当滞后,艾滋病更为肆虐。几十年的种族隔离制导致的管理疏忽早已让公共卫生系统不堪重负。如此大规模的抗逆转录病毒治疗项目以前从未在发达国家开展过,更不要说发展中国家了。新出现的问题调动了科研团体的力量。同时,还有一种紧迫感——民众在死亡,非常有必要尽快将知识化为行动。

开放方法的理论内涵

55

开放发展的理念之所以具有吸引力是因为它可以将研究与系统执行的各种观点都放在同一个大框架里,同时也为讨论高校在国家发展中起到的作用这样更宏观的问题提供了联结点。讨论开放发展就可以从马修·L.史密斯和劳伦特·埃尔德建议的框架开始,组织社会活动可取的方式可以概括为:

- 通信工具和信息的获取不受限制。
- 加入非正式和正式团体(机构)不受限制。
- 文化、经济与其他内容的产生是协作进行的,而非集中进行。

在高校的学术研究领域,我们认为将开放引入研究工作可以积极促进:

- 研究成果的获取不受限制。
- 研究过程的参与不受限制。
- 知识的产生是协作进行的,而非集中进行,知识系统的多样性得到认可。

将开放引入研究的许多理论已经存在。高等教育、发展研究、信息系统设计，都面临着参与的问题，不管是从实际的（是否利益相关者越多结果就越好）还是理论的角度来看。开放获取运动促进了研究成果的获取不受限制，同样，具有开放获取理念的研究项目也往往偏好采用开源的软件。传统学术知识产生流程的单一排外性质受到一致批评，从而引发对方法论比如行为研究的激烈讨论。

在此背景下，本章在综合文献研究与 iDART 项目的具体分析的基础上总结了开放的相关观点，体现在三个方面：

- 系统设计与执行。
- 发展所需的信息通信技术研究。
- 南半球地区发展中高校的作用。

这个总结反映了我们在项目中的角色以及文献中收录的自然学科分类。它也体现了发展所需的信息通信技术研究者与实践者的复合（有时是冲突的）角色特点。我们将这些方面逐一陈述，并在表 3.1 中归纳了理论框架。

56

系统设计与执行

发展所需的信息通信技术研究以标准化为导向，旨在为发展目标服务，并对政策或实际做法产生影响。在公共健康领域的局部层面（基层卫生所）执行的 iDART 项目始于学术界对于电子政务推动发展的潜力所持有的极其乐观的态度。不过很明显这是一种谬误，到 2003 年为止，大部分发展中国家政府发起的信息系统项目都部分或整体地失败了。

在信息系统领域有很大一部分的研究是为了寻找信息系统项目失败的原因，包括很多发展中国家的案例。从这些研究发现，这些系统之所以会失败是因为在组织流程中强制推行不受欢迎或是有争论的改变。另一种说法是因为技术需求，例如硬件与连接由于人力、技术和财力资源的局限而没能达成或是无法持续。总的来说,文献中指出信息系统失败主要是由系统所处的社会、技术或政治环境没有得到充分理解而导致的。在发展中国家,“设想与现实之间的差距”尤其明显。

除了项目层面的因素之外,信息系统经常失败的原因还在于更广泛的系统层面。信息通信技术生态系统的架构与执行——从技术、实施和发展流程到信息通信技术研究与教育——并没有提高发展所需的信息通信技术项目的成功率。在技术与应用情境、设想与现实、项目计划与发展(费用高、强度高、单个工作地点易于进行项目资助)以及持续进行的支撑与执行(预算低、分散度高、难以控制与资助)之间总有差距。

如果在更广的范围内讨论技术,这个问题对于所有失败的项目都是共性的。对项目实用性的描述强调项目计划工具的重要性,而这些工具也能用来标出潜在的问题领域。其他一些工具与方法则提供了沟通技术与项目管理理念的简化方式。从开放的视角看,这一点是非常关键的。以提高技术与非技术团体之间的沟通为前提的系统设计方法,如 ETHICS 和 Soft Systems,以及埃德温·布莱克(Edwin Blake)和威廉·塔克(William Tucker)提出的“有社会意识的软件工程”理念,是发展所需的信息通信技术项目中基于开放的系统设计与发展方法的重要组成部分。大部分研究者在信息系统用户的参与上强调了对技术的利用,但也有一些研究者[包括芒福德(Mumford)等]的观点更为激进,他们认为参与者对系统的工具要有所有权。 57

在发展课题的研究中,“参与”这个问题也被反复讨论,包括罗伯特·钱伯斯(Robert Chambers)的研究著作以及主流观点对参与问题的阐述,还有对参与的“专制”性进行的批判。而对信息系统项目的分析文章中,理查德·希克斯(Richard Heeks)的文章则比较温和地强调了要公平有效地参与信息系统项目是挺困难的。

这里的重点在于，尽管对于其目的和困难大家都有不同的认识，但对于参与本身来说不管是在信息系统还是发展问题的研究中大家都是普遍认同的。正如广泛范围的沟通一样，在设计一个基于开放的系统时，参与自然就是目标之一。

发展所需的信息通信技术研究

强调参与优先的研究理论也陆续出现，与社会响应和“知识民主化”理念紧密相关。而行为研究，通过与研究团体交叉合作并鼓励基于自身需求而重新定义研究目标的方式，也明显与参与相呼应。无论是从实用角度还是从理念角度来说，都有提高参与度的充分理由。埃玛·克鲁(Emma Crewe)和约翰·扬(John Young)就从实用性的角度论证了更广泛的参与可以通过帮助建立消息来源的“合法链条”来强化研究与政策之间的关系。而对于彼得·里森(Peter Reason)和希拉里·布拉德伯里(Hilary Bradbury)来说，行为研究是“参与型的、民主的流程，在为实现值得追求的目标而努力的过程中产生了实用的知识，其所基于的正是这一历史时刻独有的参与型世界观……追求用切实可行的方法解决紧迫的民生问题，而从更广泛意义上讲，追求个人与社区的蓬勃发展”。这一定义把行为研究认同为一种特有的世界观的表现形式。同时也明确了行为研究的规范定位，其中研究的主要目标是实现目标导向的变化。不同于实证主义者主张的研究过程之外存在着客观的事实，行为研究旨在影响被揭示出来的主观“事实”的转变。参与是变化的驱动力，也是一种民主的手段，允许直接受其影响的人们来决定什么样的变化是令人满意的。这种观点与开放很接近，在研究流程中更希望是普遍参与而非限制参与的形式，包括对研究优先内容的确定。

58

这种观念从本质上讲是政治性的，不同于传统的科学知识产生的实证主义主张。行为研究，在反对知识体系单一无变化的同时，也反对技术专业知识的客观性。同样的，其也不承认基于所谓的中立技术目标而做出的干预“合法”的论点。戈登·威尔逊(Gordon Wilson)觉得他的研究就像一种持续的抗争以达到尤尔根·哈贝马斯(Jürgen Habermas)所谓的“理想对话”状态，也就是“行为者之间的真诚对话，不同的知识都被视作创造性学习的资源，因此而产生了新的知识”。研究者的首要目标是要逐步达到“理想对话”状态，也就是协作产生知识的理想状态。

尽管有很多文献都提出了协作式产生知识的论述，但是“实践社区”的概念在实践层面上为理解知识协作产生过程提供了窗口。在知识产生与传播的过程中，研究者被嵌在一个信息系统利益相关者的广大社区之中，而研究流程的最终目标是为群体中的各色人物开发“可行的知识”。基于分享经验与共同目标逐步发展起来的实践社区，在任何正式的研究议程之外提供了一种产生可行知识的机制，且可以超越单个研究项目的时间安排。

高校中的进展

埃德温·布雷特(Edwin Brett)认为发展只有在机构层面而非个人层面才能分析透彻，干预也要在机构层面才能充分执行。发展所需的信息通信技术的研究也是如此，单个项目的研究流程并不能充分说明问题，还要从高校在国家发展中的作用来探讨研究流程。布雷特持“自由制度多元性”观点，认为“开放、多元、从事科学研究的机构很难创造……自由模式对于社会与政治解放的各种尝试来说是至关重要的，但是将其制度化不只是技术问题，它还会带来诸多挑战。需要有政治机构的可信理论，还需要有宏观和微观层面的运作实践”。在其文章中，作为自由模式的一种设想，布雷特也从理论上论述了发展所需的信息通信技术研究的开放

59

方式。

关于知识产生，布雷特则承认研究策略与实践之间有差距，他认为发展理论研究者们作为社区中的“实践者”，并“没有好好想一想谁会愿意”用模糊的没有明确定义的方法“去执行他们推荐的操作”。知识的开放系统应该是这样架构的：理论家要直面执行者社区中机构与权力的问题。只有与当地的知识体系整合，多元化才能发挥作用。布雷特认为葛兰西式的“有机知识分子”这一概念中关键的知识网络主要由“教师、牧师、传统意义上的领袖，以及当地的活动家”组成。

要从自由、多元化角度理解高校的机构本质，首先要理解知识是在一个特定的情境中产生并得以应用的。关于应用领域，迈克尔·吉本斯(Michael Gibbons)、卡米耶·利摩日(Camille Limoges)和黑尔加·诺沃提尼(Helga Nowotny)在他们的知识产生“第二模式”理论中论述的情境指的是“社会分布式、应用导向型、跨学科的环境，受到多重责任的约束”。与信息系统设计或发展干预计划不同，我们并不是简单地把情境仅作为设计流程的一部分加以考虑。知识产生的情境，体现于机构的架构和参与的团体，这些团体决定了所产生的知识。

激励与排除机制跟知识交流与散布的方法同等重要。诺沃提尼、斯科特(Scott)和吉本斯在阐述“第二模式”理论的后续文章中却指出，“科学对话社会”与“社会对话科学”之间的互惠关系被烙上了排除的印记。用熟悉的话来讲，罗伯特·钱伯斯哀叹“核心与边缘化知识”具有一股可怕的“向心力”，使知识的产生依赖于核心的优先度。只有仔细分析大学如何嵌入全球财富与权力之网络才能知道如何获得知识产生的多样性。

跟科学技术研究平行推进的工作是跟技术的社会形成(social shaping of technology，SST)有关的。社会形成运动聚焦的是技术发展的情境与过程。通过揭示权力机构，使其得到反思与强化。

罗宾·威廉斯(Robin Williams)和戴维·埃奇(David Edge)用“选择”来描述技术的社会形成:“技术的社会形成的核心是无论单个工件的设计还是系统,抑或在创新项目的方向或‘发展轨迹’中,都内含各种选择(即使有些选择不一定是有意识的)。如果在一个既定逻辑的演变中或在一个决定性的因素中不展现出技术,那么创新就是‘布满岔路的花园’。不同的路径可能导致不同的技术成果。而这些选择可能对社会和某个特定的社会团体产生不同的影响。”

60

根据这种社会形成的理论,创新的开放系统使得边缘化的团体得以有效地控制技术,从而使这些团体获益。虽然有时这样的目标并不总是能达到,但不管怎样,技术的发展从来不是在孤立中产生的。詹尼斯·卡利尼科斯(Jannis Kallinikos)发现人类的发明“随着时间而巩固”,因为它们嵌入了社会结构,随着自身逻辑的增强而越发明确其应用方向。我们现有的选择是由走过这些路径的先行者以及政治经济力量使用技术这一工具的悠久历史决定的。对于普遍存在的信息系统失败应该做出的务实反应是要理解开放创新在高校中能发展到何种程度以及研究对于促进高校的开放创新能起何种作用。

案例分析:iDART 项目,一个抗逆转录病毒药物分配系统

Cell-Life 是一支成立于 2001 年,由开普敦大学、开普半岛科技大学的研究人员、学生和医疗人员组成的团队,旨在开发用于公共健康领域的艾滋病管理 IT 系统。团队与率先在开普敦为公众提供抗逆转录病毒药物的德斯蒙德·图图艾滋病中心(Desmond Tutu HIV Centre,DTHC)一起开发了支持艾滋病治疗的系列工具。在大规模分发抗逆转录病毒药物系统成形之后,DTHC 的主

要精力就更多地放在如何在临床研究站点提供治疗上了。这就需要发展基础设施来追踪供应链中的药物包流向，包括从到达入库、分装成每月供药包到偏远诊所的病人收取药包的所有动态。

系统描述

Cell-Life 与 DTHC 一起整理概念，发展出一套通过公共基层护理中心分发抗逆转录病毒药物的系统。系统的核心理念是帮助药剂师精准地向大量病人分发药物，支持标签打印、简易库存管理等功能。用扫描条形码的方式减少分发时间，用 Java 语言编程，使用各种开源软件模块，以适用于基层健康设施配置的不同的操作系统，而不用支付软件许可费用。

61

表 3.1 理论框架

	系统设计与执行	发展所需的信息通信技术研究	南半球高校的开放与发展
研究成果的普遍（而非限制）获得	开源软件开发	研究-政策-实践联结，实践社区，“可行知识”	“第二模式”知识产生，不同于传统出版模式的新方式
研究流程的普遍（而非限制）参与	社会-技术系统设计方法	行为研究，利益相关者的参与，研究人员是推进者	知识产生与传播的葛兰西式“有机知识分子”
协作（而非集中）式的知识产生，知识系统的多元性	解放的新人文主义方法，软系统，社会形成	知识产生的理想方式，如哈贝马斯的“理想对话”状态	新发展中国家的发展与相关机构

iDART 项目设计的约束性包括：

（1）软件需支持将药物分发给艾滋病确诊病人这一核心功能，但一开始无须是一套功能齐备的库存管理系统。

（2）实地软件安装需在一天内完成，员工培训不能超过 7 小时。培训几乎都是在给病人配药时进行。

(3) 软件要简单易懂,可以让在职员工一边使用软件,一边给新员工培训。在健康护理中心人员流动性大的农村地区,这一点尤其重要。100多页的手册不会有人去读;通常粘在药店电脑上的都是只有2页的快速指南。

(4) 即使没有互联网连接也能运行软件,但要将药品分发数据备份在外部服务器上。这可以由直接连接手机网络的全球移动通信系统(GSM)调制解调器来完成。 62

(5) 软件要足够灵活,可以兼容各个诊所的不同的分发模式,包括单个站点的分配(每月的药品分配供应)、严格遵守医嘱的病人的多月分配,以及转诊分配模式,即一个药品供应站分配好药物后发到几个小诊所,病人到小诊所的护士那里领取药品。

药物管理与分发是以流程和数字为基础的,所以将这些方面转化到ICT系统是相对容易的;另一方面,公共健康护理领域资源有限的现实情况又使系统的安装执行非常困难。基于这个原因,iDART项目演变分化出几个基本任务,包括日常分发与病人基本信息及其处方信息的获取。这种强调服务对象与施益者——艾滋病确诊病人与公共健康药剂师——互动的系统与商业系统有着明显不同的功能。

执行站点

iDART项目的原型系统于2004年开发,用于DTHC的中试站点——开普敦附近一个小镇上的Gugulethu社区诊所。2005年又对iDART系统进行了修改,将其用于DTHC的研究型诊所,为大开普敦区少数患者分发药物。2003—2008年期间,研究机构开始为基层的公立诊所提供技术支持——最初在政府官僚作风影响下受到蔑视,他们认为一个计划必须为全国的推广而开发。而基层的能力有限，得不到健康领域学术界的帮助、建议和资源就无法提供持续的治疗。尽管如此，截至 2005 年，南非注册的药剂师也只有 14.9%在公共健康领域工作，药店服务的匮乏成了全面铺开药品分发系统的最大障碍。

社会的积极参与氛围，以及需要向政府证明即使在资源有限的农村地区也能提供治疗的决心，意外地成就了 iDART 项目。自 iDART 项目团队与 DTHC 合作，其他研究机构，如南非医学研究理事会（Medical Research Council of South Africa，MRC）、威特沃特斯兰德（Witwatersrand）大学的生殖健康研究所（Reproductive Health Research Unit，RHRU）和儿科健康研究所（Paediatric Health Research Unit，PHRU）等也都知晓了这个系统的成功运行。于是在农村地区，多家学术机构提供了支持，通过合作网络建立了联系，Cell-Life 开始逐渐在全国范围内受邀到其他高校支持的诊所一起推进 iDART 项目。

63

iDART 项目的第一笔资助来自埃尔顿·约翰（Elton John）基金会，主要用于南非农村地区的 4 家站点安装 iDART 系统。之后，iDART 项目的资金来自不同研究机构用于治疗的间接资助。比如国际艾滋病组织的资助——缓解艾滋病问题总统应急计划（President's Emergency Plan for AIDS Relief，PEPFAR），通过药物管理与信息汇总支持治疗计划。全面铺开 iDART 项目的另一个主要原因是充分聚焦农村诊所。在城市与周边（镇区）环境中，这个系统与其他软件时而会有竞争，而在农村地区，商业机构都没有兴趣。而这个系统专门开发的抗逆转录病毒药物分配功能，使得 Cell-Life 团队与 iDART 项目与其他药店及库存管理软件供应商之间也不存在任何竞争关系。

随着政府日益致力于全国范围的推广工作，研究机构作为主要利益相关者参与其中的必要性也日益明显，因为其中许多机构都有正在推进的治疗项目；而 iDART 项目早期介入研究站点的工作自然地使其成为全国范围工作的一部分。但是，这种转变使得某些站点的工作变得比较复杂，因为政府开始要求走正式的投标和采购流程，而 PEPFAR 资助建设的站点则要求提供不用美国软件的特殊理由。

与此同时，资金的来源也开始多元化。项目的早期执行模式，即新的站点逐一由 Cell-Life 进行评估、管理与支持，现在也在发生改变。Broadreach Healthcare 是一家私人企业，负责管理夸祖卢-纳塔尔（KwaZulu-Natal）地区数家诊所的 IT 系统，其从 Cell-Life 下载 iDART 系统，然后自行安装执行（Cell-Life 仍然参与项目的执行，但主要在技术培训方面）。这种新模式已在多个其他站点多次实施。PHRU 则开发了获取病人主要信息的前端办公软件，在其负责的多个站点的 iDART 系统中使用。开源软件许可使得 Cell-Life 可以在 iDART 系统中整合新的模块并提供给其他站点使用。

案例分析：Cell-Life 的 iDART 药店软件

在南非 IT 领域的众多项目中，大部分项目，不管是商业项目还是政府项目，都是由管理层采购 IT 系统，技术人员开发并提供给被动的系统用户与服务部门使用。不管是约翰内斯堡（Johannesburg）的大企业还是水供应不济的乡村医院，商业卖家的系统设计方法、产品与商业模式打造的必然是以商业为本的模型。显然，这种进步就在于获取了“现代”的技术和专门知识。

64

开源与标准

Cell-Life 的项目则有所不同。我们试图在技术和系统开发流程上向开放靠拢，在技术上我们偏爱开源与开放的标准，而在系统开发流程上使用迭代增量方式、演进式雏形和参与型设计。这种变化需要系统开发者及各种用户群体态度上的转变。开发者作为专门领域的学者或是专业团队，是技术专家，但也要受经验与表达方式跟他们全然不同的用户人群的指引。用户呢，之前一直被动接受软件系统，现在则需要参加系统概念设计，而这些概念的定义经常不够确切或是解释得不透彻。大部分的药店用户并没有太多的时间参与，因为现有的工作量已经相当大了。而后种族隔离时代南非的复杂情况更加剧了系统开发者与用户之间关系的紧张，因为开发者与用户很可能代表了不同的种族、文化和/或语言。

问题的紧迫性与药剂师数量的明显不足，以及他们工作时间的限制，使我们决定采用工作原型，让用户基于试用系统的体验给出意见，然后反复修改设计，这倒成了 iDART 项目的优势。用户体验后觉得系统可塑性强，提供的反馈就更具建设性，可以用来修改最初的原型设计。同样的，设计者和开发者花了很多时间与用户沟通，征求其意见并做出反应，探索用户需求，就可以作为用户的重要代理梳理其问题的优先层次。

当然，这里有一个平衡的艺术。研究项目一开始定位于探索，一旦它的重点变成规模化应用后，再对用户需求不断做出反应而改变 iDART 系统就变得非常困难了。而 iDART 作为研究项目日益成熟，其执行量正在增长，就要在微小的个别改进要求与保持基于代码的技术整体性之间加以平衡，要在资助范围内满足软件开发的优先项。这就给开发与执行团队施加了压力，他们之间需要经常协商。尽管有这些限制，用户与开发者之间的关系还是为建立与维护作为实践社区的 iDART 站点带来了巨大价值，除软件本身以外，实现了知识的持续共享。

65

开放如何影响对发展所需的信息通信技术的研究

学术知识产生过程正受到与世隔绝的信息孤岛的困扰，并在其中形成研究和(往往无效果地)发布成果。行为研究旨在解决研究过程中的这一问题,它们反对研究者与被研究者是相互独立的实证主义理论,强调建立共识并享有研究过程的共同所有权。实践社区可以作为一种标杆来理解研究的沟通和开展方式。行为研究与实践社区,通过对参与过程的观察和研究者的角色进行研究,提供了理解研究过程中的开放模式的基础。

软件产品的协作开发(如埃德温·布莱克与威廉·塔克论述的有社会意识的软件工程)是发展所有 Cell-Life 运营的项目站点中开发者、执行者、研究者及利益相关者之间长期关系的关键因素。iDART 项目的案例分析中,乌尔里克·里韦特和乔恩·塔普森(Jon Tapson)描述了执行项目过程中多个利益相关者的协作:"iDART 项目开发的一个重要伙伴是威特沃特斯兰德大学的生殖健康研究所。这个研究所所做的研究一直处于药物副作用、药品分配及其他相关领域的前沿,经常提出 iDART 系统的修改意见。而这些修改由 Cell-Life 发给所有其他的诊所,使它们都受益于这个研究所的专业知识。西北省一家乡村诊所的一位助理药剂师就曾把 iDART 系统称作'高校向社区诊所转化知识'的系统。"

技术知识的产生,也可以越过高校中孤立的创新者。在 iDART 项目案例中,开源软件组件贯穿全程,系统软件本身也附以开源许可发布。但与其他项目有所不同的是,吸引其他开发者参与 iDART 项目并做出贡献并不是 iDART 项目的首要目标。软件的开源发布反映出开发者的哲学理念,即抛砖引玉,激发建立一个行业社区,汇聚致力于医学记录系统开发的开源医学系统开发者(例如,知名的 OpenMRS 开放磁共振系统,已在南非多个站点安装)、移动数据采集系统开发者,以及相关项目的专业人员。协作软件开发是这些社区的主要活动,而它们的存在支持着更为广泛的知识共享,不管是通过邮件与项目会议等正式途径,还是通过个人之间及组织之间关系的建立等非正式途径。软件开发的开源

66

模式和围绕它建立起来的行业社区相互支撑壮大。不管是成果(软件)还是社区都要比单一的研究项目存活得更长久，跨越了项目时间轴的无形关系网络会持续存在。

两种情况都很契合实践社区的理念，同时又强调其异构本质。健康科学研究团体、小型 IT 领域非政府组织和位于艾滋病流行抗战前线的药店助理的可行知识组成是很不一样的。iDART 项目的成功之处就在于其流程(抗逆转录病毒药物分配软件系统开发与安装执行)和成果(软件本身)服务了各种不同的利益相关者并让他们也涉及项目开发。而让各方建立起联系并保持到建立相互的信任与密切的关系是这一切发生的关键因素。同理，开源医疗系统行业社区，虽然技术性更强，但在不同应用领域和对项目贡献的组织种类上也有其异构性。随着时间的推移，这种共同开发软件系统的模式提供了知识共享的坚实基础与共同参考点。

Cell-Life 在实践社区催生知识共享的能力依赖于它自身的定位，即它是有着多种资金来源的可持续发展的组织。高校中的研究团体做研究项目要有严格的结构组成并按照事先决定的计划与目标进行项目活动，而 Cell-Life 不同，它可以承担不同层面的小项目，积累经验，建设社区。就像是 iDART 系统的托管人，这家组织可以协调异构团体之间的知识共享。在类似的开源健康系统项目中有多个核心团体也有着相同的定位，而且由于涵盖的地域范围更广而具备了更多的优势。

从方法来说，iDART 提供了具有发展前景的模式，它很好地应对了发展研究与政策和实践脱节这一负面评价。传统的学术工作，受狭窄的专业所限，无法考虑政策制定者面临的复杂政策与结构(机制)性限制问题。对于失败的发展所需的信息通信技术项目的学术研究往往是批判型的，特别是在政府开支与回报问题上。这在问责的时候可能有些用处(虽然昂贵而有争议性的项目持续失败也表明了一些局限性)，却对改善研究者与执行机构之间相互

67

影响的关系无能为力，这也进一步形成了对学术研究潜在贡献的负面看法。行为研究中，研究者需要向所有参与者交付可用的解决方案，这样会更能让人接受。我们之前解释过，iDART 项目是对一个关键问题做出的反应。目标用户群体是在艾滋病大流行一线工作的药房雇员，对研究进行评估的第一标准是项目能否满足他们的需求。项目开展中有一个阶段要为西开普敦省政府的电子创新办公室（Western Cape provincial government，PAWC）做整合项目，在两家机构的文化碰撞中相互学习并形成解决方案（结果是解决方案形成，iDART 系统在 4 个 PAWC 站点顺利安装）。如此复杂、风险高又费时的工作是不大可能在没有行为研究提供的激励机制的条件下，在纯学术的环境中完成的。

同时，急迫的发展问题与行为研究反馈相结合引发了一项平衡挑战，即一边要保持学术严谨性，一边又要向一个注定不可能完美的流程妥协。这种从一个封闭的专业知识系统（研究者是专家，而参与者是研究对象）向开放协作、学习分享和共同参与研究流程的转变需要从个人与机构层面做出根本性改变。

从传统的学术角度看，iDART 项目的成果相对时间跨度较长、资金充裕的项目而言所产生的同行评阅学术论文实在少得可怜（2 篇都不是在发展所需的信息通信技术或 IT 系统期刊上发表的文章以及 4 篇会议论文）。正因为项目的多个资助机构都没有着重要求研究成果，而是把重点放在对工具的评估上，才会发生这一情况。另一个原因可能是我们的研究培训中并没有提供充分的工具撰写行为研究的报告，这是所有发展所需的信息通信技术项目共同的问题。相反的，因为 Cell-Life 是一家独立的非政府组织，有多种资金来源，所以对 iDART 项目的目标定义可以更为灵活，而且这并不是完全由写项目书的研究者来决定的，整个社区都有发言权。

68

高校中的开放与发展

要重新定义发展所需的信息通信技术研究在国家发展中的作用，很重要的一点就是要知道一个发挥作用的机构环境是怎样营造的。从短期来看，高校仍是发展这种机构环境的最佳地点。但是，结构上的主要障碍仍然没有扫清。比如，跨学科合作是重新定义科研并取得成功的关键——社会问题本质上都是多学科交叉的。然而，专业期刊与会议仍是传播学术研究成果的主要手段。另一个障碍是项目围绕成本运行的模式，财务原因导致所有项目都只能在某个部门或系内完成，这就不言而喻地阻碍了跨学科或多学科交叉的研究。Cell-Life运行的项目在各种不同阶段有高校的健康科学系研究人员、工程系研究人员和商业从业人员共同参与，因而经常跨越障碍达成不同部门之间的合作，但项目的论文发表数量也比同类的研究项目少很多。

通过知识产权实现知识的分享是另一个需要重新考虑的问题。那些看似干扰知识分享的知识产权政策需要一个正式的机制使某些研究与项目能免受苛刻标准的限制。协作开源发展的概念就是软件和代码的所有权在多个团体中共享，经常被高校的知识产权管理部门误解，在现有的指南中也没有条款可循。在iDART项目的案例中，早先与高校在知识产权管理上的交涉是非常行之有效的，双方就顾虑都进行了良好沟通并使之得以解决。这一经验说明组织项目需要开放的原则。

之前提及的转变观念还需要重新考虑研究人员和从业人员的技能需求。在高校层面，需要重新评估目前在众多学科中所教授的课程以及在哪些领域中教学的学科边界限制了他们对社会需求做出反应的能力。很不幸，对课程的评估总是偏向于将产业的新动向融入课程设置，而基于当地的实际需求重新设置课程的努力往往阻碍重重，连学生们也表示不欢迎。新课程的认定过程中对课程内容的固定要求又强加了额外的限制。对于寻求国际认可的课程来说更是难上加难，Cell-Life 项目在开普敦大学开展时，学校的计算机科学与工程这两个专业的新课程设置就是如此。

因此，Cell-Life 项目影响学校教学内容的最成功之处并不是课程的改变，而是对学生研究项目的指导。iDART 的最初原型就是学生研究项目的成果。学生因为参与了有众多利益相关者的项目而受益良多，很多参与者学科背景都很不相同。我们得出的经验还包括参与了这种对社会需求做出反应的科研项目的学生在将来的工作中也会与时俱进。高校的责任是为公众谋福利，而鼓励学生对其学习领域的发展潜力保持敏感洞察力是有极大好处的。 69

最后要指出的是，发展所需的信息通信技术研究在机构层面上的利益相关者不只是高校，还有很多其他机构。在 iDART 项目中，各级政府部门的参与不仅确保了系统的适用性，而且确保了其在其他体系和政策取向中的地位，所有这些，都使政府在应对艾滋病控制的问题时能迅速做出反应。而在很多项目节点上与私企的合作也非常重要，为规模化的系统支持打下基础，因为这是单靠 Cell-Life 本身无法完成的。

在达成机构间的合作上，iDART 项目得益于流程聚焦以及行为研究较长的时间轴。对于电子政务的研究文献探索了怎样与政府打交道比较有效，但恐怕没有考虑到长时间轴的必要性，而审批流程、招募员工的各种限制以及预算流程等都拉长了时间轴。对于私有企业来说，iDART 项目的达成表明即使是这种新的、缺乏具体指标、众所周知应用领域困难重重的项目也是可以实现的。项目开始阶段的目标是归纳这个新领域或被称为抗逆转录病毒药品分发系统所需要的功能与运行需求。之后，关注的焦点慢慢转移到更大范围的执行，这就需要更大的超越高校体制的灵活性，其结果就是 Cell-Life 被孵化出高校，成了独立的非营利组织。基于 Cell-Life 团队与高校 IP 管理办公室多年的沟通与合作，双方达成了一致的意见，在 IP 政策上采用比较灵活的方式来协助这一转变的完成。（见表 3.2）

70

表 3.2 iDART 项目案例分析汇总

	系统设计与执行	发展所需的信息通信技术研究	南半球高校的开放与发展
研究产品的普遍（而非限制）获得	发展和参与发展中国家的开源医疗系统实践社区	研究-政策-实践联结；情境中的行为研究，明确组织成果；接受多方问责：资助方、执行方、病患与学术社区	发展和参与抗逆转录病毒治疗实践社区
研究流程的普遍（而非限制）参与	根据偏远地区的诊所与公共健康领域的限制条件进行设计，原型演变式发展，与药剂发放人员的互动和培训时间非常紧凑	针对多个利益相关者（政府、医疗/药剂专业人员、一线使用者）的行为研究方式，时间轴长	对研究人员与学生再培训，使之成为协调人（资源），与作为信息提供者的从业人员一起讨论研究内容与方向
协作（而非集中）式的知识产生，知识系统的多元性	软件产品超越单一项目的时间界限而长久存在，通过分发药物的诊所获取一个共同的软件系统，同时注意到不同的 IP 模式来实现特定需求与创新的共享	合作（跨学科的、研究者与从业人员之间的）由一个关键的发展问题激发，在一个可持续的行业社区中发展并得到各种支持	高校架构中的跨学科合作、不同院系的团队组合、国际认证课程之外的教学、研究成果非传统的传播渠道等挑战

结论

开放发展的概念反映了对 iDART 项目的反思，即如何基于研

71

究，对一个关键发展问题做出反应。过去 10 年中，这个项目证明

其有能力随着抗逆转录病毒疗法的普及而拓展壮大，从高校的研究团队转型成为专注于执行的非营利组织。其系统设计与研究方法的选择都是为了扩大参与。而两种情况下，参与方式都很重要，又都受限于参与者自身的工作而造成的参与时间有限：

- 在系统设计方面，原型演化与工作原型开发方式让用户能参与设计，这是很有价值的方法，同时用户、开发者与研究者都普遍觉得系统可塑性很强。
- 参与行为研究以及与更广范围的开放资源开发者社区的互动促进了实践社区的蓬勃发展，有各种利益相关者参与其中，持久性也比单个的项目执行期和其他系统更长。

iDART 项目也为长期行为研究方法确立了价值所在，即通过多年的项目发展，建立一个共享的、基于情境的对系统的认知。开放与合作创新如果没有最基层的关系是不可能完成的，这种关系随着信任的积累而逐渐建成，反过来又是共享发展流程的基础。而开放与合作创新又支持着灵活系统与社区的发展，能在系统建设周期中重新设定各种参数。

行为研究把研究者视作项目建设社区的一种资源，而非不相干的过程旁观者。iDART 项目秉持这项原则，成功地扩大了研究成果的获取度——不仅是软件本身，还有在散布于社区中由参与者们共同开发与共享的知识。然而，代价就是不能像传统的学术研究那样发表文章。行为研究很难脱离情境而撰写报告。项目的多学科交叉性质又进一步将项目与学术界的关系搞得更复杂，因为学术界专业分得比较清晰，如医学、工程、计算机科学等。

在知识产出方面，很明显，高校作为研发机构需要掌握更广泛的发展所需的信息通信技术，目前的信息系统与计算机科学领域的专业知识还是十分有限的。作为机构，高校往往难以掌控跨越多个学科、时间轴很长、有多种利益相关方且知识成果非传统型的项目。在高校中积累管理此类项目的经验会使参与更富成效。

72 iDART项目的经验表明研究的开放方式有很多好处，尽管在实践与结构上都有着各种挑战与困难。因此，应该鼓励提高研究者与从业人员使用开放方法的意识，而成果也应受到发展所需的信息通信技术社区的严格评估。

75 **参考文献：**

1. Bekker，L. G.，C. Orrell，L. Reader，K. Matoti，K. Cohen，R. Martell，F. Abdullah，and R. Wood. "Anti-retroviral Therapy in a Community Clinic：Early Lessons from a Pilot Project." *South African Medical Journal* 93（6）（2003）：458－462.
2. Blake，E.，and W. Tucker. "Socially Aware Software Engineering for the Developing World." In IST-Africa 2006 Conference Proceedings，edited by P. Cunningham and M. Cunningham. Dublin：IIMC International Information Management Corporation，2006.
3. Brett，E. *Reconstructing Development Theory: International Inequality, Institutional Reform and Social Emancipation*. Basingstoke，UK：Palgrave Macmillan，2009.
4. Brown，S.，D. de Jager，R. Wood，and U. Rivett. "A Pharmacy Stock Control Management System to Effectively Monitor and Manage Patients on ART." The 4th Institution of Engineering and Technology Seminar on Appropriate Healthcare Technologies for Developing Countries. Savoy Place，London，UK：23－24，May 2006，27－36.
5. Byrne，E.，and S. Sahay. "Participatory Design for Social Development：A South African Case Study on Community-Based Health Information Systems." *Information Technology for Development* 13（1）（2007）：71－94.
6. Chambers，R. "Poverty and Livelihoods：Whose Reality Counts?" *Environment and Urbanization* 7（1）（1995）：173.
7. 76 Chambers，R. *Rural Development: Putting the Last First*（London：Longman，1999），http://www.eou.edu/socwomen/support/articles/chambers.pdf.
8. Checkland，P. B.，and J. Scholes. *SSM in Action*. Chichester，UK：John Wiley & Sons Ltd，1989.
9. Cooke，B.，and U. Kothari. *Participation: The New Tyranny?* London：Zed Books，2001.

10. Dada, D. *The Failure of E-Government in Developing Countries: A Literature Review.*, 26. The Electronic Journal of Information Systems in Developing Countries, 2006.
11. DOH. *South African National Strategic Plan for HIV/AIDS and STI 2007–2011*. Cape Town: Department of Health, 2007.
12. Ensor, P. "The National Qualifications Framework and Higher Education in South Africa: Some Epistemological Issues." *Journal of Education and Work* 16 (3) (2003): 325. doi: 10.1080/1363908032000099476.
13. Gibbons, M. L., C. Limoges, and H. Nowotny. *The New Production of Knowledge: The Dynamics of Science and Research in Contemporary Societies*. London: Sage Publications Ltd, 1994.
14. Health Systems Trust. "Health Statistics 2005: Health Personnel." http://www.hst.org.za/healthstts/102/data.
15. Hearn, G., and M. Foth. Action Research in the Design of New Media and ICT Systems. In *Topical Issues in Communications and Media Research*, ed. K. Kwansah-Aidoo, 79–94. New York: Nova Science, 2005.
16. Heeks, R. "Information Systems and Developing Countries: Failure, Success, and Local Improvisations." *Information Society* 18 (2) (2002): 101.
17. Heeks, R. *eGovernment for Development — Success/Failure Rates Survey Overview*. 2003, http://www.egov4dev.org/success/sfrates.shtml.
18. Heeks, R. "The Tyranny of Participation in Information Systems: Learning from Development Projects." http://unpanl. un. org/intradoc/groups/public/documents/NISPAcee/UNPAN015538.pdf.
19. Hirschheim, R., and H. K. Klein. "Four Paradigms of Information Systems Development." *Communications of the ACM* 32 (10) (1989): 1199–1216.
20. Kallinikos, J. "Farewell to Constructivism: Technology and Context-embedded Action." In The Social Study of Information and Communication Technology: Innovation, Actors, and Contexts, ed. C. Avgerou, C. Ciborra, and F. Land, 140–161. Oxford: Oxford University Press, 2004.
21. Mbali, M. HIV/AIDS Policy Making in Post-Apartheid South Africa. In *Human Science Research Council: State of the Nation 2003–2004*, ed. J. Daniel, A. Habib, and R. Southall, 312–329. Cape Town: HSRC, 2003.

77 22. Moodley, S. "The Promise of E-Development? A Critical Assessment of the State ICT for Poverty Reduction Discourse in South Africa." *Perspectives on Global Development and Technology* 4 (1) (2005): 1 - 26.

23. Mumford, E., and M. Weir. *Computer Systems in Work Design: the ETHICS Method*. London: Associated Business Press, 1979.

24. Nowotny, H., P. Scott, and M. Gibbons. "Mode 2 Revisited: The New Production of Knowledge." *Minerva* 41 (3) (2003): 179 - 194.

25. Pardo, T. A., and H. J. Scholl. "Walking Atop the Cliffs: Avoiding Failure and Reducing Risk in Large Scale E-Government Projects." *Proceedings of the 35th Annual Hawaii International Conference on System Sciences*, 1656 - 1665.

26. Reason, P., and H. Bradbury. *The SAGE Handbook of Action Research: Participative Inquiry and Practice*. London: Sage Publications Ltd, 2007.

27. Rivett, U., and J. Tapson. "The Cell-Life Project: Converging Technologies in the Context of HIV/AIDS." *Gateways International Journal of Community Research and Engagement* 2 (2009): 82 - 97.

28. Smith, M. L., and L. Elder. "Open ICT Ecosystems Transforming the Developing World." *Information Technology and Development* 6 (1) (2010): 65 - 71.

29. Soeftestad, L. T. "Aligning Needs and Means. On Culture, ICT and Knowledge in Development Cooperation," in 24th Information System Research Seminar in Scandinavia (IRIS 24): 47 - 60, http://rmportal.net/library/content/frame/aligning-needs-and-means.pdf.

30. Thompson, M. "Discourse, 'Development' and the 'Digital Divide': ICT and the World Bank." *Review of African Political Economy* 99 (2004): 103 - 123.

31. Vaillancourt, Y. "Democratizing Knowledge: Research Experiments Based On University-Community Partnerships." http://www.fimcivilsociety.org/en/library/Demo cratizing_Knowledge.pdf.

32. Williams, R., and D. Edge. "The Social Shaping of Technology." *Research Policy* 25 (6) (1996): 865 - 899.

33. Wilson, F. "The Truth Is Out There: The Search for Emancipatory Principles in Information Systems Design." *Information Technology and People* 10 (3) (1997): 187 - 204.

34. Wilson, G. "Knowledge, Innovation and Re-inventing Technical Assistance for Development." *Progress in Development Studies* 7 (3) (2007): 183.

35. Wood, R., R. Kaplan, L. G. Bekker, S. Brown, and U. Rivett. "The Utility of Pharmacy Dispensing Data for ART Programme Evaluation and Early Identification of Patient Loss to Follow Up." *Southern African Journal of HIV Medicine* 9 (2) (2008): 44.

79

第4章

透明与发展：Web 2.0与物联网时代的道德消费

马克·格雷厄姆、哈瓦德·哈尔斯塔德

现今世界经济全球化进程的中心问题就在于货物的信息并没有像货物一样实现全球化。当代资本主义向消费者隐瞒了大部分货物的历史与地理信息。消费者很少有机会通过生产链追溯生产过程，获得产品的生产地点、转换、分销等信息。复杂的货物链使我们迷迷糊糊，看不清生产流程。而跨国企业也致力于保持这种不透明，将广告中“粉饰过的世界”挡在生产的真相与消费者之间。带着这个问题，本章试图探讨通过互联网上的即兴合作与沟通能否快速实现货物链的信息流通这一问题。希望通过跨越时间与空间的障碍，以互联网上通信与信息分享的新方式开启消费者的维权政策，从而影响货品生产的方式，特别是原产地在南半球的货品。

跨国公司(transnational corporations，TNCs)为了提高效率、开拓新市场、寻求新的竞争优势而创建的生产结构日益复杂。通常，跨国公司会把生产流程分解，然后部署在以不同地理位置为节点的复杂集合组成的网络与生产链中。越来越多北半球的消费者不满意这种货物与其生产信息不匹配的状况，要求生产流程更加透明。可以看到，这种诉求很多是在反对全球化的背景下对跨国公司提出的批评，要求对在南半球的工厂与边境加工厂(即出口装配厂)的情况有知情权。越来越多的消费者相信他们的购买行为有着全球性的影响，并积极争取提升贸易公平与企业的社会责任。

80

针对这一情况，一些跨国公司将其产品的生产过程进行详细描述，让消费者确信他们的生产方式是符合人道主义的。

很多非政府机构与社会活动都利用互联网来披露信息，这些信息主要针对企业行为对社会与环境所产生的影响。劳伦·兰曼(Lauren Langman)提出互联网提供了“互联网社会运动”的基础设施以及新的公共领地，关于企业行为的信息可以交换并用于某些战略。但是，在大多数情况下，生产商与大牌商家传播的信息使得货物链上游发生的事情令人难以置信。南半球的行业人士，特别是从事重体力劳动或是危害环境的工作的，都不可能揭穿粉饰太平的说辞而给出真相。与此同时，一些评论员指出现在有一种新的全球化可能，以知识与透明度为特点，有能力驾驭互联网的力量，让消费者了解到更多他们所购买的商品的信息。这一全球化类型基于即兴的Web 2.0框架和技术，由用户产生信息并与他人协作开发知识。

本章讨论的是增强货物链信息的获取度是否能实现道德消费，从而促进社会与环境的变革。更具体地说，我们要讨论Web 2.0框架跨越时间与空间障碍、便于货物链信息流动的潜力，从而鼓励消费者更注重要购买的商品对于社会、政治与环境的影响，在知情的基础上决定是否付出金钱。我们已经知道信息通信技术可以通过信息的获取、交易与运输成本的降低以及新的商业机遇来助力发展。而我们对Web 2.0与货物链信息透明的视角又为这个话题的讨论添加了新的元素，列出可行方法，让边缘化的社区也可以分享生产中劳动与环境条件的信息。由用户产生的内容与现在称为“物联网”的技术为在互联网上追踪货物链提供了可能性，同时也开创性地把“游击队地图”这样的新生事物与生产政治和消费政治紧密结合起来。因此，知识与透明度的全球化，有可能改变消费政治与生产行为，也会增强边缘化的个人与社区的影响力。但是在货品信息的产生与传播过程中仍存在着许多需长期攻克的障

81

碍(如基础设施与获取能力、参与者的能力、信息媒介的持续作用、消费者对信息的捕捉和使用更加智能化等)，这些障碍会让我们的期望大打折扣。因此，要充分释放这些技术的潜能，归根到底依靠的是科技的进步，科技的进步已然渗透到增强地方活力、民主化以及其他社会变革的方方面面。

经济全球化与信息的协调流动

货物链的透明与信息流动传统上一直都是与距离和邻近度挂钩的。地理学家和社会学家都证明了这种关系对于理解知识的散布与传播的重要性，而传播成本与界限是阻碍信息流动的原因。一般来说，消费者对于离他们的绝对距离更近的货物链节点了解得更多一些，对绝对距离远的货物链节点了解得少一些。比如，18世纪大多数的消费者对他们街区的面包房很了解(包括生产方法、业主、劳动纠纷等)，对远在英格兰南部、瑞典或波兰的小麦农场则知之甚少。距离很大程度地限制了信息的传播。

全球化初期的浪潮引发了贸易量激增，并通过在殖民地组织提供工业化所需的原材料，为北半球的消费者们带来了很多新的商品。到20世纪30年代，随着福特式的大规模生产、第一批跨国企业以及国际金融的大发展，消费者经济轮廓开始显现。所有这些与商品相关的活动都得到了新的信息系统的辅助，包括无线电和电影胶片。广告和电影是那个时代倍受信赖的信息媒介，传播着如今被认为是性别歧视与种族主义的一套陈词滥调，不太关注殖民地或是国内工厂的生产条件。工业化与劳动者组织同步发展，工会也会系统地利用报纸和宣传单大加宣传，不遗余力地争取改善生产条件。直到20世纪70年代开始出现的非政府组织逐渐发起道德消费运动，特别是互联网出现后，非政府组织才开始利用它建立关系网络与宣传途径。从此，传递产品信息的媒介发生了

82

改变，新的信息中介也改变了邻近度与透明度之间的关系。

如今，有很多组织因其对产品货物链的批判分析而成为受公众信任的信息媒介。以消费者监督为己任的杂志，如 *Which?*（英国）、《消费者报告》（*Consumer Reports*，美国）和 *Stiftung Warentest*（德国）都以富裕国家的消费者为目标群体，向他们揭示生产商们力图隐瞒的信息。大量公众利益团体也以揭露跨国企业遮遮掩掩的生产方法为己任。关于荷兰皇家壳牌集团（Royal Dutch Shell）在尼日尔三角洲（Niger Delta）对环境造成的影响、美泰公司（Mattel）在苏门答腊雇用童工、耐克（Nike）在越南的血汗工厂等的报道，只是众多探究商品和货物来源调查的一部分例子而已。

83

让消费者了解远在他方的生产状况对消费与生产商品的双方都会产生重大的影响。如果生产点上的信息没有传递出来，那么产品相关的信息就会封闭在当地区域中。比如，圣卢西亚（St. Lucia）的种植园生产的香蕉、越南工厂生产的鞋子等这些我们在超市买到的大部分商品都是全球化的产品，但是远离生产地的消费者无从知晓生产过程。而媒介的介入，使关于香蕉种植园的公平贸易或是鞋厂的童工等信息跟香蕉和鞋子本身一样全球化了，并可能重塑这些商品的消费方式，最终也会重塑这些商品的生产方式。

然而，货物链节点的媒介信息必然是不完整的，同时也引发出传播货物链上的信息不能采取距离衰减模式的想法。比如，关于肯尼亚咖啡种植者的纪录片或故事片让伦敦的消费者们详细地了解了肯尼亚中部一些农场的剥削式生产方法，但他们对咖啡在欧洲是如何烘焙的还是一无所知。

因此，随着信息媒介重要性的提升以及它们所使用的通信技术的升级，距离（无论是绝对值还是拓扑值）与信息流之间的关系变得模糊。特别是互联网，从几个方面改变了邻近度与透明度之间的关系。首先，互联网加强了所谓的“聚光灯效应”，非政府组织、社会积极分子和新闻记者对不良商家行为的报道得以快速传播。这些报道有时还会被主流媒体再次报道，对企业的声誉造成极大的负面影响，企业为之付出的代价十分惨重。其次，互联网可以助推各种倡导改善生产方式、修改法案或抗议某些贸易协议签署的运动。互联网既可以在网络内部协调活动积极分子之间的沟通，也可以帮助这些团队找到支持者。最后，互联网还可以作为一个公众空间，供大家沟通协商确定各种规范与战略。

84 目前已有很多项目利用互联网推动信息全球化，向北半球的积极分子和消费者们披露南半球的生产条件并提供可视化信息。理查德·韦尔福德(Richard Welford)就将其视为“新的全球化浪潮”，透明度的增加有助于争取更多人权。同样，很多人也认为通信技术，如互联网，拥有独特的能力，可以创建非常民主的、参与度很高的空间供大家交换信息与辩论。

当然，参与度很高的空间并不只存在于北半球。朗希尔德·奥弗罗(Ragnhild Overå)调研了加纳的“电信先锋们”是如何调整其运营方式来降低运输与交易成本的。希克斯则发现南半球的信息通信技术从第一代让贫苦民众自行适应的强制设计，已转向第二代，即设计围绕贫苦民众特定的资源、能力和需求来进行。维基百科可以用来监督政客履行公共职责，通过肯尼亚 Mzalendo.com(也叫“关注肯尼亚议会”)这样的项目让用户可以发布政治流程中的信息。还有一个叫 Ushahidi 的开源工具，其用户可以利用短信、电邮和互联网共享灾害或危机信息，这些分布于各地的信息会被组合起来并在时间轴或地图上得以可视化呈现。这个工具已在刚果民主共和国、海地、加沙地带、印度及其他地区用来收集发布关于自然灾害、流行病和暴力冲突事件的信息。基于互联网的社交媒介在美国政治中也在担任更为重要的角色，如关于奥巴马(Obama)竞选和所谓“茶党”的信息发布。手机技术与基于互联网的社交媒介相结合，让世界对伊朗是如何压制绿色革命的有所洞察，这样就极有可能阻止伊朗政权对此所采取的行动。

史蒂夫·韦伯(Steve Weber)和珍尼弗·巴塞尔(Jennifer Bussell)从之前类似的发展运动中看到了“全球共享基础设施”的轮廓，这种颠覆性的趋势足以让人对众多经济过程和组织原理中有关“自然状态”的假设提出质疑。乐观的评论员将互联网视为一种新的可供选择的(或次文化)公共空间，可以推翻主流的受企业财团控制的公共空间。这一论调是对南希·弗雷泽(Nancy Fraser)之前对“二次公共领域”所做的研究工作的延伸，将互联网看作是平行的、可以东拉西扯的舞台，各种社会团体成员都可以自由创作和传播反对权威的言论。道格拉斯·凯尔纳(Douglas Kellner)一方面承认计算机化的社会可能会增加不平等，一方面则强调有必要建设“民主化的、计算机化的公共空间”让资本主义民主重新焕发活力，如此才能有机会消除不平等。

互联网及其代表的公共空间被认为是在反对新自由主义全球化运动中出现的全球化公民社会或全球社会运动的支柱。在互联网上可以建立新的社区，分享共同的意见并商量对策调动舆论。政治活动家的网络被兰曼称为“互联网上的社会运动”，利用电子通信手段来招募成员并进行协调和领导，影响范围远远超出了他们以前所能运作的几个孤立的“激进排他主义”事件。社会学家的兴趣在于跨越社会-空间鸿沟，从而改变反全球化的动态。这种跨国联结显然不是新事物，但在手段、速度和不同团体间的沟通力度上，现在的这种联盟与以往不可同日而语。文中已经很清楚地说明了互联网辅助的政治运动正改变着空间-政治实践方式以及我们形成相关理念的方式。

86

由非政府机构组成的传统宣传网络在与消费相关的政治活动中似乎已经成为最高效的信息媒介，它们积极收集信息，传递给消费者，并向政府和公共机构施压。在各国活动积极分子发起的“改变全球化运动”中，阿纳斯塔西娅·卡瓦达(Anastasia Kavada)发现对于互联网的利用已经是当前开放、灵活、离散化的组织运行模式不可或缺的一部分。这种组织运行模式被视为集体式组织的一种新形式，是一种“会聚空间”而非正式的网络或组织架构。这些会聚空间代表了基于互联网的政治活动的新特质——离散化、不分级的结构（跨越地域即兴联结、沟通与联盟）以及向新自由主义全球化发起挑战的网络化力量。因此，正如劳拉·伊利亚(Laura Illia)在评论基于互联网的政治运动时所说，企业所受到的压力“不再来自汇聚到协会的各方意见，而是即兴自发的关系网络”。

不过，信息媒介收集与传递的信息只涵盖了横贯全球的许许多多长距离货物链的一小部分而已。如伊朗的绿色革命案例中，临时组织的国际化媒介活动大大提高了信息的透明度。但在国际范围内也流露出对这种短暂媒介活动的理解与同情，因为人们很快就会遗忘并将注意力转移到新的危机上。对于货物链信息来说也是如此，信息媒介组织的临时活动对问题企业进行点名曝光让其蒙羞，但是信息采集的方式不够系统化。尽管很多调查追踪到了咖啡、巧克力、运动鞋和许多其他高端产品的生产链，但这些聚光灯效应却很少触及我们每日必需的日常物品。卷心菜、化油器和猫粮的生产链我们还是看不见，摸不着。

最重要的是，信息媒介在协调信息流动的过程中，会在货物链节点与信息获取点之间增加带有社会、经济、政治与技术倾向的屏障。因此，尽管网络化的做法与通信技术有选择性地提高了某些社会领域的透明度，但要改革这些信息媒介针对货物链透明度而设计的项目仍会受到很多制约。

87

虚拟生产方式以及网络化信息的获取正出现新的变化，一些评论员就指出了正在显现的第三种信息流与距离之间的关系模式。这种新的信息流模式不仅可以激发出将地点与信息联系起来的新方式，对实施旨在从根本上转变消费政治的项目同样不可或缺。

物联网

> 我们在考虑的事情是如何将信息传感、处理与网络化能力扩展到所有物品类型，我们之前从没想到这是“技术”。
>
> ——亚当·格林菲尔德(Adam Greenfield)

> “真实”与“虚拟”的差别越来越离奇有趣，就像 19 世纪时“灵”与“肉”的差别一样。我们想要将物理世界(其中的物品与空间)与网站的虚拟世界及环境联结在一起。
>
> ——奥斯曼·哈克(Usman Haque)，Pachube.com

物联网(Internet of Things，IOT)指的是将日常物品编码，接入网络，让每件物品在互联网上都可以机读并追踪。物联网的很多现有内容是通过射频识别技术编码标签(RFID 电子标签)和与连接到电子产品代码(electronic product code，EPC)网的互联网协议(Internet Protocol，IP)地址创建的。

我们不难想象物联网是如何将一听可乐或一盒麦片从生产地点追踪到消费地点的。而目前正在发生的是我们能想象到的所有物品都被联结到物联网中。比如，新西兰计划到 2011 年将嵌有 IP 地址的电子标签植入奶牛的皮肤，使新西兰所有的奶牛都有 IP 地址，然后生产者可以在整个生产与分销流程中追踪到每一头奶牛。此外，物品不仅仅拥有唯一的识别码进行表征，还可以发送地点信息及情境相关的数据。

物联网的发展一开始是由大企业的需求所驱动的，他们希望通过追踪货物链中的物品提升前瞻与预见能力，从中获益。对物品进行编码并追踪的能力让企业变得更高效——加快流程、减少失误、有效防盗，将复杂的组织体系与灵活的机制融为一体。分析师预测说新的物联网时代“互联网的用户将达到数十亿……人类在产生和获取数据流的大军中仅是少数群体”。亚当·格林菲尔德对这种转

88

变进行了生动的描述："无处不在，而又难以捉摸，计算机不再停留在桌面，而是化形于每日生活。这种无处不在的信息技术不再区分软件与硬件，而是'每件'都有，并出现在各种不同的情境中，有着各种不同的形式，影响到我们每一个人，不管我们是否觉察得到。"

事实上，这么多的物品被赋予了IP地址，这就超出了配置新地址的能力。解决方案是建设新的IP地址产生系统，这个新的系统中可以产生 2^{128} 个新的地址（差不多每人可分得 39 614 081 257 132 168 796 771 975 168 个）。单单这一个数字就反映出很多负责互联网架构的部门（如互联网工程部）所发出的呼声很权威，他们预见到在物联网时代许多制造和销售的物品都要有地址并要连接到信息数据库。

在实际产品上贴上网络化信息标签将物理世界与虚拟世界融合的方式为消费政治提供了新的发展空间。一些评论家宣称在不久的将来代码将成为"技术潜意识"的一部分。马丁·道奇（Martin Dodge）和罗布·基钦（Rob Kitchin）认为识别码和信息系统持续渗透并监控督导着人群，这样的结果就产生了透明的世界，用户们可以"即刻实时地了解某个人或物的身份、时间、地点和发生了什么"。

既然物联网的组成是几十亿的被制造、移动和消耗的物品，每一件物品就都需要一个唯一的识别码（廉价RFID和IP地址的组合）。不过现在有一些评论家认为不一定要在每一件实际存在的物品上贴上代码标签才算组成物联网。这种论点是基于这样的事实：互联网上信息创造并得以获取的方式有了改变。就算没有条形码、RFID标签和IP地址，用户产生的内容也可以提供足够的数据量，呈现出这个物理世界的方方面面。

89

第二代和第三代互联网

可机读的世界有一条不成文的规则：所有数据、所有时间、所有人、所有地方。

——马丁·道奇和罗布·基钦

大多数人称这种数字信息产生与获取的转变为Web 2.0，或是互联网的第二次浪潮。Web 2.0的特点一般来说就是由用户产生信息、以用户为中心进行设计、信息共享以及知识的协同开发。原则上讲，任何人在这个地球上的任何地方，只要有所需的硬件和软件，连上互联网，就可以为Web 2.0项目（比如维基百科、YouTube或Flikr）做出贡献。也就是说，几乎有25亿人（目前互联网的用户数量），用其掌握的数万亿的互联网设备，可以创建、上传、共享关于这个世界的任何一面的信息（连接到互联网的设备数量毫无疑问是无法确切统计的，我们只是确定知道有很多很多的机器与传感器连接到网上）。换句话说，新的工具和合作形式可以让大众将其认知运用到积极的方面。还有一些研究人员发现人们使用互联网的模式也有了转变，他们称之为“网络平方”。蒂姆·奥赖利（Tim O'Reilly，第一个提出Web 2.0的人）和约翰·巴特尔（John Battelle）用“网络平方”这个词来描述互联网正在随着其创建与上传内容的指数级快速增长而日益智能化。其创新点在于足够大量的数据帮助网络实现推理式学习，掌握的知识远远超过人们录入到网络中的那部分。对于奥赖利和巴特尔来说，互联网不再是“一本静止的HTML页码本，每页上描述了这个世界的一些内容。慢慢地，网络跟这个世界融为一体，每个角落的任何人，任何事物都会投下‘信息影痕’，即数据光环，当这些数据被智慧地捕捉到并加以处理，就可以创造出超乎想象的重大契机。网络平方正是我们探究这一现象并给予的一个名称”。

也有很多作者将“云协作”（互联网上的离散化、不协调的工作或信息汇集）和网络平方视为信息革命的基础，预言其将根本性地改变那些分散的集体智慧在全世界的流动方式。关于货物与物品的信息常常被收集上传到网上（经常是实时进行的），而结果就会

90

像奥赖利和巴特尔所论述的："我们可以通过各式各样的传感器自下而上提供数据，供机器学习应用，这就使得以后的数据处理会变得越来越智能化。这就是我们所说的物联网。超市货架上的一瓶葡萄酒（或其他任何一样物品）不需要RFID标签就能连接到'物联网'，只要你拍一张它的商品标签就可以了。你的手机、图像识别、搜索以及有感知的网络把剩下的活儿全包了。所以我们不必等到超市里所有的商品都贴上唯一的可机读身份标签，我们用照片上的条形码、商品标签及其他'数据线索'就可以破解出其真实身份。"

也就是说，网络平方让我们可以将信息标签直接"贴"到没有连接到网络的物品上。这要有赖于大众把自己变成传感器，上传各种图像、视频、动作、邻近度和位置数据，来填补RFID标签、IP地址及其他追踪和信息存储方式没有覆盖到的地方。从这个意义上来讲，几乎没有物品会落在网络之"外"了。

这样的发展趋势会使许许多多的人充当信息媒介的角色，承担收集与传播生产地信息的任务，让货物链更加透明化。理论上讲，技术可以规避仲裁，让货物链信息地图即刻上线。通过邻近度与透明度的新关系给商品贴货物链信息这一新方法的技术架构可以与消费者维权的政治活动相结合。因此，网络平方与物联网为未来的模式提供了可能，在新的模式中，海量数据、无处不在的计算机以及应用人工智能的数据获取系统可以有效地消除距离带来的弊端，而得到的海量数据也可以及时归类传输。换句话说，物联网和网络平方会形成一层新的信息，消费者可以清楚地看到任何一件商品的生产历史、地点和存在历程。

使用信息模型的大量项目会产生出丰富的信息，利用这些信息会激发出新的消费政治。不仅是通信技术能帮助实时传输消费者信息（这一点早在电报发明之后就能做到了），现今的新技术提供的是大众能用以制作产品信息地图的贴板，而且在日常生活中

91

就能随意往上贴。比如，可以通过手机获得当地产品信息，将其作为消费行为的一部分。消费者的维权也从单纯地收集信息转变为更为离散化的模式，即创造一种软件，可以让消费者参与云协作，利用云资源信息。比如，一位消费者在超市拿起一盒舒洁（Kleenex）产品，只需用他的手机扫一下，便能获得用户产生的关于该产品生产流程对环境影响的相关信息，还有这种影响与其他类似产品影响的比较信息。如果是食品，消费者能够通过手机获取相关的营养值、是否转基因、运输距离、劳动者状况及很多其他信息，帮助消费者做出相应的经济决策调整。

在 2007 年伦敦社会创新营中，一位项目负责人就曾这样描述过他的技术："我们要做的技术能够将真实世界中的产品与互联网上的信息用条形码相关联，让任何产品无论在互联网上还是现实世界中都无处遁形。"另一个项目 Violet.net 的创建人拉夫·哈拉金（Rafi Haladjian）发表过类似的感言："我们生活的世界中信息总是被困在一些物件中。我们盯着屏幕，看到信息像金鱼一样游来游去，无法逃脱……而在我们梦想的世界中，信息像是蝴蝶，轻快地飞过，一旦在任何物件上停留，就会给这个物件带来生命，让其充满色彩。" 92

这样的愿景在很多方面跟技术宿命论很接近。自马歇尔·麦克卢汉（Marshall McLuhan）引入"地球村"概念，或者说信息通信技术可以将全人类带入一个共享的虚拟网络空间，评论家们就认为互联网可以消除相对距离。比如，吉莱斯皮（Gillespie）和威廉斯论证说信息通信技术带来的是时间与空间的趋同，这可以消除形成空间差距的地理冲突。互联网可以让地理空间变得毫无意义，也可以创造地球上所有人都能进入的地球村。这种想法基于这样一个理念，就是互联网可以允许向任何一个联网的器件即时传输信息，成为一方面是"空灵的异次元，既无穷无尽又无所不在"，另一方面又固定存在于一处明显的、虽然是非物质的但所有参与者都可“到达”的位置。

地理学家时常会提醒技术宿命论者，互联网建立在支持其存在的基础设施上，而这些基础设施是有地域偏见的。因此，所谓的“地球村”或网络空间可能只存在于某个特定的地理位置上。进一步说，互联网上的互动与内容因社会活动而产生，也因地理原因而形成。

不管这些地理学家如何强调地理位置的重要性，我们只要粗略地浏览一下运用网络平方和物联网技术改变消费政治的项目，就可以重申这样的理念，即技术可以用来根本性地超越距离的障碍。不过基于网络平方和物联网技术独特的性质（与结合起来的强大力量），我们也必须更仔细地考虑超越货物链信息流障碍的潜能与限制。如果网络平方和物联网能让我们无限制地获取全球货物链上所有节点的信息，那么由此而产生的海量数据也需要有章法地进行管理。下一部分的内容就会简短地介绍更广泛应用的海量数据索引与管理方法：用户社团开发的维基模式，以及搜索引擎模式。

93

泛在信息的障碍

维基模式通过一致同意的方式让网站变成了用户所产生的信息与知识的货柜。维基百科就是维基模式第一例证，声称要装下用所有语言撰写的“所有人类知识”。目前维基百科上已有用262种语言撰写的1 200万词条。其他维基版本也包含着海量的通过云协作产生的信息（如维基问答就包含了900万个问题和30亿个用户提交的答案；最大的中文百科——百度百科有150万词条）。原则上讲，维基模式有潜力将信息获取全球化，因为这种模式采用免费获取方式，允许任何人在任何地点提供信息。无论在无政府状态下还是民主状态下，都可以彻底地开放知识创造过程。维基模式通常还允许匿名上传信息，这样做从理论上说可以消除由于职业、种族、性别或任何其他个人特征而引起的偏见。马克·汤普森(Mark Thompson)指出，维基技术创造了“允许全民参与的基础设施”，这对许多传统的方法提出了挑战。比如，以前发展被概念化，是国家机器向贫苦民众的“交付”行为。而现在用户可以提供他们的见解，形成发展项目与政策的内容。

维基模式既可以检索到结构化和编码的信息(如产品代码和 ISO 代号)，也可检索到更定性的、非结构化的信息(如工厂的照片、生产地点的视频，诸如此类)。在编辑过程中相对缺乏层次感是因为这些内容也可以随着货物链的快速变化而即时移动、改变或删除。这种云协作式的货物链知识开发，不需要信息媒介的存在或干涉。而在实际过程中，信息媒介还可以继续发挥其在发动数据收集与发起消费者活动中的重要作用，但还会受到商业媒体控制的影响。而信息媒介的作用逐渐从信息产生的中心向信息使用的服务偏移。

94

在南半球通过采用维基模式实现真正有意义的参与似乎在短期内还不太可能，但是这种可能性应该在促进参与发展的项目时给予更多的考量。增加货物链的透明度，并不需要大规模改变发展模式。只要使用相对简单的技术，边缘化的社区也可以贡献信息，包括正在它们周边进行生产的劳动状况和环境条件。

尽管维基模式是开放的，极易获取，但对于边缘化的社区来说还是困难重重。维基模式的一个核心特征是要赢得大家的认可，而最终无论什么地点、流程或物件都只有一个陈述。因此，货物链上的任何一个物件或节点都只能用一个方式呈现。那么，任何货物链上的任何对象或节点，见到的信息会被呈现，而没见到的信息则被排斥在外了。这样一来，维基模式中可见的内容就总有不同意见与争论，而这些争论总有赢家与输家。有调查显示，在维基模式中，大部分的内容其实是一小部分用户产生的，而解决不同意见

95

的方法也很含糊且往往偏向不同的人群（如西方国家的年轻男性）。

像 Google Earth 这样集中式的搜索系统提供了一种完全不同的组织信息的方式。货物链上的同一节点可以有很多信息呈现，并存于互联网中，信息像一个个标签被贴在链条的某些点上（或地球上）。比如，搜索英国伯恩威尔（Bourneville）的吉百利（Cadbury）工厂，可以看到多个信息显示出来，而不需要争论哪一个才是最正确的。使用集中式的搜索系统在海量数据中进行搜寻，就可以在任何一个节点上显示很多表达，这不需要统一。任何链条上的任何点都可以贴上无数的信息源，并允许同时显示。不过并不是贴上去的所有信息都可见或者可获取。因为有太多层信息，需要有分类、整理和排序的系统，而这样的系统本身就是有层次的。调查显示，排序系统不可避免地将显而易见的部分排在醒目的位置，而将不太显眼的信息排入边缘位置。在互联网上占比高的语言和文化（如英语和美国）的信息排位也会更高。排序的算法本质上成了互联网的管理系统。

这两个例子（维基模式与搜索引擎模式）说明尽管物联网与网络平方能够汇聚全球货物链的海量信息，任何一个系统的权力关系都会只让部分内容突出，而其他内容暗淡。正是由于用户创建的内容有地域上的显著差别，全球信息无处不在的状态还不能达成。因为这种信息流模式有赖于普通市民发挥传感器的作用来填补 RFID 标签和 IP 地址没有覆盖到的空白部分，在全球范围内创建一层信息，所以这种信息产生地域上的偏差对揭示货物链上原因不够透明的节点并没有很大的帮助。

由此可见，投在物品上的信息影痕总是在世界上数字化网络化最发达的地区最密集。对发展中的信息通信技术的调查揭示了将共性的技术与知识向发展中国家“转让”并使其发挥在发达国家机构中的同等作用有多大的难度。在北半球，让民众像传感器一样收集数据上传到物联网，是切实可行的，而在南半球，让孟加拉的纺织工人、巴布亚新几内亚的咖啡种植农或是肯尼亚的采花工，还有很多其他地方的贫苦民众发挥网络化传感器的作用，就有些不切实际了，这些生产地点的工人恐怕没几个拥有相应的能力或资源。我们并不清楚在南半球的民众能多大程度地参与讲述全球制造的故事。而且，有效利用信息通信技术促进道德消费的可能性也有赖于北半球货物链信息的智能抓取与利用。

需要强调的是，道德消费主义者是最需要利用生产条件信息并做出反应的群体；大部分的消费者不大可能买东西的时候挨个扫一下，从得到的信息考虑购买哪一样。不过，如果这样的信息很容易得到并且可靠，那更多的有道德消费倾向的顾客利用这些信息也不是不可能，这种可能性在很大程度上促使着生产商们重新考虑其生产方式或是屈从于改善工作条件的要求。在这一方面，信息媒介可以创建一种反馈机制，将聚光灯打在某个品牌特别不符合道德标准的生产方式上，鼓励更多的消费者获取云上的产品信息并以此作为消费判断依据。这会激发更多的人分享信息，从而让信息媒介或消费者直接得到的信息更可靠。当然，目前来讲，北半球大部分消费者都满足于现状，这是货物链信息透明度不能得到有效提高的重大障碍之一。我们由此得知，技术是提高货物链信息透明度的必要但不充分条件。

与此同时，技术只有嵌入到更广泛的流程中，如当地能力的提升、基础设施的建设、民主化进程与社会变革等，才有可能真的带来不同。在南半球有意义地参与维基模式并产生信息并不需要多高的技术能力或是社会组织的干涉。随着基础设施的逐渐升级、当地能力的提升，以及南半球社区与活动家之间互相联系的增强，这些技术可能性可以让南半球的参与者们更好地推动新的消费主张与生产方式。 98

总的来说，Web 2.0技术提高南半球货物链信息透明度的潜能受到以下几个因素的影响：

- 基础设施与获取度：南半球实体技术设施的普及度与边缘社区使用这些设施的获取度。
- 参与者产生有效数据与获取数据的能力：南半球社区参与者是否有能力发展同行产生信息所需的条件。
- 信息媒介的角色发挥与控制：组织和商业媒介的拥有权与能力关系及其对通信与信息交换的影响。
- 消费者对信息的智能抓取与使用：消费者处理信息并做出消费反应的能力。

结论

在信息全球化潮流中，物联网和同行信息的产生能够让全世界的每个人和社区具有更大的力量。跨国企业不再能够利用生产地点与消费地点的距离而隐瞒其落后的生产方式和对劳动力的剥削。网络平方与物联网改变了距离造成的信息含糊，我们可以在电脑或手机上获取到血汗工厂、童工、剥削、环境破坏等信息，我们可以目睹发展过程的巨大转变。南半球的参与者可以有一个平台交流他们对于劳动状况与环境条件的所知与体验。而北半球的消费者们可以更好地识别许多跨国企业用华丽词汇（通常是夸大其词地）描述的他们为发展中国家带去的诸多益处，其实是为北半球的生产商获利的商品与生产链。

99

然而，许多评论家已经指出，互联网已嵌入社会阶层与社会权力的方方面面，因此也会留下烙印。有一些因素会阻止货物链节点信息流透明度的提高。比如，维基模式中，为解决不同意见而采取的方法通常是含糊不清的，会偏向于不同的地区和人群，特别是年轻的白人男性。对信息的控制也反映了物联网背后技术的特征，通过协作产生的大量数据常常受到各种许可规定的限制，因为

Web 2.0 的大部分网站都是由营利性公司建立的。将日常物件融入非开放的物联网引发了很多担忧，比如隐私、监控、信息黑洞、偏见或区域化奴役。

再者，如果让民众成为网络化的传感器，也只有那些拥有相关资源、能力与技能的民众能做到。目前来讲，南半球的大部分民众是做不到的。虽然南半球现在的互联网覆盖率在急速提高，但使用互联网并产生互联网的内容，目前还存在着地理黑洞。获取度的问题也不只是跟基础设施有关。维基模式与搜索引擎模式内嵌的假设、法规与权力关系阻止着部分信息被大众见到，同时又有意突出其他信息。要实现信息透明，不仅有赖于技术基础，还需要那些旨在推进新消费主张的社会组织或活动有效地利用好这些技术。要把南半球也纳入同行产生货物链相关信息的范畴，就需要在更广泛的发展流程中嵌入更高的获取度，还有当地能力的提升、基础设施的建设、民主化和社会变革等等。

本章主要论述的是，信息并不像大家所想象的那样无处不在，我们也并不能在互联网或现实世界中随时随地访问任何产品信息，许多链条节点上的信息是不可见的。同行产生信息以及日常物件的网络化，会从多个方面产生各种各样的聚光灯效应，揭开货物链节点上的罩布。因此，要持续不断地对某个节点的不可见提出我们的质疑。另外还有信息创造的地域差异、排序和可见度的规则等等，不能盲目地相信技术已经让信息无处不可获取，地球村已然建立。

参考文献：　106

1. Adams, P. C., and R. Ghose. "India.com: The Construction of a Space Between." *Progress in Human Geography* 27 (4) (2003): 414 - 437.
2. Audretsch, D. B., and M. P. Feldman. "R&D Spillovers and the Geography of Innovation and Production." *American Economic Review* 86 (3) (1996): 630 - 640.

3. Avgerou, C. "Information Systems in Developing Countries: A Critical Research Review." *Journal of Information Technology* 23 (3) (2008): 133 - 146.

4. Beer, D. "Making Friends with Jarvis Cocker: Music Culture in the Context of Web 2.0." *Cultural Sociology* 2 (2) (2008): 222 - 241.

5. Biddlecombe, E. "UN Predicts Internet of Things." http://news.bbc.co.uk/2/hi/technology/4440334.stm.

6. Breen, M., and E. Forde. "The Music Industry, Technology and Utopia: An Exchange Between Marcus Breen and Eamonn Forde." *Popular Music* 23 (1) (2004): 79 - 89.

7. Butler, D. "2020 Computing: Everything, Everywhere." *Nature* 440 (7083) (2006): 402 - 405.

8. Cairncross, F. *The Death of Distance: How the Communications Revolution Will Change our Lives*. Cambridge, MA: Harvard Business School Press, 1997.

9. Castree, C., D. Featherstone, and A. Herod. Contrapuntal Geographies: The Politics of Organizing Across Sociospatial Difference. In *The SAGE Handbook of Political Geography*, ed. K. Cox, M. Low, and J. Robinson, 305 - 321. London: SAGE Publications, 2008.

10. Ciffolilli, A. "Phantom Authority, Self-selective Recruitment and Retention of Members in Virtual Communities: The Case of Wikipedia." *First Monday* 8 (12) (December 2003). http://firstmonday.org/ojs/index.php/fm/article/view/1108/1028.

11. Clarke, A. N. *Dictionary of Geography*. London: Penguin, 2003.

12. Couclelis, H. "Editorial, The Death of Distance." *Environment and Planning. B, Planning & Design* 23 (4) (1996): 387 - 389.

13. Dobson, J. E., and P. F. Fisher. "Geoslavery." *IEEE Technology and Society Magazine* (Spring 2003): 47 - 52.

14. Dodge, M., and R. Kitchin. *Atlas of Cyberspace*. London: Addison-Wesley, 2001.

107 15. Dodge, M., and R. Kitchin. "Codes of Life: Identification Codes and the Machinereadable World." *Environment and Planning. D, Society & Space* 23 (6) (2005): 851 - 881.

16. Dodson, S. "Worldwide Wikimania," *Guardian Unlimited*, October 3, 2005. http://www.guardian.co.uk/technology/2005/aug/11/onlinesupplement2.

17. Dodson, S. "The Net Shapes Up to Get Physical," *Guardian*, (October 16, 2010). http://www.guardian.co.uk/technology/2008/oct/16/internet-of-things-ipv6.
18. Dunning, J. H. *Multinational Enterprises and the Global Economy*. Wokingham, UK: Addison-Wesley, 1993.
19. Eldridge, J. D., and J. P. Jones. "Warped Space: A Geography of Distance Decay." *Professional Geographer* 43 (4) (1991): 500 - 511.
20. Feldman, M. *The Geography of Innovation*. Dordrecht, Netherlands: Kluwer, 1994.
21. Ferguson, T. "Have Your Objects Call My Object." *Harvard Business Review* 80 (6) (2002): 138 - 144.
22. Fong, C. "Internetting Every Thing, Everywhere, All the Time," (2008). http://edition.cnn.com/2008/TECH/11/02/digitalbiz.rfid.
23. Foster, W. *ISO - 14000 Environmental Standards and E-Commerce*. Arizona: Arizona State University, 2001. http://www.fosterandbrahm.com/docs/ISO 14000.pdf.
24. Fraser, N. "Rethinking The Public Sphere: A Contribution To The Critique of Actually Existing Democracy." *Social Text* 25/26 (1990): 56 - 80.
25. Gershenfeld, N., R. Krikorian, and D. Cohen. "The Internet of Things." *Scientific American* 291 (4) (October 2004): 76 - 81.
26. Gillepsie, A., and H. Williams. "Telecommunications And The Reconstruction Of Regional Comparative Advantage." *Environment & Planning A* 20 (1988): 1311 - 1321.
27. Goodchild, M. F. "Citizens as Sensors: The World of Volunteered Geography." *Geo-Journal* 69 (4) (2007): 211 - 221.
28. Graham, M. "Neogeography and the Palimpsests of Place: Web 2.0 and the Construction of a Virtual eEarth." *Tijdschrift voor Economische en Sociale Geografie* 101 (4) (2010): 422 - 436.
29. Graham, M. Cloud Collaboration: Peer-production and the Engineering of the Internet. In *Engineering Earth*, ed. S. Brunn, 67 - 83. New York: Springer, 2011.
30. Graham, M. "Time Machines and Virtual Portals: The Spatialities of the Digital Divide." *Progress in Development Studies* 11 (July 2011): 211 - 227.

31. Graham, M., and M. A. Zook. "Visualizing Global Cyberscapes: Mapping User Generated Pacemarks." *Journal of Urban Technology* 18 (1) (2011): 115 - 132.

108 32. Greenfield, A. 2006. *Everyware: The Dawning Age Of Ubiquitous Computing.*, 19. Berkeley, CA: Peachpit Press.

33. Hayes, B. "The Infrastructure of the Information Infrastructure." *American Scientist* 85 (3) (1997): 214 - 218.

34. Heeks, R. "ICT4D 2.0: The Next Phase of Applying ICT for International Development." *Computer* 41 (6) (2008): 26 - 33.

35. Hopkins, T. K., and I. Wallerstein. Commodity Chains in the Capitalist World Economy Prior to 1800. In *Commodity Chains and Global Capitalism*, ed. G. Gerefa and M. Korzeniewicz, 17 - 50. London: Greenwood Press, 1994.

36. Illia, L. "Passage to Cyberactivism: How Dynamics of Activism Change." *Journal of Public Affairs* 3, (4) (2003): 326 - 337.

37. ITU (International Communication Union). The Internet of Things. Geneva: United Nations, 2005.

38. Jafe, A. B., M. Trajtenberg, and R. Henderson. "Geographic Localization of Knowledge Spillovers as Evidenced by Patent Citations." *Quarterly Journal of Economics* 108 (3) (1993): 577 - 598.

39. Jennings, C. "The Cloud Computing Revolution." *Computer Weekly*, December 22, 2008. http://www.computerweekly.com/Articles/2008/12/22/234026/The-cloud-computing-revolution.

40. Jhally, S. (writer/director), and K. Garnder (producer). No Logo: Brands, Globalization & Resistance (documentary film). USA: Media Educational Foundation, 2003.

41. Kahn, R., and D. Kellner. "New Media and Internet Activism: From the Battle of Seattle to Blogging." *New Media & Society* 6 (1) (2004): 87 - 95.

42. Kavada, A. Civil Society Organizations and the Internet: The Case of Amnesty International, Oxfam and the World Development Movement. In *Global Activism, Global Media*, ed. W. de Jong, M. Shaw, and N. Stammers, 208 - 222. London: Pluto Press, 2005.

43. Kavada, A. "The Alter-Globalization Movement And The Internet: A Case Study Of Communication Networks And Collective Action." *Cortona*

Colloquium 2006 — Cultural Conflicts, Social Movements and New Rights: A European Challenge, (Cortona, Italy, October 20 - 22, 2006). http://www.fondazionfeeltrine lli.it/dm_0/FF/FeltrinelliCmsPortale/0072.pdf.

44. Keck, M. E., and K. Sikkink. *Activists beyond Borders: Advocacy Networks in International Politics*. Ithaca, NY: Cornell University Press, 1998.
45. Kellner, D. "Globalization from Below? Toward a Radical Democratic Technopolitics." *Angelaki: Journal of the Theoretical Humanities* 4 (2) (1999): 101 - 113.
46. Kelley, K. "We Are the Web," *Wired* 13, (8) (2005). http://www.wired.com/wired/archive/13.08/tech/html. 109
47. Klein, N. *No Logo: Taking Aim at the Brand Bullies*. New York: Picador, 2002.
48. Krugman, P. *Geography and Trade*. Cambridge, MA: MIT Press, 1991.
49. Langman, L. "From Virtual Public Spheres to Global Justice: A Critical Theory of Internetworked Social Movements." *Sociological Theory* 23 (1) (2005): 42 - 74.
50. Letnes, B. "Foreign Direct Investment and Human Rights: An Ambiguous Relationship." *Forum for Development Studies* 1 (2002): 33 - 57.
51. Lianos, M., and M. Douglas. "Dangerization and the End of Deviance: The Institutional Environment." *British Journal of Criminology* 40 (2000): 261 - 278.
52. Lipschutz, R. D. Networks of Knowledge and Practice: Global Civil Society and Global Communications. In *Global Activism, Global Media*, ed. W. de Jong, M. Shaw, and N. Stammers, 17 - 33. London: Pluto Press.
53. Lombreglia, R. "The Internet of Things." *Boston Globe*, July 31, 2005, http://www.boston.com/news/globe/ideas/articles/2005/2007/2031/the_internet_of _Things (accessed October 22, 2010).
54. Mason, P. *Live Working or Die Fighting: How the Working Class Went Global*. London: Harvill Secker, 2007.
55. McLuhan, M. *The Gutenberg Galaxy: The Making of Typographic Man*. Toronto: University of Toronto Press, 1962.
56. Moss, M. L., and A. Townsend. "The Internet Backbone and the American Metropolis." *Information Society Journal* 16 (1) (2000): 35 - 47.

57. Olesen, T. "Transnational Publics: New Spaces of Social Movement Activism and the Problem of Global Long-sightedness." *Current Sociology* 53 (3) (2005): 419 - 440.

58. O'Neil, M. *Cyber Chiefs: Autonomy and Authority in Online Tribes*. London: Pluto Press, 2009.

59. O'Reilly, T., and J. Battelle. "Web Squared: Web 2.0 Five Years On," paper presented at *Web 2.0 Summit* (San Francisco, CA, October 20 - 22, 2009).

60. Pascal, A. "The Vanishing City." *Urban Studies (Edinburgh, Scotland)* 24 (1987): 597 - 603.

61. Phillips, D. J. "Beyond Privacy: Confronting Locational Surveillance in Wireless Communication." *Communication Law and Policy* 8 (1) (2003): 1 - 23.

62. Reinhardt, A. "A machine-to-machine Internet of Things." http://www.business week.com/magazine/content/04_7/b3880607.htm.

110 63. Richtel, M. "I.B.M. to Invest $100 Million in Cellphone Research." *New York Times*, June 17, 2009. http://bits.blogs.nytimes.com/2009/06/17/ibm-to-invest-100-million-in-cell-phone-research.

64. Routledge, P. "Our Resistance Will Be as Transnational as Capital: Convergence Space and Strategy in Globalizing Resistance." *GeoJournal* 52 (1) (2000): 25 - 33.

65. Routledge, P. "Convergence Space: Process Geographies of Grassroots Globalization Networks." *Transactions of the Institute of British Geographers* 28 (3) (2003): 333 - 349.

66. Shannon, V. "Wireless: Creating Internet of 'Things': A Scary, but Exciting." *New York Times*, November 20, 2005. http://www.nytimes.com/2005/11/20/technology/20iht-wireless21.html.

67. Shaw, D. The Making of the Twentieth-Century World. In *An Introduction to Human Geography*, ed. P. Daniels, M. Bradshaw, D. Shaw, and J. Sidaway, 62 - 84. London: Pearson, 2001.

68. Shirky, C. *Cognitive Surplus*. New York: Penguin Press, 2010.

69. Thompson, M. "ICT and Development Studies: Towards Development 2.0." *Cambridge Judge Business School Working Paper Series* 27, (2007): 1 - 17.

70. Thrift, N. "Remembering the Technological Unconscious by Foregrounding

Knowledges of Position." *Environment and Planning. D, Society & Space* 22 (1) (2004): 175 - 190.

71. Townsend, A. M. "Network Cities and the Global Structure of the Internet." *American Behavioral Scientist* 44 (10) (2001): 1697 - 1716.
72. Vogelstein, F. "The Facebook Revolution." *Los Angeles Times*, October 7, 2007. http://www.latimes.com/news/opinion/la-opvogelstein7oct07.0.6385994.story.
73. Wasserman, E. "Riding Herd: RFID Tracks Livestock." *RFID Journal* (October 5, 2005), http://www.rfidjournal.com/article/view/5272.
74. Warf, B. "Segueways into Cyberspace: Multiple Geographies of the Digital Divide." *Environment and Planning. B, Planning & Design* 28 (1) (2001): 3 - 19.
75. Weber, S., and J. Bussell. "Will Information Technology Reshape The North-South Asymmetry Of Power In The Global Political Economy?" *Studies in Comparative International Development* 40 (2) (2005): 62 - 84.
76. Welford, R. "Editorial: Globalization, Corporate Social Responsibility and Human Rights." *Corporate Social Responsibility and Environmental Management* 9 (1) (2002): 1 - 7.
77. Whitlock, W., and D. Micek. *Twitter Revolution: How Social Media and Mobile Marketing Is Changing the Way We Do Business & Market Online*. Las Vegas: Xeno Press, 2008.
78. Zook, M. "Underground Globalization: Mapping the Space of Flows of the Internet Adult Industry." *Environment & Planning A* 35 (7) (2003): 1261 - 1286.
79. Zook, M., M. Dodge, Y. Aoyama, and A. Townsend. New Digital Geographies: Information, Communication, and Place. In *Geography and Technology*, ed. S. Brunn, S. Cutter, and J. W. Harrington, 155 - 178. Norwell, MA: Kluwer, 2004.
80. Zook, M., and M. Graham. "The Creative Reconstruction of the Internet: Google and the Privitization of Cyberspace and Digiplace." *Geoforum* 38 (6) (2007a): 1322 - 1343.
81. Zook, M., and M. Graham. "Mapping the Digiplace: Geocoded Internet Data and the Representation of Place." *Environment and Planning. B, Planning & Design* 34 (3) (2007b): 466 - 482.

111

82. Zook，M.，M. Graham，T. Shelton，and S. Gorman，“Volunteered Geographic Information and Crowdsourcing Disaster Relief：A Case Study of the Haitian Earthquake.” *World Medical and Health Policy* 2（2）（2010）：7 - 33.

第5章
全球健康与发展的开源生物技术平台：两个案例

哈桑·马萨姆、卡尔·施罗德、迈拉·卡恩、阿布达拉·达尔

全球每年有近1 000万名5岁以下的儿童死亡，大多数都发生在低收入国家，且都是可以预防的。慢性的、非传染性的疾病，比如心脏病和癌症，在低收入国家的发病率正在增长，成为目前全世界60%的死亡人数的造因。然而，情况还是有改善的希望。疫苗接种、公共健康措施与药品的开发拯救了成千上万的生命。很多这样的进步得益于生物技术的发展，及其在工业、卫生与其他领域中的应用。

本章主要探究协作式开源生物技术平台在全球健康与发展中的潜力。我们会先从专利在创新中受到的争议讲起，作为一种回应，我们引出了对开源方法的思考。然后我们会分析两个协作式在线平台的案例：一个是Cambia——澳大利亚一家专门做生物技术研究的非营利组织；另一个是印度的开源药品开发项目OSDD。Cambia致力于研发一些被忽视的疾病的治疗方法，它的开放平台通过Patent Lens项目和开放创新倡议，正逐渐开放一些相关的专利信息。而OSDD的开放创新项目则通过建设协作式平台和利用其他开源方式，加速被忽视疾病的药品开发。Cambia和OSDD的主旨都是满足发展中世界的基本需求，但用不同的方式开展开源项目。最后，我们再评估一些已经开展的类似项目，并对需要进一步探究的地方提出建议。

总的来说，我们认为开源法则不是固定不变的，需要根据特定

的应用进行相应的调整。我们建议在全球健康与发展的开源生物技术发展中，至少要关注三个互相关联的“开放”：开放获取、开放许可和开放协作平台。我们要强调的是，在协作平台的支持下，促进全球健康与发展的生物技术有望帮助发展中国家改善人民健康与食品安全。同时，又可以依托其量身定制的开源方式和协作式在线平台进一步发展。在结论中，我们还会就在目前的成功基础上需要做哪些努力提出建议。

114

专利在创新中受到争议

专利与创新直接相关，但是围绕着知识产权、创新和国际发展的一系列困惑也随之显露。就专利而言，这些问题包括：是否被授予了真正新颖的发明；什么情况下可以出于人道主义理由推翻专利保护；专利制度本身对后续创新会产生什么样的阻碍；研发对国际发展的独特需求；等等。此外，专利申请非常昂贵，会耗费很多时间，也会有很多风险。

创新有赖于公共的思想宝库，然而一些重要有机体的基因（比如人类、稻谷和玉米）数据却都申请了专利保护。人类基因组的相关发现对于未来的生物医药创新是至关重要的，但是据估计20%的人类基因组已被专利圈禁。这些专利的三分之二是属于私有企业的，而差不多同等比例的专利在法律层面上存有疑点，因为它们范围太宽，没有适当披露，或是与其他专利有部分雷同。这些乱糟糟的“专利丛林”引发的是一些专家所声称的“反公众利益的悲剧”，即专利的大量涌现堵塞了生物技术研发基本工具的发展空间，可能因为成本太高以及专利拥有者的不合作而导致知识的低效利用，不过对这一悲剧会发展到什么程度大家也争论不休。

专利池是一种联合体，参与者同意相互给予与某个特定技术相关的专利许可。专利池的方法开始用来激发被忽视的疾病的研究工作，可以让参与的研究人员获取所选技术，也可以获取竞争型的商业实务。不过需要更进一步地开发工具和协作方式，以有效利用创新与专利促进国际发展。

开源方式

开源运动对于全球软件行业的影响是巨大的，经济价值估计高达几百亿美元。但是经济价值上的影响并不能完全反映开源的真正重要意义。理查德·斯托尔曼强调说开源软件的价值不仅在于其开放性，还在于"free"，不过这里"free"的意思不是"免费的"，而是"自由的"。斯托尔曼所定义的自由而开放的软件，不仅不是某些人的产权，而且不得变成产权——获取是一种不可剥夺的权利，与地域和收入无关，其他软件可以在其基础上创造出新的解决方案。

115

加入开源项目的动机有很多种，包括为了扬名，为了公众利益，或是为了削弱竞争对手。开源方法正逐渐应用在各个领域，包括生物技术研发。但开源法则要应用在生物技术研发领域就要有一些调整，因为生物技术研发方式与流程跟软件产业有结构性的不同。举个例子，新的生物技术可能需要耗时长、成本高的实验室开发过程，之后的临床试验甚至会更昂贵。而新的软件开发就可能是递进式的，成本并不会很高。

接下来，我们就要探究一下 Cambia 和 OSDD 这两个项目，讨论一下开源方式在协作在线平台的支撑下成功应用于促进全球健康与发展的生物技术。这两个案例分析基于作者所做的访谈记录，以及包括期刊文献、新闻报道、著作与网站内容等在内的二手资料。

案例一：Cambia

Cambia 是澳大利亚的一家私有的非营利研究所，创办人是理查德·杰斐逊(Richard Jefferson)。Cambia 的宗旨是“创新民主化：创造更为平等与包容的能力，共同利用科学与技术解决难题”。创立之初，Cambia 得到了洛克菲勒基金(Rockefeller Foundation)的项目资助，用于开设培训课程与技术开发项目，帮助亚洲、非洲和拉丁美洲的水稻科学家。20 世纪 90 年代，杰斐逊走访了发展中国家的许多生物技术实验室，这一经历影响了他之后的工作计划。

BiOS：生物技术的开源许可解决方案

2006 年，Cambia 发起了开放社会的生物技术创新(Biological Innovation for Open Society，BiOS)项目计划，旨在创建一个受保护的共同体，允许用户获取、改进或修改相关的关键技术，而无需担心侵犯知识产权。洛克菲勒基金会食品安全部主任加里·托尔尼森(Gary Toenniessen)评价说，“发展中国家农业领域的研发如果没有 BiOS 这样的项目和开源方式的支持，将会迷失方向”。

116 BiOS 项目计划的核心是 BiOS 专属许可，一种用来培育合作的方式。BiOS 专属许可的理念源自杰斐逊对法律力量作用的深信不疑，旨在允许获得技术使用许可并加以改进，然后为解决当地需求提供方案。BiOS 项目效仿以前的开放许可项目，如 GPL(软件)和知识共享(文化产品)，保留了“部分权利”。

BiOS 专属许可持有者必须签署一份详细的法律契约允许他人使用其技术，契约内容包括同意不向其他签署同样契约的项目参与者主张其知识产权的相关权利。签署契约之后，他们就可以获取 BiOS 专属许可池中的技术信息。与其他开源许可不同，BiOS 专属许可允许使用其专有技术开发下游专利产品。

当某个专利开发者在 BiOS 专属许可下成功开发出技术以后，他可以保留这些技术的所有权，但其公司不可以向其他 BiOS 专属许可的成员主张其知识产权的相关权利，其中包括技术的本身和其他的改进，也不可阻止生物安全数据的分享。每项专属许可附有一份技术支持协议，对营利性企业如需 BiOS 专属许可还需要支付一定的费用，其数量视企业的区域与运营规模而定。

Cambia 的第一项专利许可是植物相关的分子技术，而后续研发的专利许可包括健康相关的技术，还有一份专利技术与专门知识的共性协议。在 Cambia 网站上总结了 BiOS 专属许可的好处：

- 可以在更广泛范围的研发人员与创新者社区中获取更多智慧、创造力、良好意愿与测试设施。
- 通过专属许可协议降低许可费用与获得技术信息的交易成本。
- 通过协同创新整合单个技术而成的专利组更有增长潜能，因为单个技术往往太小太单薄而无法获利，在运用或操作上也缺乏足够的灵活性。
- 在项目中可以验证概念、改进技术、获得相关法则与有用的数据，使先期高额投入有更高回报率。
- 产品商业化不会产生额外的专利费负担。

Cambia 声称 BiOS 专属许可适用于很多团体：一是任何对 Cambia 自主研发的材料与技术感兴趣的团体，这些材料与技术包括 GUSPlus 和 TransBacter，两者都只有签署了 BiOS 兼容协议才可以获得；二是想要获得一些对其研究有帮助的技术信息的研发机构；三是被前文提到的“专利丛林”阻碍了发展道路的小型企业；四是部分大型企业，这些企业也发现分享他们的某个特定领域的信息可以帮助其提高先期投入的回报率，因为他们可以通过提供服务以及利用他人改进的技术而获益（在软件行业，IBM 等大型企业就是这样做的）。

117

从 Cambia 的 BiOS 专属许可的经验中我们可以得出一些结论。在最初运作的几年中，一些企业的确对 BiOS 专属许可架构抱有极大热情，但这些专利还需进一步提升才能获得 Cambia 想要的效果。BiOS专属许可项目也并没有像软件行业中的GNU公共许可那样不断衍生，激发出百花怒放般的开放项目。

首要原因可能是软件开发比较便宜。住在地下室的一位程序员可能单凭一人就创造一个新的产品，不需要任何复杂的实验仪器，而这些是生物技术的研发所离不开的。软件也不需要大笔的投资，以达到很多法规与临床验证的要求。一旦产生，软件还很容易被复制。

大中型机构拥有足够资源，能够参加BiOS专属许可项目，而小型机构恐怕就不行了。还有一个问题是创建的专利池要足够大才能整合研发出新的解决方案，而许多不同的方法需要许可才能使用。

对于BiOS专属许可项目的分析评估表明致力于开放获取的IP管理者也能从专利在某些情境的战略性使用中获益，比如出于人道主义目的。举例来说，在发达国家市场促进销售，可以获得更多的资助来提高技术与产品在发展中国家的获取度。BiOS专属许可项目的有效利用，可能取决于对于目标、权力结构和IP分布的清晰理解。

BioForge：第一个开放的生物技术门户网站

2005年Cambia启动的BioForge门户网站，旨在创建一个活跃的发展社区，推动项目与技术合作、开发协议、分享经验，并在一个公开而又安全的环境中获取所需要的工具。BioForge的模式参考了SourceForge等成功的软件开发门户网站模式。

在2005年BioForge启动之初，杰斐逊将GUSPlus等Cambia的专利技术作为种子放入网站。两个月内，BioForge就拥有了2 000多位注册用户。BioForge希望能在这个平台上促成概念与解决方案的合作开发，但在运行一年后发现在线合作在生命科学社区很难实现。BioForge 的规模没有继续扩大。

这可能是几个因素造成的。科学家们并没有很强烈的动机参与在线合作，除非这样做能立马解决某个问题。同样的，珍妮特·霍普(Janet Hope)强调生物技术研发人员的合作比软件开发人员的合作更难以协调，原因是缺乏标准。比如实验协议在每个实验室可能都不相同。生物技术门户网站能否促进实验室文化共享是个未知数。最后，杰斐逊在 2009 年接受本文作者访谈时说："现在我们(BioForge)能打破常规吗？肯定的……当大家认同这个网站能做出的贡献，明智地认可其价值的时候，它就会真正发挥出长处来。真的会这样。"BioForge 项目并没有蓬勃发展，也没有继续。后续衍生的一个平台吸取了 BioForge 发展困难的教训，逐渐证明了它的价值所在。

Patent Lens：开放的专利研究系统

在"专利丛林"中穿梭需要大量成本，大大限制了后续的创新。还有一些人认为很多专利的创新点含糊不清。Patent Lens 是一项免费的专利信息学资源，是 Cambia 针对这一复杂情况做出的回应，到 2009 年这个网站已收录 900 多万条专利信息，包括由此产生的 6 800 万个 DNA 与蛋白质序列。

Patent Lens 允许不同的参与者调查分析关键 IP 问题，让社区更方便参与并指引专利系统的发展方向。Cambia 的计划是将商业信息与数据库信息整合，让 IP 能量链条清晰可见，大家可以比较清楚地知道谁拥有什么、技术之间的依赖关系等等。正如杰斐逊 2009 年对本文作者所说的，"专利跟科学已没有什么关系，他们主要跟科学能转化成多少经济价值有关，这是一种特殊的语言和能力，简直像教会精英。我们想要做的事情是将这个过程民主化。"

Patent Lens 开发之初得到了洛克菲勒基金的资助。洛克菲勒基金发现发达国家正在垄断水稻基因组的专利，而这些专利可能会阻碍发展中国家对大米品种的改良。前期，Cambia 的团队用 Patent Lens 技术制作了所有关于土壤杆菌的专利地图，这种杆菌可以被广泛地用来培育转基因植物，但是 Cambia 发现很多相关专利的拥有者是几家大型的生命科学企业，让这一工具的应用受到了极大的限制。后来，Cambia 自主开发了 TransBacter，一种利用不同于土壤杆菌的其他种类细菌的植物转基因方法。世界知识产权组织（World Intellectual Property Organization，WIPO）及很多评论家都对 Patent Lens 项目大加赞许。杰斐逊的下一步计划是开发分析专利的信息学工具，我们会在本章“开放创新倡议”部分对其进行进一步讨论。

119

在了解了 Cambia 的发展历程和项目之后，我们现在来讨论第二个案例——一个开源协作的生物技术研发平台。

案例二：OSDD（开源药品开发）

印度的开源药品开发集群是由印度科学与产业研究理事会（Council of Scientific and Industrial Research，CSIR）于 2007 年启动的项目，得到理事会主席萨米尔·伯拉玛查理（Samir Brahmachari）的大力支持。该项目旨在围绕药品开发流程，包括识别无毒性药品开发对象、实验及活体验证、电脑模拟计算小分子、先导物优化、临床前期毒性排查、临床试验等，进行协作创新。通过这一平台汇聚创新头脑合作研发新的疗法，将开放与合作引入药品开发流程，将药品价格保持在低位，以获得大众负担得起的健康卫生解决方案。

伯拉玛查理建议在开源发展的同时要考虑到专利保护的必要性，而不应一味地反对。他说：“我们不会在大众需要的药品周边建立高墙，而是要尽量便宜地售卖这些药品（比如肝炎或肺结核治疗药品），但是我们会围绕一些高市场购买力的药品设立高墙，这些药品所能治疗的疾病并没有在低收入人群中普遍发生。除此之外，通过专利权，我们可以挑战垄断。”

伯拉玛查理和 OSDD 项目团队认为开放是一种工具，就像专利法一样，如果运用得当，就可以取得特定的目标和社会效益。

OSDD 项目的运作

生物信息学的发展已经可以让研究人员坐在电脑前通过计算机模拟的方法进行某些药品的开发。印度科学与产业研究理事会建立了一个聚焦肺结核问题的在线协作平台 SysBorgTb。这个门户网站提供一些生物信息学工具、生物信息、病原体信息、可参与的药品开发项目及论坛。截至 2009 年 10 月，超过 1 700 名用户注册加入了 OSDD 项目。

OSDD 项目的做法是将药品开发分成一些小的分组活动，每个活动都有明确的目标，并在其门户网站上发布。参与者可以贡献他们的想法、软件、论文、知识产权，以及其他任何对解决问题有帮助的信息。网站的用户必须遵守 OSDD 条款与规定，这些条款与规定主要是为了防止第三方在门户网站上获得了有用的信息而不将所取得的进展反哺给 OSDD。正如 BiOS 专属许可一样，无论出于商业化或非商业化目的，OSDD 项目均允许其用户使用升级、添加或修改后的技术。但是用户同时将因技术升级或修改后所产生的知识产权使用权回授给 OSDD，放弃抵押以及全球范围内独占性的权利。

120

参与者有明显的积极性，杰斐逊发现这一点恰恰是 BioForge 所没有的。所有的贡献都由同行评审，贡献人将基于其获得的信用在系统内获取相应的权利。还有一个微妙的激励诱因是 OSDD 项目本身的活力、清晰的目标以及态度鲜明的支持者。

OSDD 项目研究了“结核分枝杆菌”的遗传学信息，其目的是找到新的治疗方法。2009 年 10 月，OSDD 项目组宣布将发起一个合作项目重新解读整个“结核分枝杆菌”基因组，并将每个基因的所有信息都共享，让大家很容易搜索并获取。尽管这个项目是否成功还有待评估，但之前 OSDD 以同样的方式成功开发了一个分析结核菌基因组的工具 TBrowse。开发更好的结核病治疗方法是一个复杂的流程，特别需要汇集精英头脑，在一个开放的环境中共同合作，分享知识与经验。

稻草人还是围墙：使用正确方式加以保护

萨米尔·伯拉玛查理的方式是在专利保护的基础上附加一个开源工具盒。伯拉玛查理对两种不同方式的使用差别打了个比方：保护工厂要砌墙，而保护麦田则只需要插一个便宜的稻草人。“打理麦田时，我们会使用开源模式。建立工厂时，我们需要专利。如果我的研究成果能使广大民众受益，我希望他们都能以便宜的价格获得，我不希望花大价钱设立保护而抬高生产成本。但是如果研发费用非常高，那我们则需要专利的保护。”

伯拉玛查理把开源作为一种绕开某些问题而不用发生正面冲突的方法。比方说，一个开源项目利用药物基因组学原理开发免费诊疗法，可以重新利用很久以前开发的便宜的药物，这样就避免了开发新药的流程。

121

展望未来

Cambia 的 Patent Lens 项目取得了意义非凡的成功，现在已成为开放的专利搜索与分析的网络资源。BiOS 专属许可受到一些机构的热情追捧，但同时无法有效地实现项目目标。BioForge

并没有与科学家的研发环境达成互补互利，因此建设开发生物技术的协作式门户网站的最初努力并没有取得成功。吸取了这样一些教训之后，Cambia 和 OSDD 项目开始展望未来。

开放创新倡议

Cambia 正努力推进新的开放创新倡议（Initiative for Open Innovation，IOI），通过开发并验证新的合作与许可工具，打造一个能力共同体，帮助非专业人士识别新的机遇，从而降低新的生物技术解决方案研发成本。

到 2010 年为止，已有两家基金在资助 IOI 项目——比尔与梅琳达·盖茨基金（Bill & Melinda Gates Foundation）和莱默逊基金（Lemelson Foundation）。最初的 500 万澳元用来绘制疟疾、结核病、登革热等一些发展中国家的重大传染病的专利分布，IOI 努力推动政策调整奠定实证基础，从而提高公众福祉。杰斐逊在 2009 年的访谈中对本文作者讲述了这些工具是如何通过减少 IP 专业人士或他戏称为“神职人员”的参与，帮助降低成本，从而减少对于创新的阻碍的：“就简单的目的而言，我们与 IOI 的工作就是努力引入全世界的专利信息，而这些信息的形式便于更加精确地标识和导航……这对药品开发人员的生活有什么影响？对市民的生活有什么影响？我们目前只有靠像神职人员一样的 IP 专业人士才能搞懂这一切，而我们的项目就是要解决这个问题。”IOI 计划与印度政府及 OSDD 项目联手。OSDD 项目既可以通过 Cambia 降低系统层面的阻碍而获益，也可以利用其工具浏览专利信息而获益。

未来要解决的四个问题

本章中的案例分析表明，协作平台与开源方法针对与发展相关的生物技术研发带来很大潜力，也取得了一些成功，但是还有很多问题需要进一步探究。

切实可行的协作平台。Cambia 和 OSDD 都部署了协作平台。虽然 BioForge 平台并不成功，但 OSDD 和 Patent Lens 都证明了开放平台的潜力。成功的因素包括参与者的低成本加入以及复杂的大问题可以分解成简单的小问题。而机构的支持、领头人的个人魄力和人道主义目标都鼓励着更多志愿者的参与。杰斐逊与 OSDD 都注意到回报用户贡献的机制也是非常有益的。其他因素还包括界面的设计、用户利用平台解决他们关心的问题等等。

122

三种"开放"类别。Cambia 和 OSDD 的协作平台已证明的价值就在于对"开源"这一术语进行了示例。在软件领域，"开源"指的是用户可以看到程序的源代码，但是"开源"还体现了文化意义、许可及创新协作方式等。

因此，在与发展相关的生命科学领域，至少有三个跟"开源"相关的概念：深层信息的开放获取、开放许可和开放的协作方式与平台。深层信息的开放获取往往是最容易的一步，但如果缺乏自由，也没有协作者应用这些开放获取的信息并创造解决方案，那这些信息也就没有什么价值了。

IP 改革之争。在专利和国际发展领域中出现了许多改革呼声。尽管这些争论已经在全球健康问题中表现得尤为突出，比如对基础医疗中低成本药物生产采取强制性专利许可的问题，但协作平台和开源方式等的利用到目前为止并没有很多人关注。部分原因可能是这些问题相当复杂。对于巴西、南非或印度的公司希望制造低成本抗艾滋病药物的问题大家比较容易理解。而弄清如何抓住复杂的专利领域的机会成本、因创新壁垒而尚未得到开发的那些药物和潜在价值或者放松 IP 保护对于创新是否有抑制效应等问题就要难得多。Patent Lens 这样的工具就能帮助揭开此类复杂问题的神秘面纱。

以Cambia和OSDD项目作为实例，对了解争论的问题所在会有所启迪。也可以开发更好的指标和工具来分析IP政策选项。

创新动机。私有企业主张的更严格的专利保护是基于创新动机。如果创新不能得到回报，谁还会投资创新？所以我们要弄清楚解决这个问题的商业模式。例如，霍普就认为生物技术企业即便将其核心技术开源也能保持赢利。她的模式假设下列情景是真实的：对产品或方法的更多获得可以增加其使用度与顾客基数；更广泛的使用可以导致产品或技术的改进；企业可以在开源技术中作为专家方从提供分析服务与委托研发项目中获利。软件领域中类似的机构如红帽公司就是采取这样的模式取得了成功。这家企业的原创商业模式就是免费提供其核心的Linux操作系统，通过提供优质技术支持收取服务费用。

123

虽然这些概念挺有吸引力，但还需要进一步分析。生物技术创新是一系列研究发现组成的复杂链条，每一个部分都涉及可能会失败的风险性投资。开源方式在哪个阶段最为切实可行呢？出于人道主义目的，哪部分权力可以放宽，来促进低收入国家对相关技术的使用，但同时又能让企业保留其核心权利以维持赢利(类似BiOS专属专利和知识共享保留部分权利的方式)？由诸多竞争前开发工具支撑的协作平台可以帮助所有参与者实现共赢，而投资以何种方式介入助推平台的发展呢？

Cambia和OSDD都主要依赖于政府和基金会的支持。围绕全球健康领域的发展，目前正在探寻其他各种创新资助机制，包括赢利模式和项目拨款模式。在生物技术价值链上的每一个阶段应用开源方式是否切实可行都有很大的研究空间。

随着针对贫困群体疾病的研究获得越来越多的资助，可能会有更多的人接受这个观点，即开源方式的确能扩大作为下游创新基础的知识池，尽管私有企业短期赢利在某些情况下会更为困难。未来的项目需要更多的诱因以吸引足够多的先期采用者。为了能让这些创新与平台得以自我良性发展，在全球知识共同体中加入衡量产出形式的指标也是必要的。

结论

本章我们研究了两个协作开源的生物技术研发平台，并讨论了它们对国际发展新解决方案的各种意义。

开源方式的每一次应用都需要有所调整。如果单纯照搬软件领域类似的协作平台与做法（比如，BioForge 就是照搬 SourceForge）很有可能会失败。不过它们的失败也有教育意义，指出了哪个方面有可能会成功。比如，热带疾病项目致力于将开源方法应用于被忽视的疾病的研究与药物开发，通过公开发布小型种子专利库来吸引扩大参与度，不过目前成功率有限。

124

印度的 OSDD 项目通过建设协作平台推进开源药物研发的努力代表着发展中世界的潜能。尽管 OSDD 还在最初发展阶段，但已经吸引了几千位参与者并获得了印度政府的大力资助。像 OSDD 这样的项目可以让南半球与北半球通力合作，解决国际发展中的重大挑战。

开源可以实现信息的开放获取，开放专利许可，建设开放的协作平台。不同的开放方式可以让项目获得不同的利益。理查德·杰斐逊等人提出了一个通用法则，即获得权是为了促进技术进步。这一法则比任何一个专利内容都要重要。有了这个法则以及前文提到的案例总结，现在需要做的就是进一步研究如何利用开源与协作方法来应对国际发展中的挑战。

126

参考文献：

1. Benkler, Y. *The Wealth of Networks: How Social Production Transforms Markets and Freedom*. New Haven, CT: Yale University

Press, 2006.

2. Bhardwaj, A., D. Bhartiya, N. Kumar, Open Source Drug Discovery Consortium, and V. Scaria. "TBrowse: An Integrative Genomics Map of Mycobacterium Tuberculosis." *Tuberculosis (Edinburgh, Scotland)* 89 (5) (2009): 386 - 387.
3. Biological Innovation for Open Society (BiOS) License. http://www.bios.net/daisy/bios/mta/agreement-patented.html. Archived by WebCite® at http://www.webcitation.org/5m89ua1iz.
4. Boettiger, S., and B. D. Wright. "Open Source in biotechnology: Open Questions (Innovations case discussion: CAMBIA-BiOS)." *Innovations Journal* 1 (4) (2006): 45 - 57.
5. Boyle, J. *The Public Domain: Enclosing the Commons of the Mind*. New Haven, CT: Yale University Press, 2008.
6. Cambia. "Cambia's Mission and Ethos." http://www.cambia.org/daisy/cambia/about/590.html.
7. Commission on Intellectual Property Rights. *Integrating Intellectual Property Rights and Development Policy: Report of the Commission on Intellectual Property Rights*. London: Commission on Intellectual Property Rights, UK Department for International Development, 2002.
8. Cukier, K. N. "Navigating the Future(s) of Biotech Intellectual Property." *Nature Biotechnology* 24 (2006): 249 - 251.
9. Daar, A. S., P. A. Singer, and D. L. Persad. "Grand Challenges in Chronic Non-communicable Diseases." *Nature* 450 (2007): 494 - 496.
10. Gold, E. R., W. Kaplan, J. Orbinski, S. Harland-Logan, and S. N.-Marandi. "Are Patents Impeding Medical Care and Innovation?". *PLoS Medicine* 7 (1) (2010): e1000208. doi: 10.1371/journal.pmed.1000208.
11. Hecht, R., P. Wilson, and A. Palriwala. "Improving Health R&D Financing for Developing Countries: A Menu of Innovative Policy Options." *Health Affairs* 28 (4) (2009): 974 - 985.
12. Heller, M. *The Gridlock Economy: How Too Much Ownership Wrecks Markets, Stops Innovation, and Costs Lives*. New York: Basic Books, 2008.
13. Hope, J. *Biobazaar: The Open Source Revolution and Biotechnology*. Cambridge, MA: Harvard University Press, 2008.
14. Joly, Y. "Open Source Approaches in Biotechnology: Utopia Revisited."

127

Maine Law Review 59 (2) (2007): 386.

15. Kochupillai, M. "Spicy IP," March 19, 2008, http://spicyipindia.blogspot.com/2008/03/spicy-ip-interview-with-dr-samir-k.html. Archived by WebCite® athttp://www.webcitation.org/5kthTApw.
16. Levine, R. *Case Studies in Global Health: Millions Saved*. Sudbury, MA: Jones and Bartlett Publishers, 2007.

128

17. Masum, H., J. Chakma, and A. S. Daar. Biotechnology and Global Health. In *Global-Health and Global Health Ethics*, ed. G. Brock, 251-260. Cambridge, UK: Cambridge University Press, 2011.
18. Maurer, S. M., A. Rai, and A. Sali. "Finding Cures for Tropical Diseases: Is Open Source an Answer?" *PLoS Medicine* 1 (3) (2004): e56. doi: 10.1371/journal.pmed.0010056.
19. Maurer, S. M. "Inside the Anticommons: Academic Scientists' Struggle to Build a Commercially Self-supporting Human Mutations Database, 1999-2001." *Research Policy* 35 (6) (2006): 839-853.
20. Miller, K. L. "Juggling Two Worlds." *Newsweek International*, November 29, 2004, 56.
21. Netanel, N. W. *The Development Agenda: Global Intellectual Property and Developing Countries*. Oxford, New York: Oxford University Press, 2009.
22. Orti, L., R. J. Carbajo, and U. Pieper. "A Kernel for Open Source Drug Discovery in Tropical Diseases." *PLoS Neglected Tropical Diseases* 3 (4) (2009): e418. doi: 10.1371/journal.pntd.
23. St. Amant, K., and B. Still, eds. *Handbook of Research on Open Source Software: Technological, Economic, and Social Perspectives*. Hershey, PA: Information Science Reference, 2007.
24. SysBorgTB. http://sysborgtb.osdd.net. Archived by WebCite® at http://www.webcitation.org/5ktl4LOQW (accessed October 29, 2009).
25. Van Overwalle, G., ed. Gene Patents and Collaborative LicensingModels: Patent Pools, *Clearinghouses, Open Source Models and Liability. Regimes*. Cambridge, UK: Cambridge University Press, 2009.
26. Weber, S. *The Success of Open Source*. Cambridge, MA: Harvard University Press, 2004.
27. Williams, S. *Free as in Freedom: Richard Stallman's Crusade for Free Software*. Sebastopol, CA: O'Reilly, 2002.

28. Willinsky, J. *The Access Principle: The Case for Open Access to Research and Scholarship*. Cambridge, MA: MIT Press, 2006.
29. World Health Organization (WHO) Commission on Intellectual Property Rights, Innovation and Public Health. *Public Health, Innovation and Intellectual Property Rights: Report of the Commission on Intellectual Property Rights, Innovation and Public Health*. Geneva: WHO Press, 2006.
30. World Health Organization (WHO). *Global Health Risks: Mortality and Burden of Disease Attributable to Selected Major Risks*. Geneva: WHO Press, 2009.

第6章
开放教育资源：发展中世界的机遇与挑战

马歇尔·S.史密斯

每个月都有超过50万名学生、教师和终生学习者访问OpenCourseWare Consortium(OCW-C)网站，这里有150多家高等教育机构出版的免费且可重复使用的课程资料，内容涵盖了来自超过45个国家用7种语言讲授的15 000门大学课程，这些国家包括巴基斯坦、阿富汗、印度尼西亚、肯尼亚、南非、中国、印度和其他发展中国家。

Khan学院的网站还有学院在YouTube上推送了超过3 000条5—15分钟长度的短视频，都可以免费重复观看，还配有习题集与教师用的教材，内容几乎涵盖了美国幼儿园到12年级所有学年的数学与科学课程。这些网站内容已吸引了来自全世界的4亿次访问量，很多内容正在被翻译成英语之外的10多种语言。

撒哈拉以南非洲地区的教师培训中心(Teacher Education in Sub-Saharan Africa，TESSA)是由撒哈拉以南非洲地区9个国家的18个机构(包括13个高等教育机构)组成的集群。这个因其卓越成就而获奖的集群给自己的定义是“为撒哈拉以南非洲区的教师与教师培训机构创造开放教育资源和课程设计指导的研发项目”。TESSA致力于提高当地学校与教师培训的效率，非洲有20多万教育者能获得中心提供的开放教材，多个国家正在利用TESSA提供的资源来补充现有的教师培训项目或在还没有任何项目的地区以此为基础发展新的项目。

在成百上千的开放教育资源中以上这三个案例比较有自己的

特点。本章讨论的是开放教育资源在发展中国家帮助学生获取与使用高质量教育资源的潜力。本章首先介绍开放教育资源的定义及其不同的形式，包括开放教育资源与其他教育内容与软件的不同之处；然后概述发达国家与发展中国家开放教育资源的发展历程与范围，包括现状与阻碍；最后就利用开放教育资源在发展中国家改善教育的新方向提出建议。

130

什么是开放教育资源？

开放教育资源是“公共领域中或得到授权许可的可以免费使用或改作他用并用于新用途的教育、学习与研究资源”。其他的教材如果没有许可就不能免费下载或复制，也不能用于新的用途。国际法规定，版权自动赋予任何以有形的媒介固定的创造性成果（如在纸巾上画的图就被自动赋予了版权）。建立在知识共享基础上的知识产权使用，尽管已给予他人某些确定的权限，允许其使用甚至修改被赋予了版权的成果，但拥有者的版权仍受到保护。

开放教育资源与其他教育内容有何不同之处？

前文介绍的三个开放教育资源案例中资源的拥有者允许他人对内容进行获取、下载和使用，还能重复使用和（或）修改这些内容。比如可以将这些内容翻译成另一种语言，或将其与另一个内容合并。这种许可分为两种类型。

一种类型允许他人免费获取、下载、再制作或作为一个整体使用。拥有者公开“分享”他们的资料。开放教育资源与大部分教科书、数据、教育游戏和其他书籍及教育资料的不同之处就是破除了计算机网络藩篱，改变了必须通过支付费用或只允许少部分人得到密码才能获得资料的状况。同样，它们与网上可以免费获取的大量数字化内容也有区别，因为这些网站的数字化材料虽然可以免费，但不可以下载、复制或以其他形式使用，除非采取正确的规范满足限定条件。这些资料并不在公共领域范畴之内，在没有获得知识产权许可的情况下允许他人使用会违反版权法。版权法规定，通常情况下，没有拥有者的特定许可，他人不允许下载或分享这些内容。而"公平使用"条款则规定在某些教育情境中，对下载和复制的版权限制可以有所放松，但仍要保持在特定范围内。

131　分享知识以提高公众的利益是很多开放教育资源制作者的初衷。1813 年托马斯·杰斐逊(Thomas Jefferson)就在一封信中写道："学习他人思想的人，在充实自己的同时不会削弱他人的智慧，就如同在我身边点亮蜡烛的人，在照亮自己的同时并不会给我带来黑暗。思想应该在全球各地自由传播，帮助人类提高道德修养，互教互学，推动改善。这似乎是大自然赋予的特别而又仁慈的设计，就像火一样可扩展至任何地方而不会降低它们的密度，就像我们赖以呼吸、活动并使我们的肉体存在的空气一样，任何人都不能限制或独占。发明本质上不能成为财产主体。"

2001 年麻省理工学院教职人员投票同意在 OpenCourseWare 网站上免费开放他们的所有课程资料时，很显然是出于分享知识的初衷。很多人认为这一行为开启了全世界开放教育资源制作与使用的快速发展。分享只是促成这一决定的部分原因，能够让成千上万麻省理工学院以外的人欣赏并学习他们制作的资料，这样的目标自然会令他们感到自豪。另一个原因是出于经济上的考量，因为思想的开放流动可以促进他人的创新。最后还要提到，麻省理工学院的一些教授们有竞争动力和职业责任感。毕竟，他们开放的资料会受到同行暗地或公开的评价。

开放教育资源的一个要素就是给予他人免费获取、复制和再分享的许可。很多开放教育资源还允许他人根据自己的需要修改、翻译或调整内容。允许使用者制作"衍生"教材，给予使用者修改内容的权利，这样的许可会使原始开放教育资源增加附加值。尤其是对发展中国家而言，这一权利有着颠覆性的意义。例如，版权法禁止在没有得到拥有者同意的情况下翻译某个作品，而开放教育资源允许将获取的材料翻译成另一种语言，然后进行传播。这就使得资料的免费获取与使用范围成倍增加，而不需要对创造者或拥有者支付任何费用。除了翻译，将不同开放教育资源的新旧资料进行组合、配套，还可以让各种使用者，不管是一个人还是多个人一起，创造出适用于他们的问题和需求的新的解决方案。在 TESSA 案例中，教师们调整了社会学学习模块，将名字、地区和参照物结合在一起，让教材更适合不同的文化与语境。开放教育资源让使用者变成了创造者，让读者变成了作者。

在 Web 2.0 的世界中，这种权利发挥的作用因为创造者与使用者结成的网络而变得更加强大。例如，不同区、州甚至国家的教师结成的网络分享公开许可的授课计划、教科书、研究成果及其他教育资料，并加以改进。使用者（包括学生）提供的反馈，让持续改进教材的网络成为一股重要而强大的力量，参与到许多教材的商业化和非商业化的发展流程中。此外，使用者发现错误后可以立即在它们的电子版本中进行修改。 132

许可权是如何组织与传播的？

知识共享许可让开放教育资源有了运作的载体，这种运作也基于版权，但其默认法则从“保留所有权利”改成了“保留部分权利”。开放教育资源的拥有者或制作者可以选择将他们的作品基于知识共享许可或其他修改了版权规定的开放型版权许可予以发布，所有者对获取内容的用户可以指定，也可以放宽至所有群体。有一点需要强调，所有者可以允许特定的使用者对一件特定的作品在开放的版权许可情况下保留其版权。

无论设定了什么条件，所有的知识共享许可都允许免费的无限制的分享。一份没有设定任何条件的知识共享许可（CC0）等同于一份放弃了版权的公有财产声明。所有者将其作品发布于公共领域，允许无限制的免费分享与衍生行为。所有者也可以设定一些条件，限制某种使用或对使用者提出特定行为要求。一个称为 BY 的条件是一个很普遍的限制条件，其要求使用者对原作者给予认可和赞扬。所以目前默认版本的知识共享许可就是 CC BY。非常受欢迎且使用便捷的 Connexions 平台对其所有制作与传播的开放教育资源都要求设定 CC BY 许可。

第二个可以在知识共享许可中设定的条件就是不允许衍生。这个条件很少使用，它极大地限制了使用者编辑、翻译、组合、重组、重复使用或修改原作的权利。这样的许可叫 CC BY - ND 许可，必须阐明归属，但不允许改变。

第三个可以在知识共享许可中设定的条件是对是否允许使用者以商业目的使用或修改原始内容做出规定。创造者或所有者限定使用者以非商业化目的使用或修改其免费公开内容的原因简单明了——创造者或所有者希望内容（修改或不修改），应该只能免费——毕竟他们信奉原始作品的免费理念。因此，他们会在原始作品上设定 CC BY - NC（Creative Commons，Attribution，Non-Commerial）许可，这样便限制了使用者的商业化操作。当然，不管有没有这个 NC 限制，原作及其衍生品都可以免费获取。

133

尽管所有者或创造者可能会本能地想在他们的材料上加上 NC 限制，但这样做的弊端显而易见。比如，有家机构想对原始材料做些修改，通过简化文字、添加一些架构让材料变得更有价值，而修改后的材料会让一个全新的用户群受益。这个机构可能会免费提供这些材料，也可能想要出售“新”产品补偿其成本，让他们投入的时间有所回报。但这一步只有在原始材料的知识共享许可没有设置 NC 限制时才有可能发生。有些人就认为设置 NC 限制是有悖于“分享”初衷的。如果利他主义思想是原始材料创造者的动力，那么任何新的使用，无论是商业的还是其他性质的，都应该带来的是快乐，而非困扰。况且，商业化交易得来的资源可以支持进一步的改进、升级或更长久地保持产品的质量。保持设定 CC BY - NC 许可的免费开放材料的可持续性并获得支持这些问题会日益凸显。

最后的一个限制条件常被看作解决 NC 限制所造成的可持续性困境的折中方案。这个受人欢迎的条件称为共享许可（Share Alike，SA），其要求使用者将原始材料上设定的许可追加到任何衍生品上。这个许可允许使用者在原始材料上进行组合、调整和重塑，甚至可以商用，只要他们对原作者给予认可，并将原始材料上设定的许可追加至衍生品上。衍生作品必须带有 CC BY - SA 许可，以表示作品可以免费获取、售卖和（或）再修改。

维基百科用的是 CC BY - SA 许可，而 Khan 学院、CK - 12 和麻省理工学院的 OCW 网站都使用的是限制性更强的 CC BY - NC - SA 许可。尽管 SA 许可允许的使用范畴较广，但是仍有不足之处，即设定了 CC BY - SA 许可的开放教育资源只能与有 CC BY - SA许可或 CC BY 许可的开放教育资源或是公共领域的其他内容组合。因此，资源内容的创建者如果要在尽可能广泛的范围内分享此内容，没有设定任何条件的 CC 许可或是 CC BY 许可是最适用的。

从这一简短的讨论中我们得出的第一个结论是，除了公共领域的材料之外，开放教育资源还有赖于知识共享许可或其他类似的许可才能得以承载与传播。第二个结论是，并非所有的开放资源都给予使用者同等的许可。对于许可的选择至关重要。 134

有些人还可以得出第三个结论，即各种知识共享许可的组合错综复杂，不可能面面俱到。在对 SA 与 NC 条件的讨论中已谈到对其可持续模式的担忧。杜克大学的公共领域研究中心还提出了另一个问题。在最近发布的中心研究报告中，作者们讨论了在不同国家获取知识与知识产权的不同方式与衍生形式，声称知识共享使各种“本土知识专用许可”得到了发展。

发达国家的开放教育资源：增长与挑战

2012年7月，联合国教科文组织（UNESCO）在巴黎举行大会，庆祝联合国教科文组织会议上提出的“开放教育资源”这个词诞生10周年，会议期间几十位专家在报告厅做了演讲与展示。之后在隔壁的会议室，来自全世界发达国家和发展中国家的336名代表一致通过了《2012巴黎开放教育资源宣言》（2012 Paris OER Declaration），呼吁各国在其能力和职责允许的范围内大力支持和推动开放教育资源的使用、发展与分享，用政府资金购买各种合适的材料并给予开放许可。

尽管2002年“开放教育资源”这个词才启用，但在新千禧年之前就出现了各种各样的开放教育资源。比如，1971年创立的Gutenberg项目就通过ARPA网络发布了很多免费电子书籍。现在该网络上已累计有4万本不同的电子书可以免费获取。20世纪90年代中后期，政府也致力于定期在网络上发布有教育意义的免费公共领域资料，并委托企业将其数字化，为子孙后代存留。1996年，布鲁斯特·卡尔（Brewster Kahle）启动了网络档案项目，这一非营利性数字化档案馆收集了大量的书籍和其他文化资料，目前已超过160万卷。卡尔每年还会多次将Web的所有内容备份，也存放在档案馆里。

20世纪90年代后期，美国教育部支持的公共网站（www.free.ed.gov）从政府各部门收集并发布了开放的教育材料。差不多同一时期，杨百翰大学（Brigham Young University）的一位研究生 135 戴维·威利（David Wiley）开创了“开放内容”一词，并提出将自动赋予版权更改为对用户的使用权许可。当然，在Web上还有几千个网站都有免费的教育资料供大家阅读，但这些材料并不能免费下载、复制或修改，通常都保留了所有的版权。

开放教育资源的崛起

2001年，劳伦斯·莱西希(Lawrence Lessig)、哈尔·埃布尔森(Hal Abelson)、埃里克·埃尔德雷德(Eric Eldred)等人在威利的提议上更进一步，创立了知识共享。截至2011年，知识共享估计在互联网上有超过4亿份授予了许可的材料，包括音乐、科学及教育等其他领域。2000年，麻省理工学院教职人员投票同意将该校1 800套课程资料免费上线，供大家使用与再利用。麻省理工学院时任院长查尔斯·维斯特(Charles Vest)在其2000—2001年度的报告中写道："我们现在有了一次良机，利用互联网来增强教学所需知识的获得、形成与组织流程。通过这种方式，我们可以提升全球的教育质量……在这种精神感召下，我们不禁自问，用T. S.艾略特(T. S. Eliot)的话来说就是'我是否敢于/撼动宇宙？'而我们的答案是'敢'。我们将这个项目取名为麻省理工学院的开放课件(MIT OpenCourseWare，OCW)，用它来开启通往教育之强大的、民主化的转型大门。"麻省理工学院的大胆之举与其他院校通过产权模式来传播教育资料的方式形成了对比。而知识共享的建立与麻省理工学院的举措相结合，则对知识所有权理念的转变提供了动力与引导。开放教育资源运动正在触及世界的各个角落。

尽管开放教育资源的基本理念与法律依据跟相关的获取技术并无多大关系，但是神奇的互联网和它提供的各种工具创造了便利，让创建新的开放内容、获取和修改现有内容、识别可用内容并将其设定开放许可后发布在网络上等操作变得轻而易举。威廉与弗洛拉·休利特基金会(William and Flora Hewlett Foundation)资助了前期很多的大型开放资源项目，并持续支持着全球范围内更多的人使用开放教育资源。可能是为了缓解对开放材料的批评带来的压力(很多人还是认为一分价钱一分货)，该基金会前期的项目资助都是针对有声望的机构的。除了麻省理工学院之外，这些机构还包括哈佛大学、卡内基梅隆大学、莱斯大学、斯坦福大学以及英国的开放大学。资助的范围还包括公共电视节目视频等相关的公开性内容、国际组织[如联合国教科文组织、经济合作与发展组织(OECD)]，同时也是为了加强开放教育资源运动的基础设施，并为知识共享、互联网档案以及后期为维基等提供经常性支持。基金会也为开放教育资源的收集、翻译与研究以及汇聚与发展开放教育资源的平放平台等提供资助。

136

开放获取(Open Access，OA)

与此同时，开放获取作为开放教育资源的一种特殊形式，也开始兴盛起来(本书的第8章也有相关讨论)。维基百科将“开放获取”定义为“通过互联网提供无限制的获取同行评阅的学术期刊文章的做法”。约翰·维林斯基(John Willinsky)在他十分有趣的著作《获取原则》(*The Access Principle*)中写道：“2003年标志着学术发布形式的重大突破，我们可以宽泛地称之为‘开放获取运动’。”公共科学图书馆(Pubic Library of Science，PLOS)开始出版一本开放的科学期刊，《自然》(*Nature*)、《科学》(*Science*)、《科学家》(*The Scientist*)、《华尔街日报》(*Wall Street Journal*)等也都将“开放获取”列入2003年卓越科学成就。而开放社会基金会一直以来都是开放获取运动的强大支持者。

当然，对于开放教育资源总体而言，大家并没有一致同意通过整个学术界和所有出版商开放学术论文来改变目前的做法。质疑者提出的反驳意见是评阅、编辑、印刷以及发行期刊都有成本产生，而目前的系统是完善的，不需要改变。支持者则称现在很多的文章撰写与评阅工作都是全世界的学术界在免费做，而在开放的体系中也会如此。可能对于支持者来说，更重要的是，他们担心目前的期刊发行费用会让那些没有从属关系的学者和高校无法承受，许多发展中国家的机构就是如此。获取度的缺乏会导致科学进步的速度变缓。特别是在物理与生物科学领域，这些领域的变化非常快，研究人员需要更快更广泛地获取信息，以跟上最新的发展。

一种支持开放获取的理论近期找到了很多依据。因为很多研发是由政府拿公众的钱支持的，很多人认为这是一个充分的理由，可以制定政策将政府支持的研究项目报告公开并可免费获取。2008 年美国国立健康研究院(National Institutes of Health)就采纳了开放获取做法，将其支持的所有研究内容开放。2012 年，英国政府与欧盟也出台了相关政策，将纳税人资金支持的研究内容开放。

137

在过去几年中，主要的国际化机构也相继支持开放获取。哈佛大学和全球第二大慈善机构惠康基金会(Wellcome Foundation)，都在 2011 年采用了开放获取政策，世界银行也紧接着在 2012 年 7 月 1 日采用了自行制定的开放获取政策。世界银行行长罗伯特·B.佐利克(Robert B. Zoellick)宣布世界银行采用知识共享的 CC BY 许可作为其发布的所有知识与调查结果的默认设定。他在新闻发布会上说："知识就是力量。我们的知识更广泛、更便捷地被获取，可以帮助他人找到方案解决世界上的严峻问题。我们新的开放获取政策体现了世界银行的自然进化，标志着我们正朝着越来越开放的方向前进。"

2013 年开放教育资源的发展状况

21 世纪的第一个十年中，发达国家的机构与个人对大量开放教育资源进行再使用、修改、重组以及传播。除了之前提到的形式之外，开放的材料还包括课程模板、完整课程资料、教科书、模拟、教学视频、游戏、教案和其他课程材料、书籍、百科全书，以及许多其他不同形式的教育内容。

虽然很多大型的、更受人关注的开放教育资源项目已达到高等教育层面，但还有很多活动与项目是在基础教育的层面展开的。比如，几十万名教师正利用开放的门户网站、各种支持软件及其内容，通过视频、模拟等形式来分享他们的教案、想法与绘图，还有其他教师的评论和思考。Wifiwijs 是一个教师获取分享内容与参加学习的社区网站，是由荷兰政府资助的开放教育资源项目。欧盟学校网络的学习资源交换平台有 25 个合作国家参与，向学校提供丰富的开放教育内容。在美国，Curriki 和 OER 共同体也是类似的项目。现在，全世界数千万名接受基础教育的学生可以使用开放的指导材料，如 Khan 学院的由诺贝尔奖获得者、物理学家卡尔·威曼(Carl Wieman)设计的学术领域和科学模拟(物理教育技术)的指导视频。另外，上百万名教师和学生在使用 ITunesU 和 YouTube EDU 网站上设定了 CC 许可的开放视频库。颇具讽刺意味的是，很多老师、教授和学生也许并不知道他们正在使用开放教育资源，因为一些教育机构可能依赖版权中的"公平使用"特例条款(在某些情况下)所允许的有限获取与使用，所以使用者有时无法区分开放教育资源和非开放教育资源。

138

21 世纪第一个十年刚开始的时候，除了休利特和梅隆(Mellon)之外的各大基金会和政府也都陆续开始投资发展开放教育资源。2010 年，比尔与梅琳达·盖茨基金会等资助了一系列的项目，包括 Khan 学院的扩建和帮助学生在社区学院学习带学分的课程等项目。2011 年初的时候，美国劳工部宣布启动一个 20 亿美元的竞争性项目，资助开发设定 CC 许可而开放的教育与培训材料。

MOOC 的崛起

2011 年秋，另一种可能开放的内容受到全世界的关注。斯坦福大学的两位讲师塞巴斯蒂安·特龙(Sebastian Thrun)和彼得·诺维格(Peter Norvig)设计并构建了人工智能课程，将其上线，向所有人免费开放。全世界超过 15 万名学生注册参与了课程，超过 2 万人完成了全部课程，其中部分学生达到了斯坦福大学课堂学习的同样水平。

这样的课程现在被冠以"大规模在线开放课程"(MOOC)的名称，在开放教育领域风生水起，斯坦福大学已经孵化了两家机构专门创建与提供开放课程。其中一家叫 Coursera 的联合了全球 62 家高校，可以提供几百种不同的课程，已经为超过 300 万名学生提供了服务。第二家名为 Udacity，是由特龙创立的，现在也有了 20 多种课程。Udacity 近日宣布了科罗拉多州立大学全球校区的决定，对于成功修完了 Udacity 计算机科学课程的学生，其学分能全部转成科罗拉多州立大学的学分。2012 年的春天，麻省理工学院和哈佛大学联手创办了 edX 机构，向全世界提供各种各样的开放课程。同年夏天，加州大学伯克利分校(UC Berkeley)与这两家剑桥地域的大学结成联盟，后来又有斯坦福、韦尔斯利(Wellesley)、乔治敦(Georgetown)以及整个得克萨斯(Texas)大学系统都参加了该联盟。edX 宣布，学生只要完成了课程，并通过由培生(Pearson)评估中心网络管理的有独立监考的考试，就能拿到证书。

MOOC 的性质与使用将随着时间的推移快速演变，会根据提供的服务、对学生的期望值或其他发展方向而分化成不同的类型。目前仍混为一体的 MOOC 有个共同的特征，就是教师依赖于学生在网上虚拟地结成网络，用多种社交网络方式在学习中相互帮助。授课教师期望学生会给出反馈，不管是思考、疑虑或是纠错，并发布他们的作业或是在其他学生的作业中添加评论。课程会在授课教师的不同教学风格方面有所差异。

139

正如很多其他形式的开放材料，这些课程或机构如何保持持续发展或赢利的商业模式还不够明朗。目前的收入来源主要是学校拨款、私人赞助或基金会项目支持，比如麻省理工-哈佛-伯克利联盟项目，还有就是风险投资，比如 Coursera。一个更长远的收入来源可能是向通过了考试、拿到了所在学校学分的学生收取学费，或是通过出具私有企业认可的学业证书收取费用。这里有一点很重要，就算每人只付一点点费用，如果人数众多，那收益也是相当可观的。

最后，需要注意的一点是 Coursera 和 Udacity 的所有材料都受标准版权保护，没有一家做的是开放教育资源。目前还不清楚是否有 MOOC 的课程设定了知识共享许可。edX 为其平台设定了开放许可，在我们撰写本文时，有消息称 edX 上的内容也会以知识共享许可的形式运作。但是 MOOC 本身的性质决定了 MOOC 的制作者们不会考虑使用知识共享许可。大部分 MOOC 材料跟卡内基梅隆的开放学习项目（Open Learning Initiative，OLI）的课程类似，是在特殊的平台上制作的，一般不允许使用者进行任何的修改。MOOC 是这个开放世界中最新最热门的事物，但不会是最后一个。比如，单人和多人开放学习游戏马上就要上线了。

需要应对的挑战

尽管过去 10 年的进步显著，但像任何一种创新一样，要使大众普遍接受并广泛应用开放教育资源并不会一帆风顺。要实现开放教育资源的推广并在发达国家全面应用，目前，至少面临 4 个比较大的相互有关联的挑战：一是对质量的担忧；二是出版公司出于对它们已经岌岌可危的生存模式的担忧而进行阻挠；三是教育系统认为新技术与开放内容对传统教育会有颠覆威胁；四是开放教育资源的发展缺乏强有力的商业模式。

质量

的确有一些开放教育资源的质量堪忧。就像其他网上内容一样，开放教育资源发布到互联网之前也没有一个大家普遍接受的评审流程或是评估方法能够判定其质量好坏。法律上讲，知识共享许可能够设定在任何产品上，不管是最优质的、最先进的，还是充斥着错误与低俗语言的。多年来，对如何确保质量的讨论持续不断，但成效甚微，其原因很多：材料数量太多；对开放内容设定规则可能引发对审查制度是否合理合法的质疑；质量几乎不可能有一个大家能普遍接受的定义，特别是那些有很多种不同的用途、在很多种不同的文化中传播的材料。

140

创造者与使用者还是想法设定了一些防护措施。在开放教科书出版领域，就有一些先行者做出了努力。比如 CK12 基金会是一家非营利出版社，发行 88 本“灵活开放书籍”。该机构就通过相关专家和使用者的评阅意见以及专业人士的文字加工，来监控其发布产品的质量。这家出版社发行的很多适用于中学生的书籍还成功地通过了加利福尼亚(California)教育委员会的评审。莱斯大学启动的 Openstax 学院是另一家在开放教科书领域活跃的机构。学院使用 Connexions 软件与发行架构，并采取了类似的质量监控机制，设定了 CC BY 3.0 许可。

高质量大学参与开放教育资源运动在一定程度上削弱了对质量的质疑，但反对的声浪并没有完全消除。有很多机构参与的 OCW 联盟就有赖于成员机构自有的审查机制来保证高标准。不过，开放自身的特质，或者用另一个词汇来表述就是透明，也能体现出对材料的负责与保证质量的动机。麻省理工学院的一些教授就收到了同事的邮件，指出他们制作的 OCW 课程材料中的错误或是需要改进的地方。亚洲一所知名高校的校长在与本文作者的讨论中就说过，该校为数不多的 OCW 课程极大地刺激了整个学校教学质量的提高。这所学校发布的 OCW 课程质量非常高，也为其他教授设定了优质课程的标杆。

为基础教育阶段的学生制作的开放教育资源，比如在线开放的教科书，也必须达到与其他同类教材一样的质量标准。在美国，各地的教育委员会或教师代表会和教育专家负责当地学校用书的评审与批准。或许是由于数字化教科书是一种新生事物，同时也有很多出版商提出反对意见说免费的材料质量差，导致了在美国只有包括佛罗里达（Florida）、加利福尼亚、华盛顿、犹他（Utah）和得克萨斯在内的少数几个州，同意用通过了评审的基础教育阶段的开放教科书代替传统教科书。今后，随着教师与学生对在线教科书的接受程度越来越高，不管是开放免费的还是商业化的，在线教科书的数量都会逐渐增加。而开放教科书还会开始允许使用者（教师、管理者等）根据需要对材料进行一些修改与调整，这将为使用者提供一种强有力的方法提高学习与工作效率。

141

最近有一项举措是针对开放教育资源质量问题的。Achieve是一个知名的美国非政府组织，最近制订了一套非常有用的规则，可以用来评估基础教育阶段开放教育资源材料的质量，使其符合美国新的共同学术标准。虽然这些规则刚开始使用，却体现了将开放教育资源融入主流的积极态度，也可给教育者们是否采用开放材料提供了参考。

对传统商业模式的威胁

情况也并不是完全乐观积极的。用户产生数字化内容的发展与崛起，免费分发模式的涌现，以及开放的普及，都威胁着学术出版商和很多学术社团的传统商业模式。开放教育资源带来的更是三重威胁：一是将分发模式转到了互联网上；二是免费，这颠覆了价格体系；三是允许使用者为了更好满足自己的需求而对材料进行改动。

毫不奇怪，在这种情况下，出版商和行业中的其他人一有机会就迅速做出反应。在美国，其中一种方式就是游说国会及其他管理部门，力图消除政府对开放教育资源的支持。如果成功，出版商们就能确保他们现有的市场模式和做法可以持续，至少时间可以稍微再长久一点。其他的举措主要聚焦在改进产品上。比如，出版商加快了数字化和网上业务的发展，部分原因就是为了与开放教育资源展开竞争。有些出版商，包括自然、培生和学乐(Scholastic)等出版集团，还在探索如何从开放中发现商机。不过这种努力只是在探索阶段，出版商想要的是找到最好的产品定价与售卖方式。商业价格体系与规模和可持续性是密切相关的。这对开放教育资源来说是一把双刃剑，免费让开放教育资源的拥有者极具竞争力但同时也会让他们缺乏金融资源来扩大参与度和维持他们的产品。开放教育资源的可持续性问题非常突出，我们在本章的后半部分还会加以讨论。

最终，开放教育资源允许使用者成为创造者对出版商们的威胁可以被他们用采纳知识共享 BY - SA 许可的方式消除，他们也可以允许使用者根据自己的需求改动材料。作为交换，使用者将其衍生作品(包括所有改动)以许可的方式回归出版商与其他相关的人。这样，出版商可以保留他们现行的发行模式，并利用这些改动来完善产品。这种混合型的商业模式很有可能会出现。 142

保守的力量

关于质量的担忧和出版商的阻挠并不是开放教育资源在发展过程中的唯一阻力。大学，不管是公立的还是私立的，通常是比较保守的组织，要对他们的做法进行大的改变也是极其困难的。而基础教育学校有着多重目标，其中包括学生的安全和社交能力。这就要求学校的结构和功能非常稳定并且可预测。新技术与开放教育资源的某些形式常被视作对稳定性的威胁。

对于大学教师和从事基础教育的教师们来说，包括教案、高质量的模拟、教科书、教学视频与教师培训视频，以及其他不干扰正常课堂学习同时又有益于学生学习的开放在线资料颇受欢迎，被广泛采用。很多教授特别钟爱开放的在线教科书，因为这可为学生省去很多费用。

但是教师和大学教授们将与他们教授同样内容的在线课程（不管是商业化的还是开放教育资源）视作他们的竞争对手。而开放的在线课程更加剧了这种威胁，因为学生可以在家里或图书馆甚至是在学校上课的时候就可以上线免费地获取。他们在家里跟在学校学到的东西是一样的。吉尔伯特·斯特朗（Gilbert Strang）讲授的“线性代数”课是麻省理工学院 OCW 课程中最受欢迎的开放课程之一。整套讲课视频展现出思维清晰、朴实谦逊和通俗易懂的教学风格。世界各地的学生向斯特朗教授发去邮件，感谢他把他们学校的教授没讲清楚的概念解释得一清二楚。

然而，即便大家都选择接受开放教育资源，有成人监管的安全有序的环境（比如说学院），特别是对于基础教育学校来说，在今后的很长一段时间内依然是首要环境。在这样的环境中，无论授课教师还是在线材料，包括独立配套的课程等，都有用武之地。目前越来越多的数据表明在大学的学习期间，只是听教授一人做报告 143 对于很多学生来说也许并不是最有效的学习方式。

SRI 国际研究院是一家独立的非营利研究机构，最近就针对大学生的教学方法开展了一项调研与 Meta 分析，研究在线课程的利用能否提高大学生的学习效果。该项目从近 1 000 个研究对象的较大母体中精心挑选了 40 多个研究对象，从质量和严谨性方面进行分析。教学条件分成三类：一类是只有老师上课；一类是老师上课与技术参与混合；还有一类是只有技术参与。分析数据显示，混合型的教学在统计意义上最为有效。而只有老师上课与只有技术参与的两种教学条件的效果从统计数据上看没有很大差别。这次 Meta 分析也包括了基础教育的技术参与课程，虽然样本量太小，无法得出强有力的结论，不过倾向比较一致。尽管这次所调研的不是开放教育资源涉及的课程，但如果今后几年我们对开放的所有课程进行评估，这次结果也可见一斑。

SRI 国际研究院这个 Meta 分析调研的课程大部分是在 2007 年以前创建的。之后的在线课程无论从技术与内容方面都有了突飞猛进的发展，其中部分地体现在学习者的个性化与适应性的改进上。

比如，卡内基梅隆大学开放学习项目的课程（设定了 CC BY - NC - SA 3.0 许可）就随着开发者和研究人员对学生如何对课程材料做出反应的深入了解而持续地改进。学校的研究人员对开放学习项目的统计学课程展开了随机取样的设计研究，取得了良好的持续改进效果。在这项研究中，一组学生在传统的教室中学习，而另一组（即实验组）则利用技术手段学习。教师一周两次召集学生进行答疑。传统的教师授课组的学生用了整个学期完成了该课程，实验组的学习则刻意加快了速度，仅用了半学期便完成了课程。每一组参加的考试是一样的。实验组的学生在期末考试中的成绩比传统组要好。事实上，实验组的学生在半学期的时间内甚至学习了更多知识。这个统计学课程和其他一些课程在卡内基梅隆大学的网站上可以免费获取。

最近，另一个研究小组对同一个统计学课程进行了第二次随机取样的设计研究。由 6 所大学的统计学课程班组成样本。设定的条件一个是标准模式，即每周 3—4 小时的面对面授课；另一个是混合模式，即机器指导＋每周 1 小时的面对面授课。两个模式的学习结果基本上是一致的。但在研究报告中，该小组的研究人员指出，虽然结果一致，但考虑到每个班的人数众多，所以“混合模式”在取得同样效果的同时还大大节约了成本。

144

这些研究结果和新模式带来的机遇可以极大地改变教育方式。即使是只有老师上课与只有技术参与这两种教学条件的效果没有很大差别，这一发现也表明技术参与教学的潜力很大。从这些调查研究中我们还可以得出这样的结论：在某些情况下，学习并不需要教授或老师的帮助。基于 SRI 和开放学习项目案例，教授或老师可以想象得到他们的位置是可以被取代的，或者说会发生很大的变化。这些研究结果也挑战着保守的思想，如一个学期能学到多少知识的固定思维以及认为学校是学生能学习学科知识的唯一场所的观点。MOOC 的出现更加强了这样的信念。实际上，一个能够支撑独立于传统学校或大学进行学习的架构正在建立。OpenStudy 就是一个开放的社会型学习网络，任何学习者都可以加入一个学习小组或是自创一个学习小组进行学习。OpenStudy 目前还为一些麻省理工的 OCW 课程的学习小组提供支持。

看来开放教育资源将在这些潜在的变化中发挥重要的作用。一方面，开放教育资源可能对教师和他们的工会或社团造成了威胁；另一方面，它们又引发了新的积极的发展方向。很多开放教育资源中的材料具有开放的性质（不管是否数字化），这让各个层面的教师都可以采用并根据他们的课堂教学需求与风格加以修改。混合型学习方式的调查数据显示，教师授课与技术参与（利用互联网、电视、CD 等多种媒介）相结合效果特别好。一些基础教育学校和大学正在探索教师作为指导老师帮助学生通过技术手段加强学习的可能性。当学生掌握了一定的技术以后，开放的材料对教师布置一些课外的补充作业也会有所帮助。

找到可持续发展的路径

最后，作为一股在教育领域可以积极发挥长久作用的力量，OER 还需克服另外一个阻碍。除非能有一个切实可行的商业模式可以持续发展与改善，否则很多人会觉得发展 OER 困难重重。可能实现的模式有几种。蒙特利技术研究所在互联网上发布了开放的中学课程，然后采用了一种订购模式，即各州政府支付一小笔费用订购这些课程，这些课程便可向州内的所有学校与学生开放。所有课程会定期更新，也会在网上公布每个州政府提供哪些课程。

145

开源软件领域也提供了一些可以借鉴的模式，比如，对支持实现开放内容或在原始内容上增值（开放课程的专业化发展）的活动进行收费，或是吸引广告并收费。CC BY - SA 许可适用于这些模式。其他模式还包括获得基金会或政府的资助，或用其他产品的利润来支持开放内容的发展。

更为合适的模式是始于维基模式和莱纳斯·托瓦尔兹（Linus Torvalds）创造的原版 Linus 核心技术，然后由全世界的程序员不计报酬地投入时间，至今还在持续改进的模式。一群教育工作者与内容创造专家自愿花时间重新打造或在已有内容的基础上创建高质量的开放教育资源材料，这是非常受欢迎的模式。而且随着时间的推移，这些人还能持续地管理改进开放教育资源的质量。Connexions 平台的设计正是出于推动此种合作的动机。

发展中国家的开放教育资源：增长与挑战

开放教育资源在发展中国家的渗透比在发达国家缓慢，学校里的硬件、网络连接与技术支持都跟不上发达国家，这是情理之中的。此外，经济发展落后通常限制了创新的机会，有一些国家的政策也干涉到知识的开放传播。

高等教育

与发达国家一样，在发展中国家，高校中开放教育资源的普及度要比中小学及幼儿园高很多，部分原因是公立或私立的高等院校主要是为更高的经济层次服务的，许多机构也有很好的互联网连接。

但是，与发达国家一样，发展中国家高等教育机构发展开放教育资源也有很多阻碍。比如，参与 OCW - C 课程使很多学校的教职工对使用其他机构的教材表示忧虑与反对。发达国家和发展中

146 国家的机构都有“这些课程还不够成熟”的担忧。来自互联网特别是其他国家的课程、模拟和模块，被很多教授视作对传统教学方式和课程的威胁，觉得它们既不符合当地文化，质量又不够高，不适合高校学生。发达国家和发展中国家的很多教授与教育工作者都声称传播来自发达国家的教育资源内容是一种知识新殖民帝国主义。而且，在发达国家，几乎很少有外界诱因（经济上或是职业上的）鼓励教授们花时间开发或改进开放教育资源。21 世纪最初几年在联合国教科文组织的会议上有代表提出了这些疑虑，而发展中国家高校的代表强调了他们参与开放教育资源建设并为此做出贡献的重要性，与会的代表们都表示完全赞同。

高等教育机构中开放教育资源发展的限制条件还不止以上这些。版权法在各个国家都不尽相同，这会产生一些混淆；发展与使用开放教育资源的基础设施也经常不够齐全；其他国家的开放教育资源没能翻译成当地的语言；还有，跟在发达国家一样，影响出版商经营模式的内容也会遭到抵制。

尽管有这些不利条件，但发展中国家高等教育机构对开放教育资源的使用从 2012 年已经开始，并呈 J 型曲线加快增长。虚拟和开放大学（Virtual University of Pakistan）的出现与蓬勃发展表明其材料来源稳定，并且它们致力于运用科技向大规模人群提供教育内容。而有机会参与 OCW - C 开放课程也是逐渐迈向开放的重要因素。比如，巴基斯坦虚拟大学就在 YouTube 上发布了很多讲座视频，还在一个开放的 OCW - C 网站上发布了该校所有课程和所有相关讲座。其他发展中国家或国家联盟，包括印度、马来西亚、菲律宾、泰国、阿拉伯七国联盟、撒哈拉以南非洲十四国联盟等，也都建立了虚拟大学。这种通过建立虚拟大学向大众传播学术知识的理念也对促进开放教育资源的开放性提供了有力支持。

虚拟大学的作用十分重要，不过也并不是全部。21 世纪初的几年中，中国开放教育资源协会（China Open Resources in

Education，CORE）开始支持将OCW课程翻译成中文的项目。而西班牙、葡萄牙和一些南美国家组成的联盟也随之效仿，成立了Universia，支持将OCW课程翻译成西班牙语和葡萄牙语的项目，课程向全世界开放。沙特尔沃思基金会（Shuttleworth Foundation）在南非资助创立了开放教育资源项目，而英国的开放大学也帮助非洲的好几个国家建立了TESSA教师培训中心。在那10年中，知识共享推广到70多个国家或地区，其中有很多发展中国家。2008年，南非远程教育学院（South African Institute for Distance Education，SAIDE）建立了"OER非洲"项目，旨在"创建活跃的网络，为满足非洲社会的教育需求而发展、共享与调整开放教育资源"。有大国参与的两家独立的国际机构对南半球开放教育资源的发展产生了广泛而深远的影响。联合国教科文组织自2002年以来就是推动开放教育资源发展的重要机构。时任教育司助理总干事的约翰·丹尼尔（John Daniel）是开放教育资源的早期倡导者，在联合国教科文组织工作的10多年中组织了很多开放教育资源主题的会议，一贯强调开放教育资源的重要性与强大作用，并且向发展中国家大力推介开放教育资源。现任加拿大艾伯塔（Alberta）阿萨巴斯卡大学（Athabasca University）开放教育资源国际项目执行主任的苏珊·丹东尼（Susan D'Antoni），以前是联合国教科文组织国际教育规划研究所（UNESCO Institute for International Educational Planning，IIEP）成员，创立并管理了一个拥有来自90个国家（其中60个是发展中国家）的600多位成员的公共虚拟社区。这个社区维持了三年之久，开放教育资源也越来越为国际社会所接受。这个社区中有草根老师与教授，也有政府代表。随着时间的推移，这些群体已经为在他们自己的国家推广普及开放教育资源奠定了良好基础。

147

英联邦学习共同体（Commonwealth of Learning，COL）是一家自发成立的组织，旨在协调英联邦国家之间的合作，推动在线学习与其他教育资源的发展与共享。约翰·丹尼尔从联合国教科文组织离任并担任了 COL 的主席与首席执行官之后，将开放教育资源作为工作重点，以各种形式推动其发展。最为知名的举措是成立了有 32 个国家加盟的英联邦小国家虚拟大学（Virtual University for Small States of the Commonwealth，VUSSC）。与其他开放教育资源创建者不同，VUSSC 支持开放教育资源协作发展模式以及其他提升能力以改善教育机会的方法。重点是通过协作建立一个开放课程库来提供技术和职业方面的知识与技能。这些课程很容易修改调整，以适应各个国家的不同条件。

联合国教科文组织与英联邦学习共同体还联手引领开放教育资源运动的发展。最近，他们联合主办了纪念开放教育资源运动 10 周年活动，2012 年夏天在联合国教科文组织大楼共聚一堂举行会议。2011 年，联合国教科文组织教育信息技术研究所（UNESCO Institute for Information Technologies in Education，IITE）发布了一套非英语国家使用开放教育资源的调查报告。这些国家包括巴西、中国、立陶宛与俄罗斯。2012 年，联合国教科文组织与英联邦学习共同体联合发布了发展中国家高等教育机构的开放教育资源使用情况报告。同年，它们还共同发布了《政府的开放教育资源政策汇总》["Survey on Governments' Open Educational Resources (OER) Policies"]。这些非常有价值的报告证明了在很多发展中国家，支持开放教育资源发展的政策与做法都有了明显的进步，特别是在高等教育领域。

148

基础教育领域的进展

尽管联合国教科文组织教育信息技术研究所的报告也涉及开放教育资源在基础教育中的应用，但是报告明确指出开放教育资源在基础教育中的进步明显慢于高等教育机构。在中小学及幼儿园层面，各个国家获取互联网连接的程度不一，无法跟高等教育相比。很多在农村地区和城市贫困区的学校甚至电力供应都跟不上，也连不上互联网。这些情况下如何利用技术与开放教育资源都需要找到创新方式来解决。

基础教育的社会化与职业化基础也是开放教育资源发展的阻碍之一。大部分教师都没有受过相关技术的培训，很多人甚至没有接受过正规的师资培训。教学策略方面的教材和专业发展也往往缺失。对有些地方的公立教育机构管理不到位，因此学校要做出改变，例如利用新的技术及开放教育资源就会特别困难。此外，由于大多数发展中国家的富有家庭都把他们的子女送到私立学校学习，他们对公立学校的质量就更不关注了。这些情况可能在美国也有，但是在发展中国家问题更为严重。

还有一些阻碍在发达国家也存在。很多国家的基础教育课程是集中设置的，政府对教材进行严格控制。比如，巴基斯坦的出版商都是私人企业，但需要遵循中央政府或省政府的指导。其他一些国家的政府已与国际出版商展开合作，包括来自新加坡、英国、其他欧洲国家和美国的出版商。如美国一样，已经有很多私人出版社随着技术的提升而逐渐将其材料数字化了，但这并不意味着这些内容是开放的。政府对教科书和材料的集中控制对是否采用开放教育资源而言是把双刃剑。如果政府与出版商的关系好，开放教育资源就不会被采用；但是，如果出版商的价格过高而国民经济较弱，并且有合适的基础设施保障开放教育资源的获取，政府就会出台重大举措推广开放教育资源。

149

当地社团的活动会在基础教育的开放教育资源发展中起到重要作用。在大大小小的社区中，如果有一个健康互助的民间社团与本地和国际非政府组织合作，就会有一些分散在各处的公立或私立学校逐渐采用合适的技术，甚至开展一些开放教育资源的项目。这些非政府组织有时会与政府一起合作，使它们的工作得到更大的发展空间。

总之，在许多国家中，社会各界不断努力克服困难，越来越多地采用、创造和调整开放教育资源，将其应用于基础教育中。最活跃的部分看上去应该是利用开放教育资源对教师进行职前与在职培训了，通常采用的是使用存在 CD 上或发布到互联网上的开放视频的方法。TESSA 就是多国联合支持高质量的教师培训开放材料的有力例证。教师无国界组织在五大洲 21 个不同的国家开展各种项目，提供教师培训用的高质量的、开放的视频。他们的旗舰项目是导师与同行支持的教师职业发展项目，材料可以免费下载(有英语、波斯语、法语、西班牙语和葡萄牙语)，还可以参加线下的学习研讨会和一个可以自行控制上课节奏的线上课程。在南非，南非远程教育学院带领 9 家高等教育机构协作开发了数学老师培训模块。这些只是众多案例中的一小部分而已。在这些案例中认可技术与开放教育资源的原因之一可能是全世界的教育者都有过从收音机和电视上接受培训的经历吧。

适用于基础教育的开放教科书与其他教育材料在发展中国家也在迅速增长。在孟加拉，所有中小学生都有免费的教科书，印刷版与网络版都有。“让每个孩子都有笔记本电脑”项目在 11 个国家开展，使大约 200 万名南美儿童和 50 万名非洲儿童从中受益。这些笔记本电脑很多装有 Sugar Labs 软件平台，推广协作式学习，并在其大部分内容上设定了 CC BY 许可。在卢旺达，政府开展“让每个孩子都有笔记本电脑”项目时也同时支持创建开放的、本地制作的内容。开放互助学习项目(Open Learning Exchange)在卢旺达、尼泊尔和多个其他国家开展，涉及多个使用开放教育资源的项目，包括教师培训和教育资源分发。

150

英联邦学习共同体在跟博茨瓦纳、莱索托、纳米比亚、塞舌尔、特立尼达和多巴哥以及赞比亚等 6 个国家的教育者合作开发并共享适用于中学教育的开放教育资源，提供教师职业发展培训，为教师们创建学生辅导材料。麻省理工学院发起的 BLOSSOMS 项目与约旦和巴基斯坦的教育者合作创建高质量的科学与数学课程开放视频和支持材料以用于课堂教学。Khan 学院正在将其 1 000 多个视频翻译成 10 种语言的版本，并配套习题集以及供教师跟踪教学进度的系统。这些材料通常由第三方组织分发，已在很多发展中国家广泛使用。比如，菲律宾的“学习园区”(Learning Place)就是一个很受欢迎的网站，囊括包括 Khan 学院的视频在内的世界各地的开放教育资源，并在各岛分发。

很明显，虽然在基础教育和高等教育层面都存在着很多技术与社会政治基础方面的问题，但在许多发展中国家，开放教育资源都展现了非凡的能量。很多国家及地方政府对各种开放教育资源的发展给予政策支持，非政府组织也在执行项目方面给予了积极的支持。比如，2011 年，巴西的国家立法机构就是否支持和如何支持开放教育资源问题展开辩论。圣保罗(Sao Paulo)的教育部门将其教育材料设定了 CC BY - SA 许可，这些措施在大多数发达国家都还没有落实。巴西在南美是特例，但在亚洲，已经有好几个国家，包括印度、越南和印度尼西亚，都出台了支持开放教育资源的政策。

开放教育资源发展的两个新契机

2000 年以来，两大事件已成为许多发展中国家发展环境的组成部分。每一事件都呈现出开放教育资源发展的新契机与新挑战。

首先，手机的蓬勃发展，让一些特别不发达的国家绕过笔记本电脑阶段而直接使用手机来接受、创造或修改教育材料。尽管相关的项目或活动规模还较小，但使用手机进行移动式学习(mLearning)的现象在发展中国家呈爆炸式发展趋势。

菲律宾的 Text2Teach 项目在手机上为教师们提供教案与“可　151

点播的”授课视频。用手机进行语言指导的方式在很多地方都有试点项目，如联合国教科文组织在巴基斯坦的 Mobilink 项目，还有特别针对女孩子识字问题的短信教识字项目，也取得了很积极的效果。孟加拉也有多平台联手，使用手机(Janala)提供英语指导的项目。为期 9 个月的项目共打了 300 多万个电话。

这些项目有的使用了开放教育资源，有的却没有。世界银行、美国国际开发署(the United States Agency for International Development，USAID)和其他协助机构以及一些大的非政府组织正加快利用手机传播各种教育材料，并将有同样兴趣的使用者结成网络。传播开放教育资源的技术在发展壮大，也创造了很多良机。越来越多的开放教育资源被直接设计成适用于手机的形式，或者将其他平台上的材料经重新设计后用于手机，而且很多内容都在当地开发完成。需要重申的是，当地的和国际的非政府组织在为这类创新的使用者提供支持方面发挥着比政府更为重要的作用。

第二个大事件是在一些发展领域中，比如公共卫生与农业，很多重大的进步都离不开专家的培养与大众的科普，以及地区网络及时提供、创造与更新需要的信息。事实证明开放教育资源为做好这样的工作提供了有用的工具。早期案例包括约翰·霍普金斯大学(Johns Hopkins University)开发的关于公共健康的开放教育材料。21 世纪头十年的后半段，密西根大学在非洲启动了使用开放教育资源促进公共健康发展的项目。在那之后，其他的投资机构，包括 USAID 和比尔与梅琳达·盖茨基金会在内，也大力支持非洲的公共健康活动，其中很多都是通过密西根大学(University of Michigan)的 OER Africa 项目实现的。包括秘鲁在内的其他国家也在探索如何使用开放教育资源推广其公共卫生服务。在非洲及发展中世界其他地方的农业领域也正在开展类似的活动。

本章简要描述了发展中世界的开放教育资源发展情况。如果你对此部分内容有所质疑，可以做一个实验来调查一下开放教育资源是否已广泛存在。在谷歌搜索输入“开放教育资源”并加上任何一个发展中国家的名称作为抽样样本，调查结果应该是很鼓舞人心的。

开放教育资源在发展中世界的发展趋势：两种可能

发展中世界开放教育资源正在逐步发展壮大，其进步的步伐伴随着乐观的呼声，同时也有实用主义的切实考量。一些积极因素创造了开放教育资源发展的有利条件：技术的不断进步；围绕推动教育而成立的诸多当地的、国家的与国际的非政府组织；高质量数字化开放教育资源在当地创建，或引进后翻译成数种文字等等，这些都在发展中世界逐步铺开壮大，尤其是在高等教育领域。开放教育资源让发展中世界的人们有机会参与改变、改进或管理他们需要使用的内容，让他们更有自主权。这些活动是赋能的。一些新工具的诞生及技术基础设施的改善也使教育者和其他人有能力创造他们自己的开放内容，并建立使用者的网络。这个故事的结局似乎是必然发生的，那就是开放教育资源会得到广泛而有效的应用，而技术成本的降低会加快这个进程。

152

实用主义的考量就没有这么积极乐观了：尽管在高等教育与基础教育层面技术的进步可以达成很多愿望，比如科研的迅速发展与行政管理的便捷，但与教学相关的技术发展还有很长的路要走。即使美国的技术专家们对教学相关技术的许诺多年来一直信心满怀。此外，开放教育资源也并没有得到普遍的认可，对开放教育资源的采用引发了对现状的各种担忧，很多比较强势的机构感觉因受到了威胁而加以阻挠，人们的传统观念也受到了挑战。

在发展中世界，从很多例子可折射出一些普遍存在的问题。我们常常目睹或听说技术被采购并交付学校后却被束之高阁，也没有经常性的维护。我们也看到教室里学生们人人都配备了手提电脑，但不能用，因为要么软件不合适，要么没电，要么电脑坏了，要么是操作系统版本太低不能支持新软件的使用。更为辛酸的是，很多学校连供热、厕所、黑板或老师都很缺。我们并没有很充分的证据证明在发展中世界技术推动了学生学习和教学质量的重大改变。

开放教育资源如何帮助发展中世界推动机会平等与提升质量

知识是一种公益产品，让其免费传播，所有人都可以像获得空气一样有获取知识的平等机会这种理念，在现今等级结构明显、有特权阶层的世界中显得比较激进。以下五项活动可以帮助拉近发展中国家与发达国家的差距，推动发展中国家教师与学生机会平等。前两项主要是关于联邦与地方政府如何创造环境支持开放教育资源发展的。第三、第四项聚焦在当地学校层面如何使用开放教育资源，以解决教师教学与学生学习的一些困难与问题。第五项则是支持开放教育资源在全世界如何进一步改善的应用研究。

153

改进技术、政治与法律架构

持续加强与改善其基础架构是发展中国家缩小与发达国家差距、促进高质量开放内容和其他资源发展的主要方法。其中技术又占了很大一部分。目前在发展中国家，对于网络的获取正以各种方式得以发展。第 2 章中我们提到过在非洲有很多的系统布线项目。有些地区手机几乎无处不在，而台式电脑却很少。所以第三代移动通信技术(3G)提供的移动互联网接入彻底改变了网络获取的状况。开放教育资源解决方案部分还涉及不同类型的内容与使用方式之间的互换与兼容标准。

这里的基础架构不仅是技术层面的，还包括政治层面的。联合国教科文组织、英联邦学习共同体、世界银行、知识共享、经济合作与发展组织教育研究与创新中心(OECD-CERI)以及很多当地机构与支持者的领导作用是非常重要的。获得如USAID和DFID这样的重要准政府组织的强有力支持会更有帮助。发展中国家的政府最终都要像巴西等国家那样建立起相应的政治架构来推动开放教育资源发展。最后，完整的基础架构还需要既适合当地文化又能与其他地区互动的开放许可，这样就能将任何来源的开放材料修改混合，而知识共享全球许可架构是一个很好的开端。所有这些问题都需要国际非政府组织与发展组织的持续关注。

改进并提升高校与中小学的教学内容和学术能力

低收入发展中国家的学校面临的一个主要问题是包括教科书在内的教学材料的匮乏。同时，对于那些能够联网的学校来说，网上充斥的各种材料又让那些并不擅长网上搜索的教师们觉得无所适从。也许随着时间的推移，网上搜索引擎与巨大的信息库会变得越来越智能，以适应全世界不同使用者的需求。那时，教师们就会更方便地找到他们所需要的材料，但这一过程需要一定的时间。

154

解决这一问题有一个更快更有用的方法。其主要目标就是让发展中国家的所有中小学校与大学，哪怕是社区学校或教学点，都有一套他们自己的教科书和其他开放且有用的教学资料。

这些开放材料来自类似向大学、社区学校或教学点开放的应用商店，由联合国教科文组织或一些发展中国家与非政府组织的联合机构进行建设与维护。管理是至关重要的，而且要透明。政府或单个的学校都可以根据需求选择材料。商店中的材料包括但不限于开放的书籍、虚拟图书馆、模拟教室、在线模块与课程、视频、教科书、用于创建与发布开放教育资源的工具、用于创建和访问专业网络和期刊的工具。

很多材料应该来自发展中国家。语言的翻译会是个很大的挑战，不过数字化的翻译程序正不断进步，再加上发挥移民的作用，应该可以缓解一些压力。更重要的是把那些能满足当地需求又能从发达国家与发展中国家中免费获取的开放内容和材料收集起来，充实到资料库中。

数字图书馆并不是一个新事物。但一个很大的差别是这项工作有一个相对具体的目标，就是要聚焦那些特别适合大学与中小学的开放内容。大学可以立刻获取这些资料，也应该为资料库添加新的内容。考虑到这项活动涉及巨大的工作量，一开始可以步子小一点，比如在两三个国家为基础教育阶段的学校创建一套原型。从体系层面上看，培训教师与学校行政人员并取得国家教育主管部门的支持是至关重要的。加纳的开放互助学习项目先为一小部分学校建立了开放的资料库，就是一个很好的例子。

向最需要的人伸出援助之手

在发展中国家，也许最重要的教育问题是如何帮助生活在贫困地区的 4 亿学生获得高质量教育的机会（他们生活的家庭每天的生活费只有 1 美元甚至更少）。我们可以在内罗毕（Nairobi）与卡拉奇（Karáchi）的贫民窟或是一些农村地区找到很多极度贫困的家庭。这些家庭的孩子有的在政府竭尽全力提供的公办教学点受教育，有的则根本不上学。

155 近期一些发展中国家针对基础教育领域开展了一些意义非凡的活动，其中一项工作就是让越来越多的学生走进低学费、低成本的社区私立学校接受教育。最近的报告显示在巴基斯坦就有超过 30％的学生在这样的私立学校上课，即使是最贫困的家庭也能付得起学费。虽然其他地区的数字没有这么高，但可喜的是同样的活动在中东、东南亚和非洲多个国家开展着。

这些私立学校常常是由家长自发成立的，如今已如雨后春笋般地建立起来。因为腐败、缺乏问责机制、教师经常缺勤、教科书匮乏、缺乏安全感(尤其是女孩子)、设施差等因素，进一步导致了大家对公立学校体制的失望。在这些私立学校中，安全的环境是首要条件，当然还要有能固定下来的老师(最好是女教师)。这些学校往往教室很大也很拥挤，因电力不稳定而经常连不上网。这些地区的教师自己可能都没有上完中学，更不要说受到过专门的教师培训了，也没有什么机会实现职业发展。这样的教育环境呼唤着创新，亟须找到省钱的方式使用技术与开放教育资源。

基本的做法就是利用 Khan 学院和其他机构的开放材料，这样老师就能讲授自己还不熟悉的内容，比如数学和科学概念。在此过程中得到当地非政府组织的支持是非常有利的，尽管城市中当地教师自发组成的支持团体也能起到相同的作用。根据当地标准加以调整的教学资料可存于 U 盘或 SD 卡上。如果学校配备有手提电脑，他们可以利用树莓派(raspberry pi)——一个像信用卡大小的单板计算机——插入电视机进行教学活动。但如果没有，就需要另一种解决方案了。

2010 年以来，有一种价格低廉、不到 100 美元的投影仪出现在市面上。这种投影仪使用可充电池、可读取 SD 卡数据，并可以在任何平面上投影。非政府组织可以购买这样的投影仪，通过播放视频展示使用开放材料教学的案例以帮助教师们学习如何使用这些材料。教师们则可以在课堂上用投影仪播放 10—15 分钟的视频，然后跟学生讨论所观看的内容。每段视频解释一个概念或是解决一个问题的方法。如果需要，视频还可以部分或全部回放，以确保学生理解正确。SD 卡上的习题集可以在课后使用。

这样的解决方案成本极低，且变通性强，投影仪的成本也可以分摊到几年中。所用的材料是免费的，可重复使用，还可以根据当地需求进行调整。获得的成效就是以前没有好的数学和科学指导老师的课堂现在可以提供明晰、准确的指导了。这一简易的解决方

156

案还有一个副产品，就是可以帮助教学的老师更好地理解他们所教授的数学与科学课的内容。在这个项目中最大的挑战就是如何让北半球国家的发展机构，例如USAID，敢于承担他们所认为的风险而同意资助南半球的非政府组织，给开放教育资源一个发展机会。

改变教学与学习方式

开放材料、普及的手机、价格低廉的电脑以及投影仪这些技术含量低且方便实用的解决方案，为发展中国家提供了很多改善其教学与学习方式的机遇。比如这些方法可以帮助通过开放教育视频实现的大规模（甚至是全国范围的）教师职业发展项目。开放的架构可以大幅度降低成本，允许翻译或修改材料以适应当地需求，还可以为发展教师和管理层的职业网络创造条件。而这些都是创建新的课程材料的关键步骤，以往却因为大规模执行有困难而被搁置起来。

还有一个想法就是将项目型学习方式（Project Based Learning，PBL）引入极度贫困地区的学校。这些项目是专为解决一个难题或是探究某个特定的问题而设计的。有一些工作通常需要学生之间的协作，也会涉及证据运用、询问、时间管理以及沟通技能等方面。

技术与开放内容可以排除发展中国家与发达国家运用PBL的障碍。教师用电子产品即可以获取资料库中的一个小项目，这个项目配有详细说明且适合当地学校的课程安排与标准。有些项目材料里还包括解释如何利用这些项目的资料，教师可以选择这些项目进行初步学习。教师组成的网络可以共享他们成功使用这些PBL项目的经验，并且可以在成功执行了这些项目后加以修改。

改善与研究

英国的开放大学（Open University of the UK）、英联邦学习共

同体、卡内基梅隆大学、加拿大国际发展研究中心、知识共享等一些组织，还有像杨百翰大学的戴维·威利这样的学者，都在进行或支持开放教育资源的研究。这些研究的课题林林总总，却始终没有一个完整的体系。随着开放教育资源在教育领域特别是发展中国家教育领域的重要性日益凸显，需要建立一个明确而有效的研究体系。从以下5个研究方向确立研究课题是建立这个体系架构的可行方法。 157

第一个研究方向是关于发展开放教育资源所需知识和技术工具的设计。再利用与创造衍生品的权利让使用者变成了创造者，有时需要找到特别的设计方案。比如，置于某个平台的开放内容如果不能或很难让使用者进行修改，开放性就不会完整。这就是为什么要对开放内容不断进行修改完善的道理。

我们需要多了解快速发展战略，即在开放产品开发过程中通过密集的使用者测试对其进行改进。一些像免费在线学习程序这样的产品在合适的平台上可以获得更广泛的使用，而使用者的行为产生的海量数据可以用来改进对学生如何学习的认知。正因为这些程序和数据都是开放的，更多的研究者可以参与研究，这些数据的可用性也随之呈指数级增长。

第二个研究方向是关于获取权利效应的。有一个不争的事实：如果没有麻省理工学院的OCW网站，那么剑桥以外的世界是无法获取到麻省理工课程的任何理论、架构与内容的。使用者的数量、他们对于所发布的问题提交的答案、使用者在网站上所占用的时间和他们所浏览的课程等信息，都证明开放材料是有效果、有帮助的。另一个关于获取权利的案例来自早期的MOOC课程。第一个麻省理工课程是电子学课程，吸引了155 000名学生参与，并有7 157名学生通过了考试。有345名学生取得优异成绩，而其中一个是来自蒙古的15岁少年。获取权利是一回事，利用好所获取的权利则是另一回事。这位来自蒙古的15岁少年把这两件事情都做成功了。关于获取权利的研究应扩大一些范围，研究一下谁能从获取权利中受益：是富人还是穷人？是北半球还是南半球？是机会均等还是机会有差异？如果有差异，有什么办法可以减少这种差异？

第三个研究方向是衍生品权利的使用与效应。对开放内容的翻译就是一种重要的衍生品权利的使用方式，它让更多的人得以获取本来无法使用的开放内容。但谁来利用衍生品权利翻译或修改调整开放内容以适应他们的需求？在何种条件下？经常性还是偶尔为之？会取得什么效应？制作易于修改的内容有哪些方法？对这些重要问题的研究还比较肤浅。完全有可能发生的情况是，因为误解或是流程过于复杂等原因，在需要利用衍生品权利时却并没有人使用。

158

第四个研究方向是研究或评估开放教育资源终端或结果的效果。如果只从一个角度看问题，这个问题就显得很简单。技术是用来改善教学和学习的。因此，在这样的情况下大多数终端使用者并不会区分商业的和开放的教育资源之间的差异。几乎在所有情况下，提高教学与学习质量的商业技术对终端用户的效果跟使用类似的开放教育资源是差不多的。所以，某个特定的开放教育资源的效果跟类似的非开放教育资源是等同的（比如，本章前部分中提及的 SRI 国际研究院一项调研与 Meta 分析就评估了在线课程的效果，结论是没有开放教育资源的课程与只有开放教育资源的课程效果没有什么很大差别）。这并不是说不需要评估开放教育资源的效果。不仅应该评估，还应对商业产品的效果进行评估。并行的两套调查可以提供特定产品的有用信息，并且可以提炼出关于内容的质量以及学生所需接受指导的基本信息。

然而，如果我们把角度拓展一下，用另外一种思路审视开放教育资源的利用效果，它可以为使用者带来超出类似商业化产品的价值，这就为我们的研究提供了巨大空间。在大多数情况下，获取权利可以实现增值，开放教科书的运动就是因为节省了学生的开支而大受欢迎。所以说，节省开支与获取权利都明显地给使用者带来了附加值。

衍生品权利也是开放教育资源"增值"的来源。一个行之有效、有广泛需求的开放教育资源如果能被翻译成其他文字无疑是为其增值的。而当教师或其他本地人将开放教育资源调整以适应当地文化需求时，肯定也为开放教育资源增值了。适应当地需求可能使开放教育资源更行之有效。这样做还可以让当地的教师提升自己的能力并获得成就感。与此同时，改变与改进材料的能力又有利于激发当地教师网络的发展壮大。虽然不像考试成绩那样，但这些都是可测的结果。然而，我们对这些效果都还知之甚少。

最后一个可能的研究方向是如何支持和帮助提升发展中国家政府或机构开展研究与评估的能力。国际发展研究中心目前支持的项目正在关注"南半球开放教育资源的价值"。这种形式的研究可以在帮助我们进一步理解开放教育资源的同时提高当地的研究水平。

159

结论

《世界人权宣言》第 26 款第 1 条就是"人人都有受教育的权利"。20 世纪 90 年代以来，互联网提供了一个可行的方法，让所有能连上网的人都可以行使这一项权利。而近期开放教育资源的发展更扩大了可获取的教育资源的范围。开放教育资源还大大扩充了从全球的开放教育资源库受益及为之做出贡献的人群（包括学生、自学者、教师和从业人员等等），而不用受到地域及社会经济地位等条件的限制。这才是"开放式发展"的力量。

致谢

本章涉及的研究得到了威廉与弗洛拉·休利特基金会、斯宾塞基金会（Spencer Foundation）和卡塔尔国际基金会（Qatar Foundation International）的资助。感谢卡内基基金会教学促进中心提供了安静的工作场所，也感谢国际发展研究中心的马修·L.史密斯及其同事、开放互助学习项目的理查德·罗（Richard Rowe）、休利特基金会的凯茜·尼克尔森（Kathy Nicholson）、知识共享的凯伯·格林（Cable Green）耐心仔细地阅读了本章好几个版本的稿件，做出了评价并提出了建议。

169 **参考文献：**

1. Carey, K. "The Quiet Revolution in Open Learning." *Chronicle of Higher Education* (May 15) (2011). http://chronicle.com/article/The-Quiet-Revolution-in-Open/127545.
2. D'Antoni, S. "The Virtual University." *UNESCO*, 2006. http://www.unesco.org/iiep/virtualuniversity/home.php.
3. Glennie, J., K. Harley, N. Butcher, and T. vanWyk. *Open Educational Resources and Change in Higher Education: Reflections from Practice*. Vancouver: Commonwealth of Learning, 2012. http://www.col.org/resources/publications/Pages/detail.aspx?PID=412.
4. Jefferson, T. "Thomas Jefferson to Isaac McPherson." In *The Founders Constitution*, Volume 3, Article 1, Section 8, Clause 8, Document 12, August 13, 1813, ed. P. B. Kurland and R. Lerner (Chicago: The University of Chicago; The Liberty Fund).
5. Sapire, I., and Y. Reed. "Collaborative Design and Use of Open Educational Resources: A Case Study of Mathematics Teacher Education Project in South Africa." *Distance Education* 32 (2) (Special Issue: Distance Education for Empowerment and Development in Africa, 2011): 195 - 211.
6. Smith, M. S. "Opening Education," Science 323 (5910) (2009): 89 - 93.

7. Smith, M. S., and C. M. Casserly. "The Promise of Open Educational Resources." *Change: The Magazine of Higher Learning* 38 (5) (2006): 8 - 17.

8. Vest, C. M. "Disturbing the Educational Universe: Universities in the Digital Age — Dinosaurs or Prometheans?" *Report of the President 2000 - 2001*. MIT, 2001. http://web.mit.edu/president/communications/rpt00-01.html.

9. Willinsky, J. *The Access Principle: The Case for Open Access to Research and Scholarship*. Cambridge, MA: The MIT Press, 2006.

10. Winthrop, R., and M. S. Smith. "A New Face of Education: Bringing Technology into the Classroom in the Developing World." *Brooke Sheaer Working Paper Series 1*, Washington, DC: Brookings Institution, January 2012. http://www.brookings.edu/research/papers/2012/01/education-technology-winthrop.

170

第二部分

开放的冲突

第7章

建立网络公共性：发展的新锚点

——开放与开放发展的概念论述

帕明德·吉特·辛格、安尼塔·古鲁穆里

> 如今公共部门是发展并形成网络化社会的主要力量。个体创新者、反主流文化群体以及企业都对创造新的社会形态并将其扩散传播至整个世界发挥了作用。当今社会，无论意识形态话语如何掩盖现实真相，网络化社会的发展与引导，与在其他社会形态一样，一如既往取决于公共部门。然而，公共部门属于新通信技术传播最少而创新和网络化的组织障碍又最显著的社会领域。因此，在网络化社会的有效形成过程中，公共部门的改革决定了一切其他要素。
>
> ——曼纽尔·卡斯特尔

“开放”与由网络实现的新传播范式有着独特关联。随着基于互联网的信息通信技术对整个社会结构和机构产生着颠覆性的影响，开放在占主导的电子技术乌托邦愿景中给所有人带来了无拘无束的自由。但“开放”的概念，或者更具体一些，开放社会与开放发展，是否真的能为信息时代的社会变化和发展提供有用的思考出发点呢？在本章中，我们主要讨论与发展相关的一些最新的开放理论，尤其是“开放的社会体系带来积极的发展成果”这一假设。本章在对这种愿景进行评价的同时，也会简要论述其他一些信息或网络化社会发展的理论出发点。具体来说，我们认为“公共性”的概念会比“开放”的概念更好地服务于信息时代的社会发展。

先来了解一下“开放”这个名词在什么领域具有相对清晰和明确的含义，并证明其概念上的有效性。这些领域包括：① 信息与知识体系；② 信息通信技术的体系架构。在第一种领域内，能够获得更多信息与知识，从本质上来说是非竞争性的产品，极大地提升了人们整体的生活机遇。新的信息通信技术实现了近乎无缝对接的交流以及不会中断的信息流，因此有充分的理由相信，开放的信息和知识体系已成为所有领域发展的关键。显然，人们获取的社会运行的信息越多对他们就越有利。因为社会的运转影响着他们的生活，尤其是那些关乎责任的政府治理体系。事实上，“开放政府”这个名词要比技术或信息社会中所使用的“开放性”这个术语出现得更早，它的基本概念就是“民众有权利获悉政府文件和办事程序”。

174

“开放性”获得有效应用的第二个领域是关于信息通信技术架构的，信息通信技术在我们的社会现实中起到了更多的中介作用。就软件、连接、硬件、信息内容等而言，开放的信息通信技术架构对确保所有人拥有平等的竞争环境以及在信息社会中人人平等地享有社会成果是非常重要的。这种情境中的“开放”的意思是：我们社会技术架构中的基本元素不应该被少数强权占有或者控制，人们不仅可以轻松获取，并且能够以一种协同的、自下而上的方法来建立、改变或是重塑。包括这本书的撰稿者在内的许多研究者和实践者指出，开放的技术模式可能会对发展更有帮助，他们的观点很有说服力。这样的模式可以使技术的传播更加自由，也更加便捷。同时，系统中情境的修改可覆盖到那些不享受技术产权模式服务的边缘化群体。这些模式也可以通过许多人的协同合作，促进技术更快更好地发展。

总体而言，开放的信息与知识体系以及信息通信技术体系架构对促进发展是有价值的，但在整个发展领域中，它们还不足以成为支撑“开放性”概念达到有效性和理想化的基础。例如，最近马修・L. 史密斯和同僚的一份关于开放的发展所需的信息通信技术的工作报告指出："信息通信技术可以使很多过程变得更加开放。一是要善于更有效地应用；二是要善于找到那些以前认为不可能的方式。做到了上述两点，就会取得发展的成果。"目前尚不明确开放性和积极的发展成果之间的联系是建立在何种基础之上的。开放的利好特性相对于发展的结构和过程，似乎被简单地不加批判地具化了。 175

在接下来的内容中，我们考虑将"开放"扩展到它在信息系统和信息通信技术架构中的特定用途之外会有怎样的意义。我们首先分析"开放""获取""参与"以及"合作"等词语在信息社会中是如何被新自由主义话语巧妙应用的。随后，我们研究了一些印证与强化这种应用的特定的信息社会实践活动，并扼要地验证了抵制发展理念的人们是如何使用"开放"概念的。最后，我们提出另一种方法，以"公共性"而非"开放"的概念来归纳信息社会中的发展理论。

"开放"理论

从广义上讲，我们所说的"开放"是指减少对社交互动的约束。新的信息通信技术的主要社会影响起源于它们在受协调的社会交易与互动中起到的减少成本、提高效率的作用。因此，在新兴的信息社会中，现有组织和机构界限之外很可能会产生更加复杂的交易阵列，且具有相对非结构化或更灵活的方式。有人认为网络化正呈现出成为信息社会中主要组织形式的态势，而其基础却是由信息通信技术带来的社会变化。

以信息通信技术为中介的社会互动，会极大地压制占主导地位的纵向等级机构范式，并促使其向着更加横向和灵活的社会结构发展。这种转变意味着权力的分配将会更公平，这是一种充斥着典型技术统治论世界观色彩的想法。但也不能简单地只看表面。就像曼纽尔·卡斯特尔提出的，放任网络自由发展会导致更深层次的排斥性，甚至超出我们的想象。这一见解需要融入新兴信息社会中任何一个新的社会进程及结构的理论化过程中，尤其是涉及发展的问题。

新的信息通信技术的确提供了克服纵向等级的组织和机构约束的可能性。然而，这种可能性需要通过适合的制度设计来加以控制。这种设计需要遵循的原则是：第一，理想社会基本的规范愿景；第二，对技术社会转型全面影响的细致理解，跳出简单的技术乐观主义。

176

例如，史密斯团队在关于开放的发展所需的信息通信技术的论文中提道："开放是组织社会活动的一种方式，其有利于(a) 普遍的而非受限的访问获取；(b) 普遍的而非受限的参与；以及(c) 协作的而非集中的生产。"乍一看，能够获得更多(交流工具和信息)，参与更多(团体或机构)以及合作更多(对立于集中式生产)，似乎的确有用处。但开放的发展所需的信息通信技术似乎忽视了新形式网络关系中始终存在的权力维度。而这些获取、参与和合作的表象掩饰了损害公平与社会正义的并不理想的社会和政治产物。

例如，移动通信提高了信息的获取度，这通常是建立在信息和知识的私有化与商品化的基础上的。而获取能力的提升有可能会因为依赖性的增加，以及本来就不占优势的社区出现净价值永久性外流，对发展在整体上产生负面影响。信息商品化中出现的类似态势反映了当前大多数电信中心模型的特性(这一模型我们在下文中还会继续论述)。

"参与"这个词在关于发展的研究中被反复讨论。过去数十年的学术研究已经证明，参与模式通过专注于某个具体的程序化过程，可以增强发展实践中非政治化的因素。在谈到公司利益时，克里斯蒂安·福克斯(Christian Fuchs)描述了企业是如何把劳工和消费者的参与纳入其非常小的逐利范围的。在信息社会的情境中，受大众欢迎的媒体通常利用额外或者较高成本的短信服务来获取参与度。虽然这是一种较好的赢利模式，但以此种方式获得的民意是有争议的，事实上它常常用于操纵公众舆论。脸书允许用户对其权利和责任的声明进行投票。但在这个公开管理模式中，用户的参与并没有触及真正的核心问题，如脸书是否需要在自己的平台上明确区分付费信息和“常规”的互动交流。因此，有些人就指出脸书有限的用户参与模式采用的是一种抢先机制，有悖于公共利益规范。这种说法是有道理的。所以真正的问题不只是参与度的提升，而是参与的类型、可获得的内容、在何种条件下发生以及如何重塑权力。

“合作”这个词指的是社区的动态，当其涉及政治经济学概念时，则暗指为公共利益而做的集体决策。在网络化生产体系的情境中，“合作”这个词指的是由网络产生的选择性包含及系统性排斥。在由 Web 2.0 定义的数字化秩序中，志愿的社区劳动力被用于为私人谋利。所有 Web 2.0 中的殿堂级产物——谷歌、脸书、YouTube、苹果都支持一种中介的、选择性的、私人赢利导向的合作模式。如果“合作”的新含义是把公益装入私有的壳体中，那么这种合作的理念如何符合社区和公共资源的传统理论呢？

177

总而言之，那些可能被吹捧为“更开放”的东西，在某种特定情况下，也许不会转化为积极的发展成果，尤其是涉及提高发展能力的。正如我们所看到的那样，增加访问渠道可能导致参与度的降低，很高的参与度不见得会增加合作成果，强调合作会引发私人占有并出现为大多数人提供的资源其总体访问量减少的现象。这就引出了测量“开放程度”的三个元素组成的复合指标是否兼具有效性及价值性的问题。关于“获取”“参与度”或“合作”的实际含义也需要进一步探讨。任何开放的发展框架都需要集中讨论这些问题。“获取”“参与度”以及“合作”概念的使用只有从更大的社会现实或结构中研究才有意义。因此有必要将这些概念形成问题，提出导向加以研究。比如以下问题：

- 在发展中国家，是否能够加强在公共领域中获得更多信息和交流资源的访问渠道？如果能，又要满足怎样的条件？
- 若给予提高参与度的新机遇，新兴信息社会中的民主怎样才能给一直处于边缘化的人群带来公民参与权益？
- 如果数字化的合作意味着新的生产关系，他们会对分配产生怎样的影响？又将如何重塑社区和公共资源的传统概念？

开放的实践

在这一部分，我们将扼要地审视"开放"的概念是如何运用在当代信息通信技术的一些特定领域以及信息社会实践中的。首先我们从发展所需的信息通信技术领域找两个例子，然后再举两个信息社会政策发展模型的实例。

178

发展所需的信息通信技术的核心：电信中心与移动电话

2006年前，电信中心颇受争议地成为发展所需的信息通信技术思维与战略的核心。而最近，这个说法被"发展所需的移动电话"的概念所替代。我们先回顾一下关于电信中心的主导思路与实践方式，然后转向最近的移动电话对发展的影响。探索合适的商业模式可以确保电信中心的持续性，这曾是发展所需的信息通信技术至关重要的内容。本土企业家参与的社区层面的商业模式在发展所需的信息通信技术实践中始终是必备的，这样才能确保高效率与创新性。企业拥有连锁的电信中心十分常见，尤其在印度，这些企业的商业模式就是以控制新的通信和推广渠道为目的，而后转为寻求租用，因为这些渠道可以将当地社区整合融入全球市场体系中。

如预期的那样，此类新的发展实践并没有与传统的以社区为中心的发展思路和实践和谐统一，尽管推广时打的旗号就是开放获取信息及其他资源并开放合作。因此，那些应该将利益聚集在一起的群体，如社区媒体（尤其是社区电台）团体和发展所需的信息通信技术实践者，要建立真正的合作关系其实也非常困难。要让来自外部的趋利性商业模式与以社区为中心的发展模式和谐共存，并非易事。

电信中心销售的一项主要商品就是信息，其中也包括了社区发展和转型过程中的基础信息。通过私有化与货币化实现的信息商品化，对电信中心商业模式至关重要。举个例子，世界上最大的连锁电信中心——e-Choupal，隶属于印度最大的跨国公司ITC（从事农业采购行业）。它所创立的农村电信中心应用创新商业实践，可以更高效地提供公共服务，以其双赢模式而广受好评。

但这些电信中心几乎都只满足经济情况较好的农民的需求。e-Choupal反而增加了当地农民对垄断买家和供应商的依赖性，却没有缩小社区中的社会差异。这个电信中心是农民对外销售农产品的首要站点，同时也是他们购买农业相关服务的场所。e-Choupal的电信中心对农民们可以获取的信息以及他们可以获得的服务和商品都有很大的掌控权。当地社区在所需信息与市场联系方面如此依赖一家单一的企业，这侵害了当地的自主权益，并产生了长期的负面影响。然而，这样关键的发展问题在发展所需的信息通信技术的重要论述中却鲜见提及。更确切地说，人们更看重e-Choupal电信中心模式在金融方面的可持续性，虽然从其表面上看，这种模式融入了社会各界，包括营利及非营利、公共、社区和私有部门之间的开放与协作。

179

有趣的是，通过这个示范性的电子政务项目，印度政府采用类似于 e-Choupal 的模式，正在大张旗鼓地建设 20 万个农村电信中心。这项计划的主要参与者是私有企业，每一个都在很大的地域范围内经营着连锁的电信中心。和 e-Choupal 的发起者一样，这些企业主要是利用信息通信技术实现服务和商品新的市场开拓，他们可以将这些垄断渠道出租给包括政府部门在内的其他服务供应商。此种模式将公共服务的供给变为私有化，并不能给最依赖这类基本服务的民众带来最佳的权益。

有意思的是，由于依赖私有企业运营农村电信中心，印度的电子政务发展计划使用的公共服务供给模式却绕开了农村自治主体，这有悖于印度管理改革的非集权化和权力下放的主流趋势。这个非常典型的例子也说明，追求看似开放与合作的发展模式，实际上会降低民主参与度。

这个案例证明，看似促进开放合作的发展计划可能反而促进公共信息的商品化，取代发展中社区和公共所有物等概念的中心地位，建立新的社会与经济依赖形式。具有讽刺意味的是，这些所谓的"开放"模式会导致信息渠道被投资利益体控制而变得更加封闭，并最终破坏对信息以及依赖信息发展的资源的获取。通过这些基于市场的模式而创造的发展信息和其他服务的新途径似乎也同时伴随着传统公益推广和支持服务(比如对农业生产的市场支持)的大幅缩减。对这些结构调整可能会带来的影响仍缺乏足够的研究。

180　虽然在 21 世纪初，电信中心的模式非常流行，但近年来已被认为是失败的模式。大家并未深究电信中心模式失败的真正原因，而是将移动设备作为发展所需的信息通信技术的"新宠"。这种新方法摈弃了电信中心的社会企业(或合作和多方利益相关者)方式及信息获取的公共模式，包括定价信息的获取。这种发展所需的移动设备的模式甚至没有为公有或私营的伙伴关系留下一点点生存空间，是纯粹基于个人获取的私人或商业化事务。从当下情况来看，这种新方法中的“开放”因为相对便宜的移动设备提供的访问渠道而使访问量有了天文数字般的提高。

毫无疑问，手机彻底改变了点对点语音与简单的文字交流模式，推动了对发展非常有意义的重要的结构性转变。我们必须注意到，移动电话的转型潜力离不开互联网的助力。然而，不幸的是，移动互联网模式恰恰破坏了传统意义上的网络开放性及其网络中立的基本原则。移动互联网具有电信公司及其业务合作伙伴严格控制以及反竞争措施的特征，纵向整合了连接、硬件、软件、应用及内容。有趣的是，美国联邦通信委员会屈服于电信公司施加的压力，免去了移动互联网的网络中立责任。许多民间团体都对此表示抗议。新兴的移动互联网架构中的这些问题，将进一步扩大信息的商品化问题，以及由电信中心的商品化和企业化引发的对以社区为中心的开发模式的颠覆。

前文提到的史密斯和同僚关于开放的发展所需的信息通信技术的研究说明，移动通信将成为推动开放发展的两大信息通信技术现象之一（另一个是 Web 2.0，我们会在本章后半部分详细讨论它与开放相关的主要特点）。单凭移动设备革命性地提升了发展中国家接入信息通信技术基础设施的人数这样的事实，是很难理解开放的概念是如何与手机紧密地联系在一起的。尤其在不久的将来，移动平台将成为连接网络的主要模式，如何看待目前移动互联网占主导地位的模式对开放带来的巨大威胁呢？通过仔细观察，我们认为“开放性”理论的稳健性是一个很值得讨论的问题，尤其作为贯穿发展实践的一种方式而言更是如此。 181

发展所需的信息通信技术的开放政策模型

在日益复杂的社会中，纯粹代表型民主的局限性是显而易见的。而深化民主就是要努力尝试解决这些局限性。民主理想在实际应用中面临着相当大的限制，然而，这不仅仅是因为来自上层的阻力，还归咎于庞大社会体系中技术结构层面的限制。除了选举之外，组织实质性的参与绝非易事。

信息通信技术为加强甚至是改革民主体制结构提供了各种乐观的可能性。但是多方利益相关者治理的新政治模式与信息社会对开放赋予的新义似乎有着紧密的联系，看起来将强势利益的政治影响合法化了，而并没有保证民众参与及合作的基本权利。我们将简要地用两个例子来说明多方利益相关者治理模式在实践中带来的负面影响，一个是全球层面的，另一个是国家层面的。

第一个案例是联合国互联网治理论坛（Internet Governance Forum，IGF）的工作。互联网是新兴信息社会的主要模式，但由于它的跨国形态与其自身的快速发展，其在全球范围内的管理正面临着巨大的挑战。大多数发展中国家政府的反应都是下意识的，主张传统的中央集权治理范式。与此同时，互联网已成为地缘经济和地缘政治战略中的核心要素，这就意味着发达国家也在抵制研究适合民主与参与的全球化互联网治理系统。

基于技术统治论原则，互联网基础技术设施的分布式全球化治理对现今的互联网的形成和发展都起到了至关重要的作用。但随着互联网在社会、经济和文化等大多数领域中的影响力逐渐扩大，对全球互联网采取适当的政治管理也就越来越迫切。

互联网治理论坛是2005年在突尼斯召开的信息社会世界峰会（World Summit on the Information Society，WSIS）授意安排的一个政策对话论坛。在这个论坛上，商业界和技术界发表了基本一致的看法，其原因是因为他们都担心政府会加强对互联网的管理。他们主要的，恐怕也是唯一的政治目的，就是抵制任何这样的举动。这并不是瞎担心——来自极权主义国家控制的威胁日益增大，保护互联网免遭这种危险很有必要。然而，由于政府管理互联网的任何一种方式都会受到阻碍，导致许多急需论坛提出研究的

182

重要的社会、经济、政治和文化问题得不到重视。虽然是一个政策对话论坛，互联网治理论坛迄今为止还没有针对任何新的政策或机构框架进行过有益的讨论。目前掌控互联网治理论坛的权力方，已经通过其多方利益相关者指派的顾问团将其变成了能力建设论坛。他们以政策和机构提议达不成共识的简单理由而将其搁置，以此限制了论坛的政治和管理功能，而在政策和机构提议上要取得一致其实是很难的。不难看出为何大企业利益集团要使管理真空一直延续下去。任何以全球公众利益为出发点对互联网进行必要的政治治理的发展势头，都对日益控制和决定着互联网发展方向的全球资本巨头构成了障碍。

虽然其政治职能被限制，互联网治理论坛还是被视为加强发展中国家和边缘化地区参与全球互联网管理的典范。与此同时，真正的互联网治理由产业同业联盟（即卡特尔）、美国政府（通过自身在数字生态中的显著地位）以及富裕国家之间的多边协议共同完成，其中一个很好的例子就是目前正在制定的《反假冒贸易协定》（Anti-Counterfeiting Treaty Agreement）。（事实上，治理的分段化和碎片化，以及私有化，是一个全球性的现象，在网络时代迅速发展。）经合组织就有活跃的政策制定部门。鉴于互联网固有的跨国属性，这样的多边协定和政策框架必定会在全球范围内形成默认的互联网管理体系。政策与政策框架以不民主的方式进行协商和制定，事后才向发展中国家呈现，让其获取。即便如此，这样的提案却很难拒绝，除非一个国家已经准备好从互联网经济中孤立出来，而这样的风险是极少有国家愿意承担的。

由于互联网的全球化治理具有明显的“民主赤字”特征，因此需要为新秩序合法化寻求新的手段。民间社会互联网管理决策小组，是民间社团管理互联网的主要全球性组织之一，小组的一些骨干成员公开表示多方利益主义应在全球层面上取代民主机构。这表明了抛开制度分析去谈开放和参与优势所暴露的问题（在这个

183

案例中，涉及的是民主的标准规范和机构）。全球互联网管理空间是一个非常切题的例子，虽然应用了开放的概念，但结果并没有导向民主和发展。

另一个开放的多方利益进程破坏民主和合作的例子发生在印度。几年前，多方利益参与流程被应用于发展“校园的信息通信技术”新政策。整个政策的制定流程由两个民间社团发起和确定：一个是北半球几个国家多方捐助支持的发展计划；另一个是印度的民间社会组织，这家组织的资金大部分来自其主办的由许多企业赞助的发展所需的信息通信技术会议。整个过程由产业利益主导就不足为奇了，而具有专业性和合法性的教育专家则大多被忽视了。结果也就更不足为奇了，政策草案的重点似乎是如何将印度公共教育体系的经济开发制度化，而非推动印度公共教育的发展。同时它也忽视了使用免费开源软件、开放与协作内容以及建立教师同行在线社区等重要革新的可能性。

迫于一些民间社团组织的压力，印度教育部长取消了这个多方利益参与的过程，并要求教育部组织专门的委员会综合各方意见，撰写新的政策草案。虽然程序上更加封闭且带有官僚作风，但修改后的新草案确实比上述之前制定的草案在所有方面都更有进步。这个案例表明，如果没有结合实际的政治环境，政策发展过程中表面的开放会给发展带来消极影响。

因此，多方利益管理模式中的现行做法，证明了运用开放概念可能破坏和颠覆民主规范和机构。在某些情况下，开放会为削弱公共利益的行为粉饰太平，尤其是表面化的平等和社会公正。

开放与发展的一系列问题

开放发展的概念在很大程度上与发展的核心问题紧密相关。184　这个问题与后现代主义者对发展的批判有关，他们认为发展项目违背人们对什么是重要的以及应该如何获得的主观认知。这种思想意识主要是看到强大而且相当成功的新自由主义思潮对大多数非市场化机构的冲击受到影响而发展起来的。在民众对大多数公共机构及其不作为的态度感到不满的大环境下，这种思想受到了主流的些许欢迎。现在很多地方的发展理念似乎受到很大的质疑。

由此产生的自由放任方法提倡人们不要依靠外部帮助或计划，而要自行厘清策略和途径。以这种方式定义的发展只需要解除针对自主的、可自行推进的各项行动上的所有限制即可。这种观点的强大支持者是新自由主义者，他们基本上都把公共和社区机构看作一种限制，而认为市场机制才是自由的。然而，这样一种无政府主义的发展观也获得了大多数技术人员的认同。在他们的论文《加州意识形态》（“The Californian Ideology”）中，理查德·巴布鲁克（Richard Barbrook）和安迪·卡梅伦（Andy Cameron）就分析了硅谷中的“网络自由主义”，阐述其新自由主义的倾向性并强调这种自由主义已在全球范围内传播。这两种截然不同的学说组合起来，对传统的发展机构产生了巨大的挑战，尤其是在发展所需的信息通信技术领域。无论是否有意为之，在这种逐渐兴起的新自由主义思潮中，开放发展的建议实际上是与传统的发展观念和实践相悖的。史密斯和他的同僚在他们关于开放的发展所需的信息通信技术研究中赞同威廉·伊斯特利（William Easterly）提出的“规划者对阵探索者”的拓扑学观点，而伊斯特利是一位热衷于对传统发展项目提出批评的人。“规划者总是试图通过自上而下的方式和结构强制实施计划。而探索者则与此相反，更趋向于在底层针对当地的问题寻求解决方案。伊斯特利指出，只有通过探索者的努力，适合当地发展的创新才会逐渐出现。在这里我们假定扩大信息的传播、增加创新的机会理论上应该能为当地的探索和创新提供更多机遇（只要其他的配套支持也能跟上，比如银行信用)。"这种说法可能有一些道理，但我们也必须意识到，在现实中，成功的探索往往得益于规划以及机构的支持。参与式发展是属于当地拥有和管理的项目，它所在的支持架构中，至少有一部分是来自外部的支持。合理运用信息通信技术势必可以推动参与式发展。但目前还不清楚开放发展是否能增加一些参与式发展所没有的内容，除了：① 减少或取消针对当地发展的资金与其他公共支持；② 为以市场引领的当地社区发展提供意识形态的支持。

185

有趣的是，威廉・伊斯特利在他的论文《发展的意识形态》("The Ideology of Development")中提出"和其他意识形态一样，发展思维偏爱集体目标，比如国家脱贫、国家经济增长、全球千年发展目标等，超越了个人的愿望。脱贫的唯一'答案'就是不用被告知答案。自由的社会和个体不能保证一定成功。他们会做出错误的抉择，但至少他们承受了错误造成的后果，并从中得到教训。"

开放发展的观念可能更倾向于伊斯特利激进的自由发展观，这有点令人不安。举个例子，史密斯关于发展所需的信息通信技术的论文中提道：

"如果发展是由 per-poor 创新模式(依靠贫民，为了贫民)以及同行合作构成的，这对发展和相关的研究又意味着什么？这是对失去控制权的认可，并增添了对流程的信任，就是说开放的过程对发展的成果会带来相对不可预测性(希望结果是好的)。"

虽然这个说法也许有些道理，而偏向没有计划的自下而上的发展流程，并产生不可预测的结果，会很容易转向反对发展的观点，这正如伊斯特利所提出的。把选择权交给边缘化的社区，使其受到来自深层结构弊端的制约(当然也许没有)，勉励他们承担起可能无法承受的风险，这些可不是新发展理论的好开端。创造各项选择总是要涉及规划、资金，当然还有能力建设和其他可行条件，这需要现行的机构工作有社区的参与，并与其紧密联合。因此，必须谨慎对待开放发展模式中明显的反机构标准。

确立网络的公共性质：开放的另一种选择

本章通过一些发展所需的信息通信技术和信息社会领域的实践经验，总结出“开放”的几个要素——更多的获取渠道、参与度与合作——如何应用于实践中。分析结果显示如果“开放”的这三大要素被不恰当地应用在发展所需的信息通信技术以及信息社会中，也会引发一些问题。我们粗略讨论了几个可能的负面影响：多方利益主义对民主机构造成的威胁，当地弱势市场突然暴露于全球化商业体系时所造成的依赖性会削弱其力量，以社区为中心的发展方式被外源商业模式取代，公共机构在发展中重要扶持作用的削弱，以及基于信息通信技术的信息与通信的商品化对当地公共或社区信息生态和社区媒体的破坏。

186

显然，(信息及通信方式的)获取渠道可能意味着只有发言权而没有代理权；参与可能仅仅确保一席之地而缺乏政治参与；合作只是增加了劳动力却得不到拨款。这样的发展既不能获得报酬，也不会实现真正的共享。因此，这可能会使人们更青睐传统的具有历史意义的发展术语(比如发言权及代理、政治参与以及公众福祉)，而不是新的听上去高大上的名词(比如开放、获取渠道、参与及合作)。

从宏观结构层面来看，将开放作为新社会范式的基础，会对私营企业和公共机构之间微妙的平衡产生巨大的影响，而这些公共机构通过福利国家的社会制度得以维持。后者代表了所有发达国家以及大部分发展中国家都具备的基本政治制度框架。“(普遍的)获取”“参与”以及“合作”这些术语一般都跟公共及社区机构联系在一起。在这样的背景下，可能会有人问：从社会意义上讲，脱离了公共化，还能做到真正的开放吗？开放的市场之所以能实现开放，就是因为有扶持和监管的公共机构。私有企业，不管是单个的还是合起来，都无法自行建立起一个开放市场。开放市场是公共系统。同理，即使在数字化空间中，不管是多大规模和多么有益的私人区域，都不能从真正意义上支撑开放的概念。

通过私有领域提供服务配置的开放是一种俱乐部产品，称为私有开放，具有非竞争性的特征，同时（潜在地）具有排他性。由于新自由主义力量较早捕捉到了这一点，而大部分的数字化现象具有明显的开放性特征，因此，它代表了私有开放（虽然这个词与我们前期的分析貌似自相矛盾）。被大肆吹嘘的 Web 2.0 现象主要建立在这种私有开放模式上。私有垄断寻租者通过占用集体资源和劳动力获得更大的权力，并用这个权力获得更多的资源，如此无限地、恐怕并不可持续地循环，Web 2.0 的弊端就会越来越明显。不幸的是，公共的概念已经在机构思维和新兴的信息社会生态中被摒弃了。正如前文所述，“公共性”是真正的开放所需的社会政治框架与条件。在现实社会关系明确的语境中，公共性就是开放性，具有权利和责任的特性，需要必要的支撑条件，这一切都源于社会契约（而不仅仅是一些私人的契约安排）。

187

之前我们提到，针对公共机构的种种抵制以及由此引发的公共机构的逐渐退出，是当代发展的关键问题所在。的确，国家机构存在着大量的危机，但若抛弃或者淡化公共的概念既不合理也不明智。正因自由市场受大企业主导与操控，所以我们不能抛弃自由市场的理念。虽然我们要学会包容这些瑕疵，但我们更应该努力去改善市场。那为何不能对公共机构给予这样的包容呢？这种对待公共机构的不同方式揭示了一个政治经济学要素：那些强势的群体站在市场这一边，这有助于保持并强化他们的优势；而边缘化的群体则站在公共机构这一边，这是他们对社会公平和正义的期望，尽管他们也一直与公共体制中的各种弊端和不公正现象进行着斗争。发展关注的是帮助那些被主流社会结构和体制边缘化的人们。因此，发展的理论和实践应该着眼于重新建立“公共”的需求、情景和新的意义，以及新兴信息社会制度中的公共机构。但正如我们在本章中讨论的，如果要实现这个目标，则需要对开放有一个不同以往的、制度层面上的理解。

通过本章的分析，我们注意到在当今环境中出现了一种私有开放，即商业化开放的制度生态。对此，我们认为需要有新形式的公共开放。公共开放是指信息社会中以公共资源及社会契约为基础的网络化机遇，它与基于市场和私人契约的方式截然不同。这些新的机遇需要合适的制度生态给予支持，维护消极和积极两个方面的权利。为了达到这个目的，就必须建立和加强网络中公共性质的关键要素，这是网络时代新的主要社会组织范式。我们暂时将这种制度生态称为"网络公共化"。虽然不能将这个新的概念完整地解释清楚，但我们还是稍微提两句作为启发。 188

第一，理解"开放""公共资源"及"公共"这些概念之间的差异是非常重要的。"开放"的意义隐含着一组消极权利，以此来摆脱制约却得不到进一步的保障。"公共资源"是指一些特定的、可共享的资源。而"公共"则代表了一个更加复杂的制度生态，涉及权利、平等、公共资源、公共福祉和分配公正的概念，而这些都来自社会契约。

第二，在信息或网络时代，要维持工业时代的公共机构形式一成不变是很困难且不合逻辑的。目前民主政府和民众(或社区)之间的关系很大程度上取决于选举，并由大众传媒主导的公共领域进行协调。网络时代呼唤创新，特别是在国家与社区之间，用以创建我们所称的新型的网络公共架构。目前，围绕加强民主的想法和做法为这样的创新带来了良好的开端。政府对网络环境的适应性是新兴网络公众的表现之一，但还有很多的工作要做。

第三，"网络公众"这个词的含义要比约柴·本科勒等人所论述的"网络公共领域"丰富得多。网络公众涵盖了更宽泛的公共制度生态，由各种功能多元化的公共和社区机构组成。本质上，网络公众代表了网络社会的公共部分，由其空间和流量构成。这个公共部分不仅仅是所有人可以访问的，同时也是归所有人拥有的。因此，网络公众与仅仅将网络作为私人王国相互连接的集合体的主流概念是迥然不同的。在后者的概念中，因为基于私有契约，甚至连接本身也被认为是私有的。

虽然流动性和连通性的概念在网络逻辑中占据主导地位，因此也支撑着大多数网络或信息社会的理论，但新兴社会秩序下的实际公共化是通过一些多元化的、有明确界限的，甚至是相互关联和相对流动的机构表现出来的。我们必须把网络逻辑看作前网络时代那种在空间上受束缚的社会逻辑的延续。

189　地方层面的网络公众可以确保为社区和以社区为基础的组织以及当地的民间组织等提供公共资金和其他类型的支持，协力推动其在当地发展网络中共同合作。例如，这些支持可包括向大众提供基本连通条件、能力建设以及参与信息社会所需的基础数字化工具等。基于信息通信技术模式的社会互动在扬·内德文·彼得斯（Jan Nederveen Pieterse）所称的“自反性发展”（reflexive development）中起到了越来越重要的作用，在应对技术变革的过程中，“发展在社会和政治意义上变得具有自反性，这种参与性的、普遍的自反性特征，在发展目标和方法上以广泛的社会辩论和论坛的形式出现”。仅有技术无法保证达成如此深远的社会变革，需要综合思考新的信息通信技术带来的机遇，通过大量繁杂的艰苦工作建立合适的新机构与社会制度，并将其作为公共福祉提供给大众。

值得一提的是，新的网络机遇和创建的网络公众，超越了纯粹的数字化甚至信息领域，到达更高的社会结构层面。信息通信技术在微观、中观及宏观等不同的发展层面上为不同的发展参与方提供机遇结成网络，使他们能够共享竞争力、资源及成果。信息通信技术还能提供有效的发展对话空间和话语空间，大大改进了以往次优化且相互独立的发展方式。

巴西发展电信中心的经验是一个从纯粹的公共系统转向网络公共系统的有趣案例。下文引自发布在社区的信息学研究者电子文档：

> 过去，巴西在尝试运行由联邦政府负责维持和协调的国家电信中心项目时，有过曲折的经历……当时，这些电信中心被称为“巴西之家”(Casa Brasil)。目前仍有一些尚在运营，但只有极少数能够提供数字化技术渠道。联邦政府现在有专门负责数字化内容的秘书机构，正试图从执行者转变为监管者和资金提供者。巴西的新计划是向愿意遵守联邦政府制定的指导方针的民间组织、市政府和地方组织提供电信中心“工具包”，包括电脑、路由器、打印机和资金。以巴西东部城市维多利亚(Victoria)来说，我在那里的电信中心实地工作过，这些中心由城市运营，并由城市和信息民主化委员会(Committee for the Democratization of Informatics)共同协调。信息民主化委员会是一个专门从事全巴西的电信中心发展的民间组织。在这些电信中心工作的人们来自这些电信中心所在的社区，被称为“包含代理”。由于他们本人就生活在社区，因此他们可以自由地根据自身认定的社区需求来推进任何研修活动，并且不需要一定与计算机相关。

这样的公共网络战略对政府或企业运行的模式是很好的新选项。190 我们期待这样的方式能在促进发展方面更为成功。

在中观社会结构层面，网络公众模式总体来说由公共管理机构的网络、发展机构、先进技术组织以及社区组成，共同建立和支撑多种电子及社会技术产品与平台，以支持我们的数字化建设(软件、社交媒体、搜索引擎等等)。如果配以合适的网络工作文化和激励方式，这样的合作可以卓有成效地持续发展。通过这种方式，自愿的技术劳动人员、其他社会积极分子以及更广泛的社区就可以为公众带来福祉，而不像 Web 2.0 模式那样被大企业谋取私利。服务于当地社区“现实”发展需要的开源软件平台和应用，配合同步的线下开发活动，可以进行共同开发与管理。同样的，开放的搜索引擎、社会网络应用、应用程序界面、内容平台等需要通过社区的参与和使用来实现迭代发展和进化。由于公共和社区的支持不足，先进的技术团体自行发展和维持这种基础性的数字化公共产品是十分困难的。另一方面，不管预算或者资源配置如何，仅靠政府，是无法产出、维持和分配这些网络化的数字化公共产品的。因此，网络公众需要政府当局、非政府组织、志愿团体及社区以灵活而可持续的方式进行制度创新。

在宏观机构层面，目标是要理解、预测和推动目前进步迅速且强有力的技术社会发展，趋向更加公平的形式和结果。在这个层面上，网络公众能成为一种结构，可产生出合适的政策和法规来支持微观与中观结构层面的发展。需要合适的信息通信技术或互联网政策帮助推动技术社会基础设施建设，并为所有人创造一个公平的竞争环境。就这一点来说，全球基于信息通信技术的网络与基于民族国家的政策体系之间的紧张关系会带来巨大的挑战，需要尽快在全球层面上发展新的政策或公共制度来迎接这项挑战。尽管在可预见的未来国际主义仍然是这种制度发展的核心，但要注意到互联网创造了一些独特的全球化的社会现象，例如新的跨国公共体等，因此，我们需要进行重大的制度创新。就此而言，前文提到的互联网治理论坛，如果能够认真地履行职责，就能够成为重要的制定互联网政策的新机构。论坛必须重新确认其公共体性质及意义，并融入全球化互联网及新兴网络或信息社会更广泛的政治进程中。

191

195

参考文献：

1. Adhikari, R. “Free Press Sues FCC to Get Real About Net Neutrality.”

September 29, 2011. http://www.ecommercetimes.com/story/73389.html.

2. Benkler, Y. *Wealth of Networks*. New Haven: Yale University Press, 2006.
3. Castells, M. *The Rise of the Network Society*. Oxford: Blackwell Publishing, 2000.
4. Castells, M. The Network Society: From Knowledge to Policy. In *The Network Society: From Knowledge to Policy*, ed. M. Castells and G. Cardoso, 3 - 22. Washington, DC: Johns Hopkins Center for Transatlantic Relations, 2005.
5. Cooke, B., and U. Kothari, eds. *Participation: The New Tyranny*. London: Zed Books, 2001.
6. Dangi, N., and H. Singh. "e-Choupal: Hope or Hype?" *American Journal of Economics and Business Administration* 2 (2) (2010): 179 - 184.
7. Fuchs, C. *Internet and Society: Social Theory in the Information Age*. New York: Routledge, 2008.
8. GeSCI. (Centre for Science, Development, and Media Studies), *Towards a National Policy on ICT in School Education in India: A Multi Stakeholder Perspective* (Noidia, India: Centre for Science, Development and Media Studies, 2008). http://www. gesci. org/assets/files/GESCI% 20COMPENDIUM% 202008.pdf.
9. Goldsmith, S., and W. D. Eggers. *Governing by Network: The New Shape of the Public Sector*. Washington, D. C.: Brookings Institution Press, 2004.
10. Grimshaw, D., and J. Rubery. "The End of the UK's Liberal Collectivist Social Model? The Implications of the Coalition Government's Policy during the Austerity Crisis." *Cambridge Journal of Economics* 36 (1) (2012): 105 - 126.
11. Gurstein, M. "Towards a Critical Theory of Telecentres: In the Context of Community Informatics." In Political Economy of the Information Society, ed. P. Singh, A. Gurumurthy, and M. Swamy, 9 - 23. Bengaluru: IT for Change, 2008.
12. Gurumurthy, A. "From Social Enterprises to Mobiles — Seeking a Peg to Hang a Premeditated ICTD Theory." *Information Technologies and International Development* 6, (Special Edition, 2010): 57 - 63.
13. Kaminski, M. "Recent Development: The Origins and Potential Impact of

the Anti-Counterfeiting Trade Agreement (ACTA)." *Yale Journal of International Law* 34(Winter 2009): 247.

196

14. Lathrop, D., and L. Ruma, eds. *Open Government; Collaboration Transparency, and Participation in Practice*. Sebastopol, CA: O'Reilly, 2010.
15. Malcolm, J. *Multi Stakeholder Governance and the Internet Governance Forum*. Perth: Terminus Press, 2008.
16. Noam, E. "Two Cheers for the Commodification of Information." *Journal of Intellectual Property Law*, Special Issue (2001, June 27). http://www.citi.columbia.edu/elinoam/articles/Commodification.htm.
17. Pickard, V. "Neoliberal Visions and Revisions in Global Communications. Policy from NWICO to WSIS." *Journal of Communication Inquiry* 31 (2) (2007): 118 - 139.
18. Pieterse, J. N. "My Paradigm or Yours? Alternative Development, Post-Development, Reflexive Development." *Development and Change* 29 (1998): 343 - 373.
19. Raman, A. "Target Audience." November 24, 2008. http://outlookindia.com/article.aspx?239023.
20. Rivera, W. M., and J. W. Cary. "Chapter 22: Privatizing Agricultural Extension." In *Improving Agricultural Extension: A Reference Manual*, ed. B. E. Swanson, R. P. Bentz, and A. J. Sofranko. Rome: Food and Agriculture Organization of the United Nations, 1998. http://www.fao.org/docrep/W5830E/w5830e0o.htm#the%20context%20for%20extension%20privatization.
21. Sandel, M. J. *Democracy's Discontent: America in Search of a Public Philosophy*. Cambridge, MA: Harvard University Press, 1996.
22. Schuurman, F. *Beyond the Impasse: New Directions in Development Theory*. London: Zed Books, 1993.
23. Sen, A. *Development as Freedom*. Oxford: Oxford University Press, 1999.
24. Siochru, S. O., B. Girard, and A. Mahon. *Global Media Governance: A Beginner's Guide*. Lanham, MA: Rowman and Littlefield, 2002.
25. Smith, M., N. Engler, G. Christian, K. Diga, A. Rashid, and K. Flynn-Dapaah. *Open ICT4D*. IDRC Working Paper: Ottawa, 2008. http://web.idrc.ca/uploads/user-S/12271304441Open_ICT4D_Draft.pdf.

26. Smith, M., L. Elder, and H. Emdon. "Open Development: A New Theory for ICT4D." *Information Technologies & International Development* 7 (1) (Spring 2011): iii - ix. itidjournal.org/itid/article/viewFile/692/290.
27. UNISON. *Fighting Privatisation in Local Government: A UNISON Guide*. www.unison.org.uk/acrobat/19989.pdf.
28. Von Bernstorff, J. "Democratic Global Internet Regulation? Governance Networks, International Law and the Shadow of Hegemony." *European Law Journal* 9 (4) (2003): 511 - 526.

197

第8章
通过开放获取扶持知识边缘区：发展所需知识的未来研究方向及观点

莱斯利·成、伊芙·格雷

学术或科研成果出版物的开放获取或免费在线获取，自21世纪开端以来已发展成轰轰烈烈的全球运动。开放获取得到研究与支持发展的团体特别的关注，因为对于知识的获取是人类所有发展的根基，从健康到食品安全，从教育到社会能力建设。各国政府、国际资助机构、援助组织、高等教育机构等都日益认识到开放获取可以大幅提高公共资金资助研究的可见度、利用率以及由此而产生的影响。因此，越来越多的政策得以出台来推广公众对公共资金资助研究的获取度。

开放获取可以帮助知识向各个方面传播，不仅是从北半球传向南半球，也可以从南半球传向南半球，这对于当地发展更为重要，因为南半球的国家之间有着更多的共同点。特别是在南半球，越来越多的政策制定者通过征集研究项目来证明开放获取对于实现联合国千禧年发展目标的影响力。纳米比亚总理就在2010年联合国教科文组织的会议上提出了这样的问题："知识的应用如何能消除非洲的贫困与饥饿？高等教育如何能提高女性的能力，推进男女平等？在非洲，知识如何能降低儿童死亡率，改善孕产妇健康状况？"本章还要论述的问题是，尽管开放获取已广泛应用推广，我们并没有调查过它对于推动发展的潜力究竟有多大。

开放获取可以支持更多的当地人员参与到为解决基本的发展问题而开展的研究中，但目前开放获取更多地是用来改进期刊文章的在线获取，特别是一些北半球发行的昂贵期刊。这主要是因为几乎全球都在用汤森路透（Thomson Reuter）科学文献索引（Science Citation Index，SCI）和期刊影响因子（Journal Impact Factor，JIF）来衡量期刊文章的质量与国际地位，即使在发展中国家也是如此。 198

本文力图通过分析非洲的多个案例证明，使用这种狭隘的全球衡量标准，用一种尺度衡量所有，其结果就是南半球的学术论文依然得不到关注，而在许多发展中国家研究的优先性和计划表也发生了扭曲。发展中国家的政府用这种方法来评估研究成果，从而导致国家发展重点所需的研究得不到重视，而一味追逐论文引用率的指标。这种政策导致的另一个后果就是在发展中国家大量与发展课题相关的论文没有可见度。

把期刊影响因子作为论文影响力的衡量标准体现了工业时代的"创新系统"价值观，即根据经济增长的商业化价值来衡量研究的潜在影响力。在本文中，我们对主流研究或中心有特别的理解：来自南半球的话语与知识以"局部知识"为由不被采纳，大量地遭到排斥，而即使位于这个中心，不同的学科地位也不同。这跟约柴·本科勒所描述的21世纪网络化社会是背道而驰的。在网络化社会中，去中心化和相互合作的环境，能够产生出各种不同的创新方法，对实现发展目标做出更大的贡献。

本章我们将提出的是，尽管开放获取提供了一种挑战全球出版系统霸权地位的手段，但是同时我们也要考虑在开放、网络化的知识环境中学术出版应有怎样的内容、质量与影响力。要做到这一点，需要对更多的研究对象或成果展开研究，并对发展的概念做进一步的拓展，要把研究的影响力扩展到社会和发展的整个领域。这个系统包括一些替代原来的、更强调改善获取度后取得多方面成果的指标，而这些指标远超引用数的影响力，且考虑到一些无形的方面，包括合作扩展度、参与广泛度、学科交叉度、发展工作者与政策制定者掌握研究知识等情况。这样的系统还能够为研究投入的部署提供依据，也能更好地意识到发展中国家政府资助的科研机构的作用。

199

学术知识产出的地缘政治学

20世纪50年代中期以来，知识与知识的管理被视为发展的主要驱动力。虽然这里的发展一般是指经济的增长，但是近几十年来，知识传播与信息供给对人类和社会发展的重要性也越来越受重视。正如本科勒所论述的："在全球化、网络化的信息经济时代，人类福祉与发展的基本要素来自信息与知识。"这种感受在面向全球或区域的政策说明中得到了呼应，无论是联合国教科文组织和世界银行，还是非洲联盟大学建设行动计划（African Union Plan of Action for Renewing the African University）。在大学亦是如此，其传播的研究成果经常被视作经济增长和人类可持续发展的主要驱动力，特别是在发展中国家更是如此。

然而，要将圆满的政策具体实施，创建有效的知识传播系统，实现这些发展目标，还存在着很多障碍。本科勒在信息社会崛起的分析中已洞察到了这一点。他指出，在知识服务于经济与社会的最佳方式上有一些相悖的观点，并在四个按顺序但有重叠的事件中体现出来：① 新的自由贸易体系的兴起；② 基于全球知识产权协定的信息经济的崛起；③ 网络化社会的蓬勃发展，其中文化产出被彻底分散化；④ 面临全球不公平的管理方法，将人权问题与自由发展观联系起来。

关于知识如何服务于发展，也有很多不同的观点，有的是基于《与贸易有关的知识产权协议》(TRIPS)以及由该协议主导的信息经济，有的则基于对极度分散化与协作式网络社会的理解。而这两种全然不同的发展观点在全球及各国研究政策中并存，使得对于知识服务于发展重要性的理解与创造有效政策撬动服务社会福祉的科研不能很好地融合。

本科勒强调已经出现了以下这些问题：一方面知识的获取对于发展中国家至为重要，但同时主要的版权产业对信息流的控制也极为敏感，这些行业需要最大化地利用知识产权和《与贸易有关的知识产权协议》这样的贸易协定。在这个有争议的地带，发展中国家虽然已经认识到知识对于发展的重要意义，但同时又允许商业出版的价值观影响驱动知识与教育系统发展的政策制定。 200

因此，在联合国教科文组织 2005 年发布的报告《走向知识社会》（*Toward Knowledge Societies*）中，开放获取项目的价值得以重视，比如公共科学图书馆和 http://ArXiv.org 网站，同时又建议基金与商业服务合作，比如 HINARI 和 AGORA 这样降低医学和农业学科期刊订阅费用的项目，目的是解决知识获取的不平等问题。重点是要将北半球商业集中的资源通过离散化生产模式、合作、知识分配等方式更广泛地传播散布到南半球。在 2005 年的报告中几乎没有提及研究也可以在南半球兴起，而只关注如何增强对北半球知识的获取。

《联合国教科文组织 2010 年科学报告》（*UNESCO Science Report 2010*）继续将期刊文章和专利作为判断国家研究体系影响力的主要指标。这些评价指标如今在学术界已根深蒂固，但我们认为并不适合 21 世纪网络化知识社会的发展，也与政策制定者所希望的通过研究影响社会与经济发展的目标背道而驰。有意思的是，《联合国教科文组织 2010 年社会科学报告》（*UNESCO Social Science Report 2010*）对一个比较边缘化的学科领域提出了需要改变评估系统和扩大出版物领域的问题，这引发了一系列复杂的争论。

ISI/汤森路透界定的中心与外围

A.祖雷斯·卡纳格拉亚（A. Suresh Canagarajah）在其著作《学

术著作的地缘政治学》(*A Geopolitics of Academic Writing*)中谈到学术中心已经制定了出版实务规则，这些规则通过技术进步和社会机构得到了固化。而那些处于外围的学者为了能进入主流知识汇聚的学术中心，则无奈地接受了这种做法。这种知识生产系统如果不经过反省将会持续存在。南半球的话语与知识因为不适合国际出版标准而被排斥在知名度高、规模大的商业化数据库之外，得不到引用，因此大多数论文都不为人所知。

201 尽管互联网开创了合作与传播的新渠道，但无论是在说英语的国家和地区中还是在不说英语的国家和地区中，期刊文章依然有着相当的学术认可度。而在这个系统中，被纳入索引的期刊主要来自北半球的大型商业出版公司。2004 年，排名前 4 位的国家产出了核心索引即科技信息研究所(Institute for Scientific Information，ISI)索引期刊中 84%的文章，而排在最后的 163 个国家只有 2.5%的文章收入索引。

由于针对索引系统内在的偏见批评不断，2008 年 ISI 科学网重新评估了发展中国家期刊的作用，结果有 700 种发展中国家的学术期刊添加到索引中。即便如此，非洲的情况还是没有改善，仅有少数期刊加到索引中，其中南非有 19 个，肯尼亚 1 个，尼日利亚 1 个。根据 ISI 索引 2010 年的报告，2007 年该索引收入的 1 万多种学术期刊中只有 28 种属于非洲。更值得关注的是，这些发展中国家的期刊之所以能加入索引，其评选标准是这些期刊中的文章可以帮助世界了解边缘地带的科学发展。

202 因此，这个全球出版系统的中心位于北半球，主要由美国与英国主导，来自亚洲的日本是唯一的特例，这并不是巧合。

但如果发展中国家并不接受 ISI 索引作为衡量学术能力的标准的话，这也就关系不大了。可是事实相反，因为很多国家，甚至是发展中国家，都在争夺全球大学排名，比如泰晤士高等教育(Times Higher Education，THE)排名，以此作为成功的首要标准。

这些排名又与一个国家甚至整个地区的总体发展水平绑定。比如，汤森路透的《全球研究报告：非洲》(Global Research Report Africa)用产出指标和索引影响因子作为国家研究系统发展状况的唯一衡量标准。这些报告声称其目标是“告知政策制定者和其他相关人士全球研究的发展状况与动态”，在全球层面，旨在“协助提供更多的信息，作为经济合作与发展组织的经济发展报告的补充，同时也可以作为《联合国教科文组织 2010 年科学报告》的背景资料，了解相关区域的发展状况”。

对于当地研究与发展的影响

塞勒姆·巴达特(Saleem Badat)认为这些标准“对南半球不发达国家的大学所产生的影响是负面的，甚至是危险的”。他认为发展中国家与其“盲目模仿，‘追赶’世界一流大学”，在一个等级化的全球系统中自降身价把发展中国家的研究降为二等，还不如创造符合国情、有利于大学为社会服务的环境。要让研究对发展中世界的社会发展真正起到作用，就要针对全世界大学多样化的现实采取符合实际的不同模式和举措。

而目前这种评估系统的广泛采用，就会让大批的发展中国家的研究成果束之高阁，不为人知，并且会扭曲需要服务当地发展需求的知识产出。收入 ISI 索引的发展中国家学术期刊只占其总量的一小部分，其他大部分没有被纳入索引的期刊就会被遗忘，因其发行量小，也到达不了国界之外的地方，对全球研究系统几乎产生不了任何影响。正如南非科学院的调查显示，通常当地的印刷版期刊只有不到 400 本的发行量。此外，发展中国家当地发表的论文质量低下这一假设变成了自证预言，因为外围国家的研究人员会将他们的精力都投入到如何满足北半球学术期刊的要求上去，以期受到认可并在这个理想化的全球系统中逐渐抬升地位。

203

让-克洛德·盖东(Jean-Claude Guédon)认为研究人员都在全球索引期刊上争取可见度,这导致了“一个矛盾且出人意料的结果:贫穷国家为富裕国家提供了外来‘贡献’,资金流”。从全球知识产出的政治经济学角度看,这种现象不会引起政府与国际机构的重视;他们在采用影响因子作为监管研究体系的标准的同时,又一直质问为什么他们国家的研究体系未能更好地满足国家亟待解决的发展需求。

此外,这个系统也让研究人员曲解了研究的优先问题,由于他们一心要提高在国际期刊上的曝光度,所以往往违背他们的初衷设置研究项目,与优先研究的领域相悖。我们想再次强调,这种现象的后果是多方面的。例如,健康领域的研究就会针对美国和欧洲的问题,成果也更会在这些市场产生经济效益。

这就是为什么本科勒声称在过去10年中对痤疮的研究要比对疟疾的研究更多。这样的研究系统更关注学科的产出,而非区域化的研究,因此像工程学和农学这样的应用型学科就地位较低。

结果就是,对国家和区域政策制定及经济发展有重要意义的社会科学研究、对发展中国家很有影响的被忽视疾病研究、与食品可持续性发展相关的农业研究都被挤到了一边,论文发表量很少。

作为一种替代模式,第一代开放获取的限制

在这种情况下,要创造公平竞争环境,为发展中国家的论文发表提供舞台,开放获取变得非常重要。作为一种替代模式,开放获取可以解决前文提及的问题。开放获取一般是指对学术文献的在线获取,无需付费或达到某些许可要求。开放获取的主要对象是同行评阅的期刊论文,但是其他研究相关的成果,包括数据、软件、研究报告和专著等,都可以包含其中。开放获取发展的驱动力在于“它能帮助作者和他们的著作大幅提高可测的可见度、读者群和

影响力”。

在学术界，目前有两大方式利用开放获取将研究成果曝光率和影响力达到最大化。其一是利用开放获取的知识库，按机构或主题分类，提供封闭获取的期刊文章的文本部分。现在很多出版商允许作者发布其文章的预印本（同行评阅之前的版本）和后印本（经同行评阅后修改但还没有编辑排版的版本）。这种方式被称为作者的自行建档或“绿色通道”，一些倡议者认为这是从开放获取中达到利益最大化的唯一有效方式。当然，它也受益于出版商的专业能力。这些机构知识库的使用与下载量日益增加，而文章的引用率也随之增长。

204

另外一个针对开放获取的方式叫作“黄金通道”，即文献期刊的出版采取多种不同的商业模式。现在有近 9 000 种期刊列入主要的开放获取期刊目录，总共有 100 多万篇文章供全文下载。开放获取期刊的数量越来越多，投稿量的增长更是远超需要订阅的期刊数量的增长。最初采用开放获取的期刊主要是医学和生物学领域的。公共科学图书馆是一家非营利出版社，有 8 种按学科分类的开放获取期刊。而被 Springer Science＋Business Media 传媒集团收购的 BioMedCentral 是一家商业化的开放获取出版商，采用作者付费的黄金 OA 出版模式，发表了几百篇开放获取的文章。这些出版商很快声称他们期刊发表的文章引用率很高，而他们的旗舰期刊在期刊影响因子的排名也上升得很快。所以，从本质上讲，他们还是用同样的标准来衡量研究的质量与影响力。很多调研都显示，开放获取对提高文章引用率起很大作用，不管是通过“绿色通道”还是“黄金通道”。

“黄金通道”在发展中国家有特别的吸引力，因为在当地科研出版物的有效发行面临很多阻碍。南非科学院（Academy of Science of South Africa，AASAF）就声称应该采用开放获取方式作为期刊文章（或专著）的出版渠道，因为这样可以建立一个平台，让更多的研究成果从南半球输出，确保传播范围。在南非政府的支持下，南非科学院加入了由拉丁美洲出版界组织的大型区域平台——巴西的在线科学图书馆(Scientific Library Online，SciELO)。

可惜，对这两种方式中的哪一种更好的争论让大家忽略了一个更重要的问题，即在网络化社会如何找到产出知识的最佳途径去解决发展问题。如果我们还执拗地将期刊文章和学术专著作为显示在国际学术界中的地位的标志，那目前层级化系统对发展中国家研究潜力和发展问题研究的束缚还会继续。正如南希·L.马龙(Nancy L. Maron)与K. 柯比·史密斯(K. Kirby Smith)所说：

> 用新的形式取代目前充斥图书馆的专著与期刊以及学院派意识的急迫感是很强烈的。但是在这样的框架下，在解释改变学术交流形式与做法时可能掉入某个思维圈。我们会承认学术成果的形式需要改变，但同时我们又会认为那些非传统形式的学术成果不算是真正的学术成果；因此传统出版模式的不变性成为一种公理。根据这样的说法，不同的观点就变得不甚重要了。

当今数字时代下，如果发明新的学术交流形式，它应该是怎么样的？卡梅伦·奈伦(Cameron Neylon)在论述这一问题时认为纠结于期刊文章这一形式限制了研究的影响潜力：

> 再利用与可复制才是我们目前这个系统的薄弱环节。获取与权利是很大的原因，但我们逐渐在解决这些问题。然而，这些并不是最根本的问题。据我的经验，大部分的研究人员都觉得一篇文章不能包含让别人复制一个实验或分析的足够信息。思考一下这个问题吧。在一个哲学系统中，交流就是为了再现性，而不是让别人进行一次简单的成果复制。主要原因还是发表一篇几页的印刷版文章设定的思维模式。发表研究方法、详细的实验室记录或软件的机制是有限制的，经常会导致相关记录

的保存不受重视。毕竟，既然这些记录不能发表在文章里，又何必要费劲保存呢？

南部非洲大学联盟（Southern African Regional Universities Association，SARUA）的一项调研就对结果的影响做了评估。调研报告的作者声称目前的学术出版机制对本地的学术出版物评价较低，大量灰色文献被排斥在外，不予认可，也无法进入奖励体系，导致了该地区的出版率很低。这份报告还声称由于对跨区域的研究出版物的获取非常有限，造成的后果更为不利，因为这限制了合作研究的发展，导致了研究的低效与重复。

然而，我们还是要将问题的性质加以区分，到底是“产出”的成果有问题，还是“评价”标准有问题。我们应该强调发展中国家正在产出各种知识，所以问题更多地是出在评价标准上。尽管这种产出可能并不是大量的，但我们确信那是因为有很多的研究成果被隐藏了起来，而这部分内容比在期刊上已发表的要多得多，且更有意义。怎样的出版形式、标准与奖励体系可以确保这些知识能最大化地让大众获取并支持发展呢？

第二代开放获取与新衡量标准的尝试

206

近年来，学术价值标准蓬勃发展，其中很多标准的设计理念就是要利用开放获取环境的优势取代期刊影响因子。其基本原则是方便学者使用开放获取工具，从而更进一步推广开放获取。卡尔·伯格斯特龙（Carl Bergstrom）开发的特征因子方法，通过参考类似于谷歌网页排序目录的做法改进引用率的排序；知识库下载使用标准的改善，PLoS One 采用的推荐与打分系统等都很受欢迎。

虽然这些新的标准在期刊影响因子的基础上已做了很大的改进，比如开设了更长时间的引用窗口并提供多种数据来源的形式，但这些评价方法并没有超越传统的文献格局并进入研究生命周期的动态本质，还没有适应多样化的学术交流形式。从本质上讲，期刊文章的最终格式仍被传统的出版商看作可数的静态物品，而非知识产生与传播过程中某个阶段的动态作品。需要开发各种工具抓取研究与知识产出周期中各个阶段的成果让大众受益，不仅仅是出版阶段的，更是研究过程阶段的（例如新的协议、数据、跟社区相关的活动以及出版后的反响等）。

我们欣喜地看到开放获取的思潮在不断传播，在科学研究与学术界被广为接受。除了引用率的影响，学者们也反映更为开放的做法对于研究以及成果的扩散带来了多种益处。实际上，我们发现开放获取正在和开放的研究方法相结合。

总部在英国的一家名为"研究信息网络"（Research Information Network）的机构最近的一项研究发现，开放带来显著的效益，包括数据采集的成本降低带来了研究效率的提高、重复劳动的避免以及协议与最佳实践的共享等。一些研究人员还发现将方法学和协议公开以获得更多的评论与审查会使研究更严密、质量更高。还有研究人员发现对其他研究人员创造的数据及其他材料进行再使用，可以推导出新的研究课题，用新的数据加入已有问题的研究中则会产生出新的方法。比如在英国，政府的数据是开放获取的，传染病学家可以利用这些数据进行研究，而研究成果又对健康政策的制定产生了直接影响。

207 开放也加强了合作与社区建设。同时，研究信息可见度的提高又推动了更广泛的参与，不仅是在研究者社区，还包括更广泛的大众参与，包括科学普及以及公众对研究的全过程参与。研究人员也将各种社交传媒用于其研究，包括项目申请书撰写、数据采集、成果出版以及正式出版后的知识传播与转化等。

越来越多的研究人员在尝试新的出版形式。传统的学术论文被解构；一篇文章有可能成为模块组合体，便于对其中的数据、分析工具、协议、解读、多媒体对象、补充材料等的开放获取，不管是整体的还是部分的。这些论文的组成部分也可以被引用，并以多种方式链接。作者或研究团队的名称也可以因为他们提供可信的数据、软件工具、对数据或主题的解读而得到引用。

Web 2.0与语义组合工具让这种新型的模块组合式出版易如反掌。这种方式可以更好地诠释与发表知识产出过程的原始记录，也能更清楚地显示著作权与贡献度。比如，WikiDashboard就是一款维基的社交动态分析工具，可以区分记录同一个词条下不同作者的解释。这样的工具也可以用在开放协作的研究项目中，记录并显示不同团队成员的信誉与声望。

贾森·普里姆(Jason Priem)与布拉德利·M.黑明格尔(Bradley M. Hemminger)曾对日益增多的Web 2.0应用进行整理与评估。他们将这些应用分成七类：书签、参考管理、推荐服务、文章评论、微博、维基百科以及博客。他们指出，由于研究人员正越来越多地将这些工具用于学术目的，那么这些工具的使用以及它们在社会环境中收集的数据可以被用来设计创造"科学计量学2.0"。

不过管理海量的数据和越来越多的标准真是一件苦差事，而要整理并分清这么多的数据来源更是困难。对研究人员来说，最大的限制就是时间，所以将这些各种各样的工具整合在一起，融入研究人员的工作流程，对工作繁忙的研究人员来说是极具吸引力的。就目前来说还处于发展的早期阶段，这些工具能否为研究人员带来认可和赞许，这是一个很关键的问题，还需研究。正如奈伦所指出的那样，技术上的解决方案已获得授权许可，因此可助推开放获取。但是科研文化的问题更难解决。

第二代开放获取与发展中国家

208

Web 2.0平台是否也能协助南半球的研究成果出版与传播，这个问题目前并没有好好研究过。但这个问题却事关重大，因为发展中国家研究人员的工作有一大部分由于种种原因而没能够正式发表。学术奖励与晋升体系只对按要求以期刊论文形式发表的成果进行奖赏，却没有认识到 20 世纪以来大学与社会及产业关系的成功转型，因此也没有对研究产出的现实状况做出判断。戴维·库珀(David Cooper)呼吁应该重视南非各大学中以应用为导向的研究并增加其科研资助。他建议应当根据当前的现实状况进行相应的调整："在第三次工业革命及知识型社会中要明确国家的定位，诸如健康、住房、交通等民生问题不能与大学的研究毫无关系。实际上，大学的研究应该为缓解这些社会问题提供知识，提高占我们人口多数的贫困人群的生活水平。"

库珀认为，只有这样，才能把与发展有关的成果和政策纳入认可与奖励体系中，而这些成果往往就是由他所指出的研究小组产生的。这一观点与开普敦大学关于研究成果交流的调查发现是一致的。该校的开放学术项目调查发现，"转化型"学术研究，也就是库珀所称的"应用导向的基础研究"，在很多研究小组中存在。这些团队除了发表传统的同行评阅的论文，还在政府部门的网站上发表了很多文章，旨在提升对政策制定者与社区的影响力。

但在很多情况下，这样的研究成果根本无法传播交流，比如乌干达的公立大学与研究机构的研究人员多年收集的有关公众健康、谷物收成与水质量的数据就是如此。这些数据往往因为缺乏经费或合适的方法或分析工具而未能进行充分的分析和综合，而这些研究人员也因为缺乏适当的培训或者存在语言障碍而无法撰写能被正式期刊收录的论文。所以，很多有价值的数据被束之高阁、被遗忘，导致研究工作一再重复。在非洲，这样的情况一再发生，这也导致了需要解决当地问题所需的本地化的知识基础相当缺乏。

许多政策制定者并没有意识到开放获取以及开放科学的好

处，大部分人也并不了解社交媒介及其对科学知识散播的潜在作用。因此需要进一步提高政府的意识，使其一方面支持本地研究能力的提升，一方面更多地使用新的工具进行散播、参与、评估与识别，但同时又不能简单地照搬北半球的模式。在实际操作层面上，我们可以想象这样一个数据库：研究人员可以上传储存他们的研究资料，包括数据、草稿、预印本、研究报告、论文、申请书及后印本。对社交网络工具的开发支持可以加强跨国科研合作。 209

像国际科学出版物获取网络（International Network for the Availability of Scientific Publications，INASP）建立的 AuthorAid 网站这样的平台，就是尝试使用 Web 2.0 在南半球提升科研水平的案例，值得称赞。这个网站本质上是一个社交网络平台，知名的有成就的研究人员可以作为年轻的尚无经验的研究人员的导师，为其提供帮助。当然，这还需要更多工具的支持，比如数据库，而且这些工具要能整合到平台中，创造知识发展与共享的合作空间。

这种研究交流理念的扩展还可以更有效地帮助支持各种形式的交际工作，帮助非洲研究人员发现他们的研究工作对发展目标的影响力。比如，肯尼亚的谷物专家玛丽・阿布库查-奥扬戈（Mary Abukutsa-Onyango）教授在接受本文一位作者的视频采访时表述了她试图在国际期刊上发表自己在非洲本土蔬菜（African Indigenous Vegetables，AIV）方面的原创研究成果时遇到的困难，并提到在非洲发展 OA 期刊的重要性，因为用这种方式才能便捷地发表跟这个大陆相关的重要研究，扩大阅读和应用。她还进一步谈到，如果她的研究成果广为传播（特别是通过将文献翻译成简单易懂的宣传单发给农民与政策制定者），对缓解贫困、增加营养、农业发展和环境的可持续性等都有潜在影响。她甚至暗示说对肯尼亚等国家发展的部分能力与文化价值提升都有积极影响。

上述的这一类影响力恐怕用现有的第二代工具无法一一记录，而且在现阶段也没有明确的标准来更好地反映出这种难以捕捉的影响力。但重要的是要收集与阿布库查-奥扬戈教授的研究项目类似的案例，提高公众对于这些问题与可能性的意识，追踪他们在多方面产生的影响因素，尽可能地尝试对其评估，为研究资助者与政府制定更合理的政策提供理论基础。只有这样，才有希望让政策制定者做出更加富有见地的判断与决策，为推动知识获取与知识传播的政策制定提供支持，并在狭隘的引用标准框架之外发展其他评估方法。

210

政策协调一致

接下来的问题是如何让研究人员与政策制定者保持一致，将第二代开放获取作为研究评估方法的指导性手段。一些开放获取的支持者认为更高的引用率对作者们来说具有很强的刺激性，因此单凭这一点就足以推动开放获取的方式发展。其他支持论点还包括对研究投入更高的经济回报率，研究资助者应该更喜欢开放获取的方式，因为他们资助的研究会有更大的影响力。不过从近10年作者对已发表的论文作自行归档的情况来看，都是那些开放获取支持者的主动行为，而大部分机构的自我归档率都仅在10%—15%左右。因此，开放获取方式的主要支持者们希望争取到更多资助与政策支持，以推动更广泛的开放获取利用。

然而，没有人完全承认说这些论点也许针对的是传统意义上的出版物，即正式出版的期刊文章与学术著作。正如本章已论述的，这种狭隘的视野无法完全融入战后知识经济中的科研转型以及21世纪网络化社会交流方式的质变中。开放产生了一系列的效益，而政策需要反映出这些效益的价值，这样研究人员才能受到激励，欣然接受开放模式，并将其发扬光大。机构与资助者需要重视传播代理的价值(流程与互动)，而非只看研究产出与质量。

在很多经济合作与发展组织成员国家中，公共基金开始更加重视研究项目周期中的社会参与度、与公众的互动、知识转化以及传播。在一些国家，如加拿大，知识转化项目也可以得到资助，使公众健康以及其他社会科学领域中的研究影响力达到最大化。如果鼓励社会参与度的资助政策与鼓励开放获取的政策保持一致，那很有可能科学家们会对两者都欣然接受，结果自然就是一系列的积极效益。

同时，大学也应该重新审视知识创造与管理的首要任务，把更多重点工作放在对社会参与度的激励上，即“将大学的丰富资源与我们最紧要的社会、民生与道德问题相结合，与我们的孩子、学校、教师和城市的需求相结合”。一个机构的声誉确实应该与这样的社会参与度相结合，而不是单单看基于引用率的一些国际排名。 211

南非高等教育与培训部布雷德·尼兹曼德(Blade Nzimande)部长就曾呼吁改变这种盛行的排名系统，“我们的大学尤其需要将研究努力聚焦在如何解决当地社区的发展与社会需求上。他们的研究影响力就应该以多大程度地满足了本地社区的需求来评估，而非研究人员的论文获得了多少国际引用率”。

南非的很多学术圈正按照尼兹曼德的主张去做，但是南非高等教育与培训部制定的政策还是受到了大学高层那些保守派的影响，仍然不完全认可这样的研究成果，对此也没有什么奖励制度。如果南非以及整个非洲的研究想要像政策制定者一直要求的那样真正地为区域发展做出贡献，这种状况就需要改变。研究成果的评估需要全盘考虑，而不是仅仅看期刊文章和专著。

同时，针对上述问题，我们必须收集一类新的数据，以推出新的标准。同时，我们要在多价值评估的社会核算原理基础上，找到一种新的计算方法，为新的评价标准建立信誉。我们要把扩大影响力这一短语的含义作为起始点，影响力应包容各种形式的成功、价值和资本。为了识别出我们希望突出的价值，我们必须建立一套与之相适应的评价体系。也就是说，标准应该为我们的价值观提供支持服务，而不应该对它下定义。狭隘地把期刊影响因子作为衡量学术价值的通用标准，会混淆21世纪特别是发展中国家研究进展的现实状况，也会阻碍政策制定者贯彻执行其寻求的发展重点。

结论

我们生活的这个时代，很多紧迫的问题都是跨越国界的，甚至是全球化的，比如健康状况与财富分配的不平等、气候变化的许多负面影响等。要解决这些问题，需要公共部门的大量参与和一系列新的思维方式。而这些新思维都集中在同行之间的知识生产体系中，采用的机制是非市场化的。目前的全球经济衰退及其带来的消极影响引发了对基于市场作用机制与经济增长的新自由主义经济理论的强烈批评。这也在提醒我们现在迫切需要重新定义认可与奖励体系中的价值，用新的标准评估大学、研究人员与科研产出，而新的标准与评估要与公共福祉及发展目标保持一致。

212

决策者、资助机构、教职员工和研究人员都有责任了解这些新的衡量标准及其相应价值，而不要单纯地依赖商业机构定义评估条件。目前我们的学术交流系统运转不灵，特别是在科学研究领域，出版方法与评估手段都受私立的追求利润的机构控制，不对公众负责。开放获取运动部分暴露了这个系统结构的弱点。现在学术界有方法、有工具来纠正这种状况，将研究拉回到与公众福祉发展一致的轨道上。现在正是学术交流系统的利益相关者进行合作、共同创新工具与政策、重新用过程多样性和研究影响力界定学术与知识的有利时机。

尽管我们已目睹了各种测量生产效率的标准蓬勃发展，只顾着排名的大学不热衷于他们的社会责任，不擅长在环境的可持续发展与当地发展中发挥他们应有的价值。现在是时候推出一种新的排名，一家机构的声誉大小取决于它对公众福祉的贡献以及是否致力于推进全球知识共享。只有这样，本科勒发现的新自由主义信息经济与网络化社会的文化特质之间的裂痕才能弥合。

参考文献：

218

1. Abrahams, L., M. Burke, E. Gray, and A. Rens. "Opening Access to Knowledge in Southern African Universities." *SARUA Study Series*. Johannesburg: Southern African Regional Universities Association, 2008. http://www. sarua. org/? q = content/opening-access-knowledge-southern-african-universities.
2. Adams, J., C. King, and D. Hook. *Global Research Report: Africa*. Leeds, UK: Thomson Reuters, 2010. http://thomsonreuters. com/content/corporate/docs/global researchreport-africa.pdf.
3. Archambault, V., and E. Larivière. "The Limits of Bibliometrics for the Analysis of the Social Science and Humanities Literature." In *2010 World Social Science Report: Knowledge Divides*. Paris: UNESCO Publishing and International Social Science Council, 2010: 251 - 254. Arunachalam, S. "The Global Research Village: A View from the Periphery." *Digital Library of Information Science and Technology*, http://arizona.openrepository.com/arizona/bitstream/10150/105377/1/Article_11.pdf.
4. Badat, S. The World-Class University and the Global South. In *UNESCO World Social Science Report: Knowledge Divides*, 245 - 246. Paris: UNESCO Publishing and International Social Science Council, 2010.
5. Banks, M. A., and R. Dellavalle. "Emerging Alternatives to the Impact Factor." *OCLC Systems & Services* 24 (3) (2008): 167 - 173. doi: 10.1108/10650750810898200.

219

6. Benkler, Y. *The Wealth of Networks: How Social Production Transforms Markets and Freedom*. New Haven, CT: Yale University Press, 2007.
7. Benkler, Y. The Idea of Access to Knowledge and the Information Commons: Longterm Trends and Basic Elements. In *Access to Knowledge in the Age of Intellectual Property*, ed. G. Krikorian and A. Kapczynski, 217 - 236. New York: Zone Press, 2010.
8. Bergstrom, C. T., J. D. West, and M. A. Wiseman. "The Eigenfactor™ Metrics." *Journal of Neuroscience* 28 (45) (2008): 11433 - 11434. doi:

10.1523/JNEUROSCI. 0003 - 08.2008.

9. Björk, B.-C., P. Welling, M. Laakso, P. Majlender, T. Hedlund, and G. Gudnason. "Open Access to the Scientific Journal Literature: Situation 2009." *PLoS ONE* 5 (6) (2010): e11273. doi: 10. 1371/journal. pone. 0011273 http://www. plosone. org/article/citationList. action? articleURI = info%3Adoi%2F10.1371%2Fjournal.pone.0011273.
10. Bloom, D., D. Canning, and K. Chan. *Higher Education and Economic Development in Africa*. Washington, DC: World Bank, 2005.
11. Bollen, J., H. Van de Sompel, A. Hagberg, and R. Chute. "A Principal Component Analysis of 39 Scientific Impact Measures." *PLoS ONE* 4 (6) (2009): e6022.doi: 10.1371/journal.pone.0006022.
12. Boshoff, N. "South-South Research Collaboration of Countries in the Southern African Development Community (SADC)." *Scientometrics* 84 (2) (2010): 481 - 503.
13. Boyer, E. L. "The Scholarship of Engagement." Bulletin — American Academy of Arts *and Sciences. American Academy of Arts and Sciences* 49 (7) (1996): 18 - 33.
14. Brody, T., and L. Carr. Y. Gingras, C. Hajjem, S. Harnad, A. Stevan, A. Swan, L. Dirks, and T. Hey,. "Incentivizing the Open Access Research Web: Publication-Archiving, Data-Archiving and Scientometrics." *CTWatch Quarterly* 3 (3) (2007): 42 - 50.
15. Cameron, B. D. "Trends in the Usage of ISI Bibliometric Data: Uses, Abuses, and Implications." *Libraries and the Academy* 5 (1) (2005): 105 - 125.
16. Carr, L., A. Swan, and S. Harnad. "Creating and Curating the Cognitive Commons: Southampton's Contribution." In *Curating the European University*, edited by M. Simons, M. Decuvpere, J. Vlieghe, and J. Masschelein, 193 - 199. Leuven, Belgium: Universitaire Pers Leuven, 2011. http://redir.eprints.ecs.soton.ac.uk/redir.php?uri=/21844.
17. Castells, M. *The Rise of the Network Society*. Malden, MA: Blackwell Publishers, 2000.
18. Canagarajah, A. S. *The Geopolitics of Academic Writing*. Pittsburgh, PA: University of Pittsburgh, 2002.

220

19. Chan, L., B. Kirsop, and S. Arunachalam. "Open access Archiving: The Fast Track to Building Research Capacity in Developing Countries."

(London: SciDev.Net., 2005). http://www.scidev.net/en/features/open-access-archiving-the-fast-track-to-building-r.html.

20. Chan, L., and S. Costa. "Participation in the Global Knowledge Commons: Challenges and Opportunities for Research Dissemination in Developing Countries." *New Library World* 106 (3/4) (2005): 141 - 163. https://tspace.library.utoronto.ca/bitstream/1807/2388/2/chan_costa.pdf.
21. Chan, L., B. Kirsop, and S. Arunachalam. "Towards Open and Equitable Access to Research and Knowledge for Development." *PLoS Medicine* 8 (3) (2011): e1001016. http://www.plosmedicine.org/article/info:doi/10.1371/journal.pmed.1001016.
22. Cooper, D. *The University in Development: Case Studies of Use-Oriented Research*. Pretoria: HSRC Press, 2011. http://www.hsrcpress.ac.za/product.php?productid=2286&freedownload=1.
23. De Waard, A., and J. Kircz. "Modeling Scientific Discourse — Shifting Perspectives and Persistent Issues." In ELPUB2008. *Open Scholarship: Authority, Community, and Sustainability in the Age of Web 2.0*, Proceedings of the 12th International Conference on Electronic Publishing, ed. L. Chan and S. Mornati, Toronto, Canada 25 - 27 June, 2008, 234 - 245.
24. Drahos, P., and J. Briathwaite. *Information Feudalism: Who Owns the Knowledge Economy?* New York: New Press, 2003.
25. Gargouri, Y., C. Hajjem, V. Lariviere, Y. Gingras, L. Carr, T. Brody, and S. Harnad. "Self-Selected or Mandated, Open Access Increases Citation Impact for Higher Quality Research." *PLoS ONE* 5 (10) (2010): e13636. http://www.plosone.org/article/info%3Adoi%2F10.1371%2Fjournal.pone.0013636.
26. Gray, E. "Access to Africa's Knowledge: Publishing Development Research and Measuring Value." *African Journal of Information and Communication. Special Issue on Scholarly Communication and Access to Information*, edited by Luci Abrahams and Eve Gray, 2010, 4 - 19, http://link.wits.ac.za/journal/AJIC10-Gray.pdf.
27. Gevers, W., and X. Mati eds. *Report on a Strategic Approach to Research Publishing in South Africa*. Pretoria: Academy of Science of South Africa, 2006: 75 - 77. http://ideas.repec.org/p/ess/wpaper/id706.html.
28. Guédon, J. "Open Access and the Divide Between 'Mainstream' and

'Peripheral' Science." In *Como gerir e qualificar revistas científicas* (in Portuguese). http://eprints.rclis.org/10760/10778/1/Brazil-final.pdf.

29. Hall, M. "Minerva's Owl. A Response to John Houghton and Charles Oppenheim's 'The Economic Implications of Alternative Publishing Models.'" *Prometheus* 28 (2010): 61 - 71.

221 30. Harnad, S., T. Brody, F. Vallières, L. Carr, S. Hitchcock, Y. Gingras, C. Oppenheim, and H. Stamerjohannes. "The Access/Impact Problem and the Green and Gold Roads to Open Access: An Update." *Serials Review* 34 (1) (2008): 36 - 40.

31. Harnad, S. "Waking OA's 'Slumbering Giant': The University's Mandate To Mandate Open Access." *New Review of Information Networking* 14 (2008): 51 - 68.

32. Hazelkorn, E. "Pros and Cons of Research Assessment." In *UNESCO World Social Science Report: Knowledge Divides*. Paris: UNESCO Publishing and International Social Science Council, 2010: 255 - 258. http://arrow.dit.ie/cgi/viewcontent.cgi?article=1024&context=cserrep.

33. Houghton, J., B. Rasmussen, P. Sheehan, C. Oppenheim, A. Morris, C. Creaser, H. Greenwood, M. Summers, and A. Gourlay. Economic Implications of Alternative Scholarly Publishing Models: Exploring the Costs and Benefits. London and Bristol: Joint Information Systems Committee (JISC), 2009.

34. Houghton, J. W., and C. Oppenheim. "The Economic Implications of Alternative Publishing Models." *Prometheus* 28 (2010): 41 - 54.

35. King, D. "The Scientific Impact of Nation." *Nature* 430 (2004): 311 - 316. http://www.nature.com/nature/journal/v430/n6997/full/430311a.html.

36. Kitson, A., and S. E. Straus. "The Knowledge-to-Action Cycle: Identifying the Gaps." *Canadian Medical Association Journal* 182 (2) (2010): E73 - E77.

37. Laakso, M., P. Welling, H. Bukvova, L. Nyman, B.-C. Björk, and T. Hedlund. "The Development of Open Access Journal Publishing from 1993 to 2009." *PLoS ONE* 6 (6) (2011): e20961.

38. Landry, R., N. Amara, A. Pablos-Mendes, R. Shademani, and I. Gold. "The Knowledge-value Chain: A Conceptual Framework for Knowledge Translation in Health." [online] *Bulletin of the World Health Organization* 84 (8) (2006): 597 - 602. http://www. scielosp. org/

scielo.php?script=sci_arttext&pid=S0042-96862006000800009&lng=en&nrm=iso.

39. Maron, N. L., and K. K. Smith. *Current Models of Digital Scholarly Communication: Results of an Investigation Conducted by Ithaka for the Association of Research Libraries*. Washington, DC: ARL, 2008.
40. Merrett, C. "The Expropriation of Intellectual Capital and the Political Economyof International Academic Publishing." *Critical Arts: A Journal of South-North Cultural and Media Studies* 20 (1) (2006): 96-111.
41. Mouton, J., N. Boshoff, L. de Waal, and S. Esau. B, Imbayarwo, M. Ritter, and D. van Niekerk, "The State of Public Science in the SADC Region." In *Towards a Common Future: Higher Education in the SADC Region: Research Findings from Four SARUA Studies*, Study Series 2008, ed. P. Kotecha, 199-302. Johannesburg: SARUA, 2008. http://www.sarua.org/files/publications/TACF/Chapter4_full.pdf.
42. Paasi, A. "Globalisation, Academic Capitalism, and the Uneven Geographies of International Journal Publishing Spaces." *Environment and Planning* 37 (5) (2005): 769-789.

222

43. Priem, J., and B. M. Hemminger. "Scientometrics 2.0: Toward New Metrics of Scholarly Impact on the Social Web." *First Monday* 15 (7) (2010). http://www.uic.edu/htbin/cgiwrap/bin/ojs/index.php/fm/article/view/2874/2570.
44. Reddon, E. "An Academic Revolution." *Inside Higher Ed*, November 22, 2009. http://www.insidehighered.com/news/2009/07/07/unesco.
45. UNESCO. *Towards Knowledge Societies: UNESCO World Report*. Paris: UNESCO Publishing, 2005. http://unesdoc.unesco.org/images/0014/001418/141843e.pdf.
46. UNESCO. *UNESCO Science Report 2010: The Current Status of Science Around the World*. Paris: UNESCO Publishing, 2010. http://unesdoc.unesco.org/mages/0018/001899/189958e.pdf.
47. Velho, L. "The 'Meaning' of Citation in the Context of a Scientifically Peripheral Country." *Scientometrics* 9 (1-2) (1986): 71-89.
48. Wagner, C. S. *The New Invisible College: Science for Development*. Washington, D.C.: Brookings Institution Press, 2008.

223

第9章

开放政府与公民身份：承诺、危害及政策

阿伦·K.马丁、卡拉·M.博尼纳

新的信息通信技术为发展中国家带来了前所未有的变化，特别是在连接渠道、信息共享、个人之间的交流、民间社会团体、商业组织与政府管理方面。这些新的技术还会在不远的将来，在政府信息透明、市民参与、协作、服务及责任等方面，继续起到至关重要的作用。这是开放政府支持者们明确提出的！

我们已经相当熟悉这样的正面报道了：手机与在线社交媒介等技术在我们这个网络化的世界中已经发挥作用，包括组织有不满意见的民众、协调推动积极的社会与政治变革、曝光恶行、揭露滥用职权的行为、让犯错的人承担责任等。比如，2009年伊朗那场有争议的总统大选之后进行的大型抗议活动就是依靠信息通信技术协助组织的，随之被称为“推特革命”。时任英国首相的戈登·布朗(Gordon Brown)就曾评论说“卢旺达的种族屠杀在推特盛行的时代是不会发生的”。因此，新技术为建设更加开放与公平的社会带来的种种可能是激动人心的。

然而，正如本章所阐明的那样，要达到增强政府管理流程的透明度(与更多协作、政治参与)的目标(即建设开放的政府)，光是采用新技术是远远不够的。要利用好信息通信技术的力量，特别是手机与最新的网络应用(如社交网络工具)，需要进一步建设好基础设施并制定相应的政策，尤其是在与个人隐私和身份认证密切相关的领域。这样复杂的基础设施在很多国家并不存在。虽然有

224 些地方存在法律上的保护，但在实际执行时往往受到忽视，或者说

很少执行。现在，我们的担心是如果发展中国家随意地创造这些开放的管理系统，可能会造成新的软肋，比如，公民的隐私权会受到更多的威胁、信息安全更为脆弱、政府监管更加复杂等等。这些软肋会对开放政府倡议积极和民主的初衷带来挑战。

本章将探究这些问题。在开放政府的风险中我们重点聚焦政府与公民的关系，我们的目标是双重的：① 在利用开放政府各种应用时，要提出公民身份基础设施产生的潜在风险和负面影响；② 在如何降低这些风险的政策点上加强研究。尽管本章所列举的案例来自不同的国家，且大部分是发达国家，但我们的目的是推导出实用的政策建议，以降低可能出现的风险，不管是在发达国家还是在发展中国家。这样做是基于 2011 年的一个调查报告，这个报告提到了一个全球化的文化发展趋势，其中，全世界网民分享有关网上言论自由、隐私、诚信、安全等相似的看法和价值取向。本章强调更重要的一点是，这个报告还揭示了在推广互联网的新兴国家，如巴西、墨西哥、中国和印度，网民对网络隐私的态度与行为相对更加自由，而且在使用互联网与 Web 2.0 应用方面也比早些推广互联网的国家更为积极。当然，这并不表示发展中国家的情况是一样的，而是可以简单地找到共同点，归纳出这些问题达到了什么程度。这些共同点包括之前提及的对网络隐私、言论自由、安全与诚信的态度，以及很多发展中国家对建设基于技术创新的新型电子政务平台的广泛兴趣。

聚焦政府与公民的关系，我们先来探讨一下关于开放政府的一些争论，即它在推广民主参政渠道方面带来的益处与风险。然后我们再讨论一下与开放政府紧密相关的新型数字身份与隐私管理方面的主要问题。我们就三个主题进行分析，揭示在推动开放政府各种应用与维护公民网络隐私过程中产生的一些问题。最后一部分则提供了一些能缓解这些矛盾的实施原则。我们希望开放政府的益处与个人隐私的保护能够兼得，将不必要的、可能有害的公民监控所带来的风险最小化。

225

开放能完善民主管理

大家都承认互联网的广泛应用与相关的信息通信技术提供了一个改善政府与公民之间互动关系的新的平台。信息时代的普通公民可以更便捷、更直接地获取政府的服务与公共信息。同样的，政府机构也在开放与公民沟通及信息互换的新渠道，建设更高效、更透明、对公民需求反应更快捷的政府。这些都在电子政务政策改革中逐步实现，因为政策制定者越来越意识到新技术的潜力并以政务公开的形式加以应用。

2005 年经济合作与发展组织宣布，从公众视角看“开放政府中的商业机构、民间社会组织与公民可以‘了解’‘获得’和‘创造’，即可以了解相关且易懂的信息、可以通过政府交易等活动获得服务、可以在参与决策流程中发挥作用”。在美国，奥巴马政府发起的透明与开放政府项目旨在实现“政府前所未有的开放程度”。美国的开放政府项目是围绕三个核心价值设计的：

- 透明：通过进一步开放政府的数据与运作，提高责任性与效率，并带来更多的经济发展机遇。
- 参与：为汇聚更多更丰富的专业知识服务于政府决策创造有效机会；听取公众意见，并为公众参政提供更多机会。
- 合作：通过促进政府部门间、层级间的合作以及政府与公众的合作而产生更多解决问题的方法。

使用新的信息通信技术获取与散布信息，并与电子政务项目的部署相结合，被视作实现政府开放目标最有希望达成效果的方法。

让公众能够获取更多的政府信息是全世界电子政务网站提高政府透明度的主要驱动力之一。比如，墨西哥 2001 年立法通过了信息自由，建立一个记录管理系统支持公共信息的在线获取。墨西哥的这个立法成为其他更复杂的电子政务项目的奠基石，也为更多的公民网上参政打下了基础。这样的案例愈来愈多，比如巴西名为“e-Democracia”的众议院参政网站。这个项目提供了各种机制鼓励公民参政（找出需要解决的问题、讨论可能的解决方案，甚至草拟法案等），巴西议会成员通过各种渠道，如民意调查、公众论坛和聊天室等，直接参与其中。 226

诸如 Web 2.0 应用的协作式技术为方便参与、开放获取和合作提供了各种价格低廉、高效的解决方案，这不仅有赖于公民与政府的互动，还有赖于政府在这方面的作为。互联网与相关网络技术被认为是标准化工作流程、畅通信息流的强大工具，可以让各项程序更高效、责任更清晰，实现新的公共管理改革浪潮中所描述的那些变化。

开放政府的理念是通过透明与参政来普遍提升公共管理和政府运作效率的。近期研究人员的调查分析与关注点主要集中在信息通信技术如何打造“更好更开放的政府”，并显示出前所未有的乐观精神，比如《2010 年政府信息季刊》（*Government Information Quarterly 2010*）的特别报道。

然而，我们也要听取很多的批评意见。政府信息透明与开放获取也可能有危害。劳伦斯·莱西希在 2009 年发表的一篇短评中就说过，传播解释不清或有误导的信息就会引起困惑，如果公开的信息被误用还会引发政治危机，比如透明组织维基解密（WikiLeaks）发布美国外交电报机密文件引发的危机。另一种担忧是随着政府获取社交网络的信息而导致政府增强对民众的监控与潜在的隐私入侵。我们也必须考虑到，在政府主办的门户网站上开放信息前，要去除海量政府数据中可识别的信息（其中可能包括公民、公务员及其他人的个人信息），存在很大的复杂性和困难。公务员也会面临这样的风险，如果不能保护好个人或组织的敏感数据，他们可能会遭到问责。

要选择正确的技术与适当的渠道对外与公众交流或进行内部227交流，都不是很简单的事情。实现透明、参与和合作的目标需要更多的特别是跟处理个人或可识别信息相关的基础建设与政策支持。尽管关于开放政府的争论愈来愈受到关注，关于数字身份管理系统在这种平台上的作用却鲜见论述。由于政府与公民的关系特殊，需要谨慎评估信息技术对公共价值观的影响。另外，电子身份验证政策与技术也会牵涉到一些问题，包括多方面的隐私问题，这些问题急需我们的关注。下文将对这些问题进行深入讨论。

数字时代的公民身份管理

“身份管理”这个词涵盖了很多的政策与技术，帮助机构识别或验证系统或服务使用者的身份，同时，使用者又可以反过来确认他们与之互动的这个机构的可信度。在线下，识别技术包括国家公民身份证、签证、护照等，一般在银行或政府机构办事或出国时使用。而在开放政府情境中的身份管理有更重要的意义，因为它可以通过允许公民在线上更有效、更踏实地与政府互动，从而实现公开透明与参政议政的目标。这需要改变以往面对面互动形式的系统与流程（如出国流程），包括建立信任、信息透露与验证等。如果利用得当，这种身份管理系统可以让开放政府的运作平台顺利发展，既能顾及隐私，又能做到社会公平。但如果概念不清，设计不当，政策与系统则会引发新的问题，暴露出弱点。下文将概述数字身份管理的主要技术与主要问题。

首先，身份、识别与验证这几个概念是有重要区别的。戴维·莱昂（David Lyon）将身份与识别的概念做了如下区分：我们在现实中可能会把两者看作近义词，但是戴维认为身份是非常个人化的，涉及关系（即“我”与他人或事物之间“总有关系存在”），而识别则隐含着更多的技术含量。埃德加·A.惠特利（Edgar A. Whitley）

与伊恩·霍塞因(Ian Hosein)进一步区分了识别与验证。识别是揭示身份(或属性)的过程，比如，“这位是卡洛斯·加德尔(Carlos Gardel)”；而验证不同，虽然我们在平时的会话中会将两者混为一谈。严格意义上讲，验证涉及一个要求的确认或是授权获取某样东西，重要的是，这个过程并不一定需要揭示出身份(或属性)。比如，一些典型的验证要求包括： 228

- “这个人是×国的公民吗?”(如在边境检查时)
- “这个年轻人满 18 岁了吗?”(如在证明某人到了法定可以饮酒的年龄时)
- “这个人是当地人吗?”(如当限定当地服务的对象时)

重要的是，这些要求并没有揭示出一个人的身份(或身份要件——姓名、身份证号、出生日期等)。因此，验证从根本上说是一个是或否的问题(例如在事务处理中验证就是确保个人信息的透露达到最小化)。识别与验证是不同的范畴，它受不同的政策影响，收集与处理身份信息的系统必须加以区别对待。在网络设置方面应特别小心，因为媒介的特点，它们从用户中收集信息简直太容易了，而这些用户与当前的事务处理并没有什么关系。

这种对使用者的过度识别，特别是在只需通过验证要求的情境中，就会产生过于丰富的数据档案，或叫“数据重叠”，这都是将人们过去的行为、交易、联系、偏好等信息集聚在一起的结果。这种做法也引发了对不必要的建档与监控的担忧。也许使用这些数据起因并不是针对公民的(这种现象被称为“功能蠕变”)。当今社会，政府如果热衷于各种建档活动，就会出现批评的论调，这被称为政府的“数据库状态”现象。降低监控的风险并减少随之而来的批评，公民就会对推动信息发展战略的政府部门产生信任。

采取恰当的信息化手段可以避免这些问题。比如，很多情况下，达成一笔交易或是获取一项服务所需要的只是验证手段而非一整套的身份信息。在这样的场景中，用户可以用化名或匿名与 229

机构互动，只要相关的交易需要的信息是正确的，如，这个人是否声明把利益转给了他们，只要通过验证就行。

然而，目前因为机构都在一味追求解决各种网络身份问题的新方法，前面提及的关于验证或识别的思考以及公平的数据采集与保留等都被忽视了。我们可以用 2010 年网络游戏世界中的一个颇具争议的案例为例。游戏公司暴雪娱乐（Blizzard® Entertainment，大受欢迎的网络游戏《魔兽世界》的开发者）没有咨询其用户，就实施了一个新的参与者身份政策。这个新政策要求玩家使用真实姓名参加用户论坛的讨论。这个想法的初衷是要提高论坛讨论内容的质量，正如网站管理人所描述的，这个论坛“鱼龙混杂，充斥着各种侮辱性的言论，令人生厌”。但这项实名制政策并不受玩家欢迎。他们已经习惯于在游戏环境中使用化名，因为这是娱乐与放松的空间。由于玩家强烈指责该公司无视用户的隐私与安全，感觉到强大压力的公司赶紧撤回了之前的政策。其他在线网络，比如脸书与 Google+ 也由于他们严格的用户身份政策而面临同样的问题。

政府也在试图利用新的工具解决网络上的身份管理问题，当然他们的目的不一样，比如在不同的电子政务门户网站之间简化用户验证手续、降低网络身份验证的成本、改进政府工作等。这些验证与识别的工具包涵了各种不同的技术与技巧，一些已经很成熟，另一些则刚起步。昔日的纸质文档用新方法升了级，比如嵌入了电脑芯片和射频识别技术。在加密技术（数字证书＋公钥基础设施）的支持下，这些新的“智能卡”据称比传统的纸质文档更安全可靠。它们也需要更大量的技术设施与组织惯例以更好地发挥技术的作用。各国政府都意识到网络市场能带来的好处与风险，因此公民电子身份问题也就成了重中之重。

各国政府都在进行战略布局与决策，希望最佳地利用数字身份网络系统，其中许多政府选择了私有企业研发的技术，包括离散

230

验证系统（如 OpenID）。另一些政府则重新整理现有的 Web 2.0 与社交网站来达到身份管理的目的（比如，英国内阁就提议利用脸书作为政府服务的验证平台）。有时候，这种努力起到了反作用或意外的效果。很多这样的平台都受到隐私问题的困扰，而使用这些系统作为开放政府项目组成部分的机构则处境堪忧。比如，在受欢迎的社交网站上需要使用真实姓名的严格规定让一些公民不愿意公开讨论或宣传敏感的道德、社会与政治话题或观点，因为他们害怕会受到反对者的人身攻击。我们会在下文进一步讨论这些问题及可能导致的后果。

开放政府与网络身份发展现状：未来的挑战

这部分内容以事例阐明政府在推动公民介入网络环境的复杂性以及对身份、隐私和监控等问题的影响。我们的论述基于对使用新的信息通信技术推动建设更为开放的政府过程中引发各种争议的情况进行观察总结。虽然文中的案例都源于发达国家，只要能充分考虑到应用环境的多元化与差异性，从中汲取的教训对发展中国家也适用。

这样做的主要目的是通过观察总结出以政府管理为目标使用这些技术相关的益处与风险，从而提炼出政策制定的原则。第一个案例是关于利用社交网站协助政府管理与民众参政的；第二个案例则涉及结合新型多媒体与 Web 2.0 功能（非故意）跟踪开放政府网站使用者；第三个案例是关于利用手机和开放数据制作新的电子政务应用程序（比如电子政务或政府移动办公）的。

为民众建档？在线社交网络的政治参与

政府正在努力在网络上与公民建立更多的联系。一种方法是参与现有的已聚集了大量民众的在线社交网络，而不是从头开始创建一个新的平台。在这些在线网络中，有广为人知的脸书、231 Google+、Orkut、Myspace和推特。但一些作者已观察到政府对这些社交网络的利用会给民众带来各种隐私侵害：

- 政府机构可以在这些网络的用户档案中网罗各种信息，并将之用于用户本人事先并没有同意的目的，包括警务、移民、福利管理或征税等。2010年在以色列就有过一个案例，军方结合一些数据挖掘的技巧通过搜索脸书来鉴别逃避兵役者，特别是一些女兵是否真的是她们所声称的东正教犹太人（这样可以免服兵役）。这些问题在近几年尤其突出，脸书等网站频繁更新其隐私设置，用户的信息往往会被意外泄露。
- 政府可以利用社交网络提供的信息对个人做出不公正的判断，包括他们的政治关系与性取向等；这还可能会涉及用户社会关系的隐私权，因为他们朋友的档案也可能被获取与滥用。
- 丹妮尔·K.西特伦（Danielle K. Citron）认为从一般层面上看，政府对于社交网络信息的利用是侵犯隐私权的。海伦·尼森鲍姆（Helen Nissenbaum）曾将隐私定义为一个“综合情境的整体”，基于这一点，她认为政府利用从社交网络上收集的信息是有问题的，因为用户分享这一信息的时候是与情境相关的，对信息如何被使用、与谁分享都是有自己的预期的。当国家管理者怀着与网络用户不一致的目的参与社交网络时就违背了这种预期。

还有一种隐私侵害的情况是政府组织可以在这些网络环境中屏蔽用户。2010年下半年的一个事件就证明了这些问题的不确定性与敏感性。当时美国政府负责监管机场的运输安全管理局（Transportation Security Administration，TSA）在推特上屏蔽了一位知名的公众人物，因为他对这个机构最新的安全措施（涉及“先进的成像技术”与“扩大搜身”）提出了反对意见。虽然最终运输安全管理局撤销了对他的屏蔽，但之前的网审原因始终没有公之于众。更重要的是，事件本身引发了大家对开放政府是否会有这种排斥异己行为的担忧。如果技术是用来给民众更多的话语权的，232那么在什么情况下这些声音可能被屏蔽？对这些行为应有怎样的透明度？应该怎样问责？

近期的事件也表明这样的案例不仅发生在发达国家。2010 年伊朗饱受争议的总统大选后，有记者报道警察跟踪了活动者留下的电子痕迹，逮捕了几千名抗议活动参与者。2011 年 6 月，智利政府宣布其监控社交网络言论的计划，旨在评估公众对于现任政府的意见。两个月后政府撤销了这一备受争议的计划，很多人担心这会对言论自由与公民隐私权造成侵害。这些例子都表明围绕隐私权、言论自由与开放政府提议的紧张气氛已超出北美与欧洲的范围。

跟踪公民轨迹、个人信息的第三方获取

开放政府应用程序的基础平台与技术在设计时也会因为疏忽而造成对隐私的侵害。在美国就有一个案例证明这种担忧不无道理。美国总统每周都会发布一个对全体公民的视频讲话，现在使用 Web 2.0 多媒体技术发布在互联网上。而之前为了传输这些视频，白宫依靠的是谷歌的 YouTube 技术，这项技术在设计上会在用户的浏览器上储存消除不掉的加密数据。这些用于跟踪的加密数据是网站常用的也是饱受非议的手段，特别是在公共领域。美国政府机构之前一直禁止在他们的网站上使用这些加密数据，就是出于隐私与公民自由权的考虑。由于众多主张保护隐私的活动家的强烈反对，抗议政府在网上跟踪用户，白宫改换了另一个不依靠保留网络加密数据的视频平台，当然他们声称并不是因为对隐私问题的顾虑。不管动机如何，这个事件与其他类似事件（比如 challenge.gov 网站上的“超级网络跟踪器”）都表明，一些所谓理所

当然的设计会将开放政府是否有价值这个问题复杂化，同时也突出了第三方在技术发展中的重要作用，以及如何在解决方案中包含隐私法与规范。

另一个英国的案例进一步说明了第三方在基于Web 2.0的政府平台上获取个人信息的风险。2010年11月，有报道揭露英国国民健康服务体系（National Health Service，NHS）网站（站名为NHS Choices）在提供给公众健康咨询服务的同时，未经他们同意便将其访问的内容提供给脸书、谷歌（用于分析）以及广告商和第三方机构。这些信息包括对用户搜索的病痛知识或搜索条件等细节。脸书的用户在访问过这个网站后，其访问日期与时间、浏览的网页、IP地址的技术信息、浏览器和操作系统等信息都会反馈给这个社交网络。避免这种情况的唯一方法是在浏览器上禁用加密数据，但是这个方法很不实用，因为这样做会让上网这件事变得很困难。NHS由于信息共享事件备受指责，正在接受正式调查。

233

电子政务、开放数据与监控的新领域

随着全球手机应用的爆发式增长，各国政府也逐渐发现可以将其服务与信息条款延伸到手机平台上。电子政务允许公民、企业与政府职员从手机上获取信息与服务，由此提高政府移动办公的覆盖范围与获取度。这些移动技术还可以基于地理位置提供服务，即使用手机网络定位到使用者当前的地理位置并提供定制化的信息与服务。

尽管一开始对电子政务可谓进行了大肆宣传，迄今为止也没有很多人使用这些服务，大致是因为政府机构缺乏统一和持续的策略加以推行。只出现了一些手机上的通知与支付服务，其他电子政务功能就乏善可陈了。“目前看来移动技术以选民为中心发挥重要作用的唯一领域是公共安全：大规模通知和基于位置跟踪的紧急突发情况处理很显然为民众带来了极大的价值。”

然而，随着新一代智能手机的发展及其安装的简单易用的应用程序，这种情况可能在不久的将来会有所改变，特别是在发展中国家（比如，安卓版手机在肯尼亚这样的国家大受欢迎）。尽管目前要预估安装在这些新手机上的电子政务应用程序的技术难度与推广率还为时过早，但有些趋势已初露端倪。

与智能手机同时期出现的是公共数据包的获取，这是开放政府组成的另一个重要方面，让集成产品更受欢迎。这些集成产品结合了源自各处的数据与功能，创造新的服务，很多产品可以在手机上使用。实际上，智能手机之所以大获成功，其中一个重要原因就是 app 的获取。而这些 app 通常就是数据包的再利用。有一个例子跟开放政府相关（虽然不是典型的应用），就是公民可以使用 app 查看登记过的性侵犯者的行踪。 234

iPhone 应用程序商店中卖得最火的一款 app 叫 Offender Locator（罪犯定位器），就是将美国的性侵犯者的登记数据与谷歌地图相结合的集成产品[由于被称为“梅根法案”（Megan's Law）的“知情权”立法通过，这些数据可以被公众在线获取]。这个 app 允许使用者在地图上看到刑满释放的性侵犯者最后的已知地址（重要的一点是这并不是实时的跟踪，而是静态的可视化工具，将性侵犯者最新的登记住址显示在地图上）。

虽然对于未来的电子政务与开放数据来说，这个案例看上去可能太极端了，但如果政府没有仔细考虑后果，比如这些信息可能会被怎样使用或技术创新会如何将这些信息的使用复杂化（比如作为手机定位服务的一部分），而把个人信息（比如犯罪历史和地址）发布在网络上，就会引发很多问题。这些当然是政策制定过程中需要进行民主化的详细讨论并以证据说明支撑的；然而，有一个理由很有说服力，那就是这些性侵犯者以及类似的犯了罪的人也需要一个机会在还清他们对这个社会欠下的债务后重新开始他们的生活。当然，这些观点可以跳出对性侵犯者监控的具体事例，推广至其他人群与政策领域。我们主要想说的是政府数据的在线发布并不都是好事，我们有理由认为有些信息还是不要全透明为好，包括对公民自由的保护。

除了这个案例，还有其他趋势显现出开放政府的问题，包括对犯罪记录定位的 app（见英国信息委员会关于服务的透明度和隐私有关的建议）、用手机进行网上投票的提议、用移动技术将医疗信息传输给病人（在落后地区公众健康一般都是政府的职责）。这些应用造成了大量的隐私与安全问题，需要政策制定者在采纳与执行之前仔细考虑。

235

在开放政府中保护身份信息的政策制定原则

为建设开放政府，政策制定者在积极开发利用新的技术与平台。对于建立信任、保护隐私、遏制对公民的有害监控等问题，他们如何建立自己的解决方案？答案既不可能简单明了，也不可能保证有效。而且，这个问题需要从几个方面去探究，包括技术与互操作问题、如何保证隐私的保护与安全、如何提升公民的能力等。所有这些方面都很重要，不过在这里我们只聚焦两个主要方面：隐私权与信息安全。我们将根据苏格兰开发的三个公众服务交付情境中隐私友好型身份管理政策制定原则，结合对开放政府的讨论加以调整并推荐给大家：

1. 泄露可识别信息或个人信息达到最小化

公民要在线获取政府的服务时，只有在绝对必要时才需要证明他们的身份。这些系统应设计成验证对信息或服务的获得权，所用的技术需可靠且适用于相应的媒介（互联网或手机网络），在达成交易时只需要极少量的信息即可。同时，服务提供者也应向与其交易的公民提供一种可以证明其组织身份的方法，以确保交易的可靠性和可信度。

2. Web 2.0平台：明确、一致、可核实政策

要在Web 2.0和相关平台上提供服务的公共组织必须针对这些平台制定明确、一致、可核实的隐私与安全政策，并在项目执行前进行监控影响评估(Surveillance Impact Assessments)或隐私影响评估(Privacy Impact Assessments，PIAs)。美国的国土安全部(Department of Homeland Security，DHS)最近就其将谷歌分析嵌入其网站的项目进行了一次隐私影响评估，所导致的最终决定是“不管是DHS还是谷歌，都不可以收集、回收或保留可识别的个人信息(personally identifiable information，PII)，包括访问者的IP地址”。

这样的政策也要求在开放政府平台上收集和保留尽可能少的个人信息，在必须收集此类信息时也要征求使用者的同意。我们 236 意识到为开放政府应用程序开发的先进分析工具与“大数据”技术的使用会将数据保护原则问题复杂化，但是告知、征得同意、数据收集最小化这些原则对于保护隐私来说是最基本的。涉及支持服务提供或能在这些平台上获取到个人数据的第三方机构也必须遵守这些原则。实施这些隐私保护原则，一种方法是在合同条款中加以规定，另一种做法是要求技术支持伙伴使用加强隐私保护的技术与系统。通过这种方法，也能把隐私保护和责任落实到第三方机构。系统透明化，可让公民可以清楚地看到他们的哪些信息被收集和共享了，可以进一步提升公民的能力，也能提供一种机制，帮助公民抵制第三方机构对于其个人信息的获取。

3. 个人信息收集与存储达到最小化

政府机构在线与公民互动时必须尽可能少地收集与存储个人

信息。如果做到极致，这个原则差不多等同于西特伦呼吁政府使用社交媒介数据的“单向镜面”政策。也就是说，个人可以在这些平台上向政府反馈他们的意见，但政府不可以使用、收集或散布他们的个人数据。这样就创造了两个推定，一个是对相关事务开放的推定，另一个是对公民个人信息隐私保护的推定。西特伦构想的是一个法律概念，而非技术概念。她认定只有严格隐私保护规定才能让公民放心地参加开放政府建设项目。

然而，此类提议有着诸多限制，目前很多情况下政府都在使用法律手段，比如数据提交通知、传票、搜查令等，从社交媒体公司获取其用户的个人信息。虽然这些情况并不在关于开放政府的争议范围内，但是希望利用社交媒体和相关技术建设隐私友好型电子政府的政策制定者不能忽视这些情况。这个问题在数据保护法律更为薄弱的国家会更加糟糕。

如果假设“单向镜面”类的政策并不切实际，政府机构则需避免将他们收集的个人信息集中在一起，将个人信息与交易信息分开，并对这些数据库的访问加以保护。机构不应该在不同的政府网站与平台上跟踪公民的轨迹。政府组织还必须考虑是否需要存储识别信息以提供服务（很多情况下并不需要这样做）。

237

结论

建设开放政府已被迅速纳入很多政府的优先项目之中，这很有可能会带来诸多益处。我们的意图并不是要消除这些益处。我们只是想要让大家意识到开放政府建设的一些潜在的顾虑、负面影响和意外后果，特别是在公民身份与隐私这个领域。

我们论述了在鼓励与推动开放性的政府计划的同时必须考虑好保障互动与交易顺利进行的身份管理基础架构。如果没有配备好适用的架构与政策，政府功能向更加开放的空间转移，特别是涉及个人信息时，会引发大范围的隐私侵害、安全漏洞、有害监控、歧视乃至更糟糕的问题。就在我们撰写本章内容的时候，美国政府正在征集对《信息空间可信任身份国家战略》(National Strategy for Trusted Identities in Cyberspace)的提议，前文中论述的政策制定原则的很多内容都被采纳了。这是一个很积极的进展。这些提议最终会不会被实施，我们翘首以盼。而对于发展中国家的政策制定者来说，重要的是要关注这些进展在其他国家是如何影响开放政府的建设计划与在线身份管理架构的。

就像过去开展的电子政务情况一样，发展中国家会采用由发达国家首先设计并实施的模式，这一点大家都非常清楚。虽然没有简单的方法可以设计并执行新的兼顾隐私保护、公民自由与开放各种益处的数字身份系统，但我们在本章里还是提出了一些值得探究的路径。我们推荐的政策制定原则主要为两个目的服务：① 应对开放政府的复杂动态及其潜在的消极后果；② 为最大限度地降低风险提供一些方法。我们希望能够创造条件，以便更好地讨论下一代平台上在线获取、参与和合作的数字身份管理问题。

面对如此众多的技术、政策、社会与政治情境，我们承认还需要进行更多的研究才能全面了解开放政府建设在发展中国家对于隐私的影响。比如，在资源匮乏的环境中实施这些原则会碰到哪些困难？我们呼吁那些致力于开放发展与电子政务批判分析的研究者们去考虑那些新的项目是如何在发展中国家影响公民隐私的以及本章中所讨论的开放政府身份与隐私政策原则的优缺点。　238

参考文献：　243

1. Aichholzer, G., and S. Strauß. “Electronic Identity Management in E-Government 2.0: Exploring a System Innovation Exemplified by Austria.” *Information Polity* 15 (1-2) (2010): 139-152.
2. Anderson, R. I., T. Brown, P. Dowty, W. P. Inglesant, W. Heath, and A. Sasse. *Database State*. A Report Commissioned by the Joseph Rowntree

Reform Trust Ltd. York，UK：Joseph Rowntree Trust Ltd.，2009. http://www.cl.cam.ac.uk/~rja14/Papers/database-state.pdf.

3. BBC News (online). "World of Warcraft Maker to End Anonymous Forum Logins." July 7，2010. http://www.bbc.co.uk/news/10543100.
4. Bellamy，C.，and J. A. Taylor. *Governing in the Information Age*. Bristol，PA：Open University Press USA，1998.
5. Chadwick，A. "Bringing E-Democracy Back In：Why it Matters for Future Research on E-Governance." *Social Science Computer Review* 21 (4) (2003)：443 - 455.
6. Citron，D. K. "Fulfilling Government 2.0's Promise with Robust Privacy Protections." *George Washington Law Review* 78 (4) (2010)：101 - 124.
7. Clarke，R. "The Digital Persona and its Application to Data Surveillance." *Information Society* 10 (2) (1994)：77 - 92.
8. Cordella，A. "E-government：Towards the E-bureaucratic Form?" *Journal of Information Technology* 22 (3) (2007)：265 - 274.
9. Dawes，S. "Stewardship and Usefulness：Policy Principles for Information-based Transparency." *Government Information Quarterly* 27 (4) (2010)：377 - 383.
10. DHS (Department of Homeland Security). *Privacy Impact Assessment for the Department of Homeland Security Use of Google Analytics*，DHS/ALL/- 033，June 2011. http://www.dhs.gov/xlibrary/assets/privacy/privacy_pia_dhs_ga.pdf.
11. Doyle，E. "Beijing Uses Geolocation To Monitor 'Traffic'." *TechWeek Europe*，March 3，2011. http://www.techweekeurope.co.uk/news/beijing-uses-geolocation-to-monitor-traffic-22772.
12. Dunleavy，P.，H. Margetts，and S. Bastow. *S.，and J. Tinkler*，*Digital Era Governance*. Oxford：Oxford University Press，2006.
13. Dutta，S.，W. Dutton，and G. Law，*The New Internet World: A Global Perspective on Freedom of Expression，Privacy，Trust and Security Online. The Global Information Technology Report 2010 - 2011* (Geneva：World Economic Forum，2011).

244

14. Federal Law of Transparency and Access to Public Government Information. Article 9. Congress of the United Mexican States (2001)，http://freedominfo.org/documents/mexico_ley.pdf.
15. Fiveash，K. "Cabinet Office Talks to Facebook & Co about New ID

System: Online Access to Public Services Could be Via Social Networks." *The Register*, June 10, 2011, http://www.theregister.co.uk/2011/06/10/caninet_office_id_assurance_facebook/print.html.

16. Ford, J. "$80 Android Phone Sells Like Hotcakes in Kenya, the World Next?" *Singularity Hub*, August 16, 2011. http://singularityhub.com/2011/08/16/80-android-phone-sells-like-hotcakes-in-kenya-the-world-next.
17. Fountain, J. E. *Building the Virtual State: Information Technology and Institutional Change*. Washington, DC: Brookings Institution Press, 2001.
18. Haggerty, K. D., and R. V. Ericson. "The Surveillant Assemblage." *British Journal of Sociology* 51 (4) (2000): 605 - 622.
19. Heeks, R. Reinventing Government in the Information Age. In *Reinventing Government in the Information Age — International Practice in IT-enabled Public Sector Reform*, ed. R. Heeks, 9 - 21. London: Routledge, 2002.
20. Holden, S., and L. Millet. "Authentication, Privacy, and the Federal E-Government." *Information Society* 21 (5) (2005): 367 - 377.
21. Hosein, G., and A. Martin. *Electronic Health Privacy and Security in Developing Countries and Humanitarian Operations*. London: Policy Engagement Network, London School of Economics and Political Science, 2010.
22. ICO (Information Commission's Office). *Crime-Mapping and Geo-Spatial Crime Data: Privacy and Transparency Principles*, version 3. 4. Cheshire, UK: Information Commissioner's Office, February 2012. http://www.ico.gov.uk/~/media/documents/library/Data_Protection/Detailed_specialist_guides/crime_mapping_advice.ashx.
23. Jernigan, C., and B. F. T. Mistree. "Gaydar: Facebook Friendships Expose Sexual Orientation." *First Monday* 14 (10) (October 2009). http://firstmonday.org/htbin/cgiwrap/bin/ojs/iindex.php/fm/article/viewArticle/2611/2302.
24. Kundra, V., and M. Fitzpatrick. "Federal Websites: Cookie Policy." *Open Government Initiative*. July 24, 2009. http://www.whitehouse.gov/blog/Federal-Websites-Cookie-Policy.
25. La Tercera. "Parlamentarios opositores valoran decisión del gobierno de Cancelar Monitoreo a Redes Sociales." August 10, 2011. http://www.

latercera. com/noticia/politica/2011/08/674-385449-9-parlamentarios-opositores-valoran-decision-del-gobierno-de-cancelar-monitoreo-a. shtml.

245 26. Lessig, L. "Against Transparency." *New Republic* (New York, N.Y.) 240 (9) (2009): 37 - 44.

27. Lynch, J. "Social Media and Law Enforcement: Who Gets What Data and When?" *Electronic Frontier Foundation*, January 20, 2011. https://www. eff. org/deeplinks/2011/01/socialmedia-and-law-enforcement-who-gets-what.

28. Lyon, D. *Surveillance Studies: An Overview*. Cambridge: Polity Press, 2007.

29. Lyon, D. *Identifying Citizens*. Cambridge: Polity Press, 2009.

30. Marques, F. P. J. A. "Government and E-participation Programmes: A Study of the Challenges Faced by Institutional Projects." *First Monday* 15 (8) (2010). http://firstmonday. org/htbin/cgiwrap/bin/ojs/index. php/fm/article/viewArticle/2858/2583.

31. Mayer-Schönberger, V. *Delete: The Virtue of Forgetting in the Digital Age*. Princeton: Princeton University Press, 2009.

32. McDermott, P. "Building Open Government." *Government Information Quarterly* 27 (4) (2010): 401 - 413.

33. Narayanan, A., and V. Shmatikov. "Robust De-anonymization of Large Sparse Datasets." In *Proceedings of the IEEE Symposium on Security and Privacy*, Oakland, California, May 18 - 21 2008, Chair Y. Guan, 111 - 125. Oakland, CA. IEEE Computer Society, 2008.

34. Nissenbaum, H. *Privacy in Context: Technology, Policy, and the Integrity of Social Life*. Stanford, CA: Stanford University Press, 2009.

35. Obama, B. "Transparency and Open Government: Memorandum for The Heads of Executive Departments and Agencies," 2009. http://www. whitehouse.gov/the_press_office/TransparencyandOpenGovernment.

36. OECD. (Organisation for Economic Co-operation and Development). "Public Sector Modernisation: Open Government." Paris: Organisation for Economic Co-operation and Development, 2005. http://www. oecd. org/gov/34455306.pdf.

37. OECD. (Organisation for Economic Co-operation and Development). *The Role of Digital Identity Management in the Internet Economy: A Primer for Policy Makers*. Paris: Organisation for Economic Co-operation and

Development, 2009.

38. Ohm, P. "Broken Promises of Privacy: Responding to the Surprising Failure of Anonymization." *UCLA Law Review. University of California, Los Angeles. School of Law* 57 (2010): 1701 – 1777.

39. Recordon, D., and D. Reed. "OpenID 2.0: A Platform for User-centric Identity Management." In *Proceedings of the Second ACM Workshop on Digital Identity Management*, Alexandria, Virginia, October 30 – November 3, Chair Ari Juels, 11 – 16. New York: Association for Computing Machinery, 2006.

40. Schneier, B. "Security and Function Creep." *IEEE Security & Privacy* 8 (1) (2010): 88.　246

41. Scottish Government. *Identity Management and Privacy Principles: Privacy and Public Confidence in Scottish Public Services (Version 1.0)*. Edinburgh: The Scottish Government, 2010.

42. Shane, S. "Spotlight Again Falls on Web Tools and Change." *New York Times*, January 30, 2011. http://www.nytimes.com/2011/01/30/weekinreview/30shane.html_r=0.

43. Siegler, M. G. "The iPhone's Latest Hit App: A Sex Offender Locator." *TechCrunch*. July 25, 2009. http://techcrunch.com/2009/07/25/the-iphones-latest-hit-app-a-sex-offenderlocator.

44. Smith, M. L., M. E. Noorman, and A. K. Martin. "Automating the Public Sector and Organizing Accountabilities." *Communications of the Association for Information Systems* 26, Article 1 (2010).

45. Soghoian, C. "Is the White House Changing its YouTube Tune?" March 2, 2009. http://news.cnet.com/8301 – 13739_3 – 10184578 – 46.html.

46. Stevens, T., J. Elliott, A. Hoikkanen, I. Maghiros, and W. Lusoli. "The State of the Electronic Identity Market: Technologies, Infrastructure, Services and Policies." Seville: Institute for Prospective Technological Studies, 2011. http://ftp.jrc.es/EURdoc/JRC60959.pdf.

47. Trimi, S., and H. Sheng. "Emerging Trends in M-government." Communications of the ACM 51 (5) (2008): 53 – 58.

48. UN (United Nations). *E-Government Survey 2008: From E-Government to Connected Governance*. New York: United Nations, 2008.

49. Ungerleider, N. "Israeli Military Using Facebook to Find Draft Dodgers." *Fast Company*, November 23, 2010. http://www.fastcompany.com/

1704908/israeli-military-using-facebook-find-draft-dodgers.

50. Viner, K. "Internet has Changed Foreign Policy for Ever, says Gordon Brown." *The Guardian*, June 19, 2009. http://www.guardian.co.uk/politics/2009/jun/19/gordon-brown-internetforeign-policy.
51. West, D. M. *Global eGovernment 2007*. Providence, RI: Center for Public Policy, Brown University, 2007.
52. Whitley, E., and G. Hosein. *Global Challenges for Identity Policies*. Basingstoke, UK: Palgrave Macmillan, 2010.
53. Wills, D., and S. Reeves. "Facebook as a Political Weapon: Information in Social Networks." *British Politics* 4 (2) (2009): 258-265.
54. Wolf, C. "Update on Mexico's New Privacy Law: No Immediate Enforcement, But Companies Expected to Appoint Privacy Officer and Have Written Policies." April 6, 2011, Hogan Lovells Chronicle of Data Protection. http://www.hldataprotection.com/2011/04/articles/international-eu-privacy/update-on-mexicos-new-privacylaw-no-immediate-enforcement-but-companies-expected-to-appoint-privacy-officer-and-have-written-policies.
55. Yu, H., and D. G. Robinson. "The New Ambiguity of 'Open Government'." *UCLA Law Review* 59 (6) (2012): 178-208.

247

第10章

开放思想：从尼日利亚的知识产权、创新与发展案例中汲取的经验教训

杰里米·德贝尔、奇迪·奥古马南姆

人们对于知识产权与发展之间关系的理解在近年来发生了重大变化。过去几十年来，国际社会对于知识产权的基调是发展需要强有力的知识产权保护，只有知识产权受到保护才能推进发展。用一位世界知识产权组织前主任的话说，知识产权是“为经济发展提供动力的工具”。这种简单地认定知识产权保护更严格就更能推动发展的理念导致国际最低标准在20世纪逐年提高。在私人企业与国际组织的协助下，发达国家将知识产权加上强大的保护系统对发展有利甚至体系越严格越好的理念用各种方法硬塞给发展中国家。

随着世界贸易组织(WTO)的《与贸易有关的知识产权协议》、世界知识产权组织关于对版权、表演和录音制品的条约以及一大堆双边与多边协议的出台，知识产权保护的国际标准达到了前所未有的高度。这些标准对处于不同发展阶段的国家一视同仁，不管它们的经济、社会与文化条件有多么不同。虽然偶尔对发展中国家与最不发达国家的义务在内容与有效期方面会有所迁就，但总的来说，大家普遍认定20世纪国际知识产权法的标准原则应适用于所有国家。

由于标准提高了，仅靠在国内知识产权立法上保持一致显然还不能达到那些强有力保护提倡者所希望的目标。各种研究证实，特别是在发展中国家，在书面上的知识产权保护法律与日常现

实是有很大分歧的。有效实施需要对新的法律有足够的宣传与培训。

250 《与贸易有关的知识产权协议》及其规定的法律条款的改变，在发展中国家产生了对知识产权教育与培训的巨大需求。1996年，世界贸易组织与世界知识产权组织签订了技术合作协议，世界知识产权组织将提供技术协助，在发展中国家实施《与贸易有关的知识产权协议》中发挥重要作用，包括知识产权培训与能力提升。这一协议的签订更奠定了世界知识产权组织在国际知识产权教育与培训领域的中心地位，也符合其在1967年成立之初的宗旨："在全世界范围内推广知识产权保护。"推广知识产权保护的部分意义就是将这种保护的优点与详细程序教给他人。

知识产权的教育不仅仅是技术培训，更有必要在当地文化中推广并灌输知识产权的基本原理及其价值所在。要让很多发展中国家的政府官员、私营业主及公众确信颁布和执行严格的知识产权法规会推动发展，特别是经济的增长。知识产权培训师与教育者的动机并不是恶毒的。发起这些项目是因为他们坚定地认为，在欧洲、北美与日本这些领先国家模式上建立的知识产权体系会对全球经济发展带来好处，因此应该受到发展中国家的效仿。

具有讽刺意味的是，这个国际化的知识产权体系越是成功推广，就越引起大家对其可能的负面作用的关注。博伊尔(Boyle)就注意到这个放之四海而皆准、超级庞大、全球化的知识产权模式受到了广泛的批评。即使是在发达国家，也已经有人在强烈抵制知识产权体系，一些经济学家甚至建议在某些情况下应该彻底革新整个知识产权体系。

在这种两极分化的状态中，有一个中间立场正在显现。一组受人尊敬的专家受命客观地评估了知识产权与发展的联系，知识产权在发展中发挥作用和未发挥作用的经济数据与分析结果正在涌现。研究这个课题的专著与其他学术材料越来越多，特别是最近，出现了国际机构重塑对发展更有利的知识管理体系的良机。社会各界与学术界一起更加紧密地与政策智库、政府间的代理以及发展中国家的代表合作，为驱动渐进的变革推波助澜。在"获取知识"的框架下，开始出现对知识产权保护做出比较客观分析的评论文章，表现得更适度、注重细微差别，既反对最大限度主义又反对废除主义。

然而，在发展中国家过多地开展知识产权能力培训会让思想更封闭，在认识知识产权、创新与发展的关系问题上思想得不到解放。而在知识产权问题上解放思想是开放的一个前提条件，特别是对发展中的开放而言也许是根本的条件。争论与含糊是"开放""获取"和"包容"这些概念固有的性质，需要在操作时有很大的灵活性。但是保持开放的思想并不等同于不可知论，它更强调自主性，而不是被策划好的发展模式。它更尊重不同社会决定它们自己在这个全球化世界中发展最佳路径的权利。开放的一个重要组成部分就是理解与尊重在不同情况下产生的不同观念与方法，而这也是本章中开放思想的含义。 251

建立自主发展的能力离不开教育。正如肯普·罗兰·霍普(Kempe Roland Hope)所说："如果没有支撑性的战略、政策、法律、程序，以及功能完善的组织和受过良好教育、掌握技能的人才，发展中国家在计划、执行和评估其国家和地方战略时就缺乏了基础。"当前，在许多发展中国家出现的知识产权教育培训进一步强化了这个特定的路径，但它排斥对未来的各种可能性所做出的展望。于是，一种更加开放的知识产权体系就需要建立在一个规范的框架下，但能够接受不确定性、包容各种不同的观点。这种状况是非常理想的，因为它可以使人们有可能开发出适合他们当地环境的最佳方案(甚至可以授权让他们这么做。)

只有对知识产权在社会中能发挥怎样的作用有更深刻更翔实的理解，才是创造一个能够驱动创新、促进经济发展与人类自由的知识产权体系的前提条件。不仅要对知识产权与创新相关的法律与政策相当熟悉，还要详细考虑如何实施才能帮助发展中国家设计出适用于本国的、基于情境的知识管理系统。

为了这个目标，本章结合尼日利亚的案例分析了世界知识产权组织在发展中国家协助知识产权培训与教育中所起到的关键作用，并就创造思想更为开放的知识产权教育系统给出一些战略建议。虽然有批评意见，但世界知识产权组织及其合作伙伴，如尼日利亚版权委员会（Nigerian Copyright Commission，NCC），提供的知识产权培训与教育项目在达成他们的目标方面还是非常高效的。如果这些目标能与世界知识产权组织最近采纳的发展议程基本原则保持一致，发展中国家就可以对如何创造性地设计与利用知识产权系统促进人类发展的方法有更为丰富的理解，并从中获益。

252

第1部分：世界知识产权组织在知识产权教育中的关键作用

知识产权培训与教育可以在各种情况下进行，这取决于目标听众与具体项目的特定目标。由于发展中国家参与国际知识产权培训与教育活动的人员背景非常多元，目标也不尽相同，所以培训与教育的方式也可以多种多样。一种方式是通过国际或地区组织设立的项目，包括世界知识产权组织、非洲地区知识产权办公室（African Regional Intellectual Property Office，ARIPO）、非洲知识产权组织（Organisation Africaine de la Propriété Intellectuelle，OAPI）等等。另一种方式是通过国家知识产权办公室，通常是与外国政府部门与机构合作进行。获权机构、行业协会与非政府组织也可以组织特定的利益相关团体或公众参与正式的培训与教育项目。在高等教育机构，如大学与专科学校，也开设了大量的教育与培训课程。

既然参与者及其目标非常多元化，那么培训与教育活动的形式多样化也就不足以为奇了。这些活动可以是一天或几天的培训班，也可以是几个月的课程，甚至是几年的正式专业学习。课程设计者可以是国家或国际机构、独立的咨询师，或大学教授，授课的讲师或团队也是多元化的。

在发展中国家，一些知识产权培训与教育活动的形式占了主导地位，但所有前面提及的形式都存在。而所有发展中国家的知识产权培训与教育活动都有一个共同之处，那就是世界知识产权组织或多或少地以某种形式参与其中。可以说，发展中国家或最不发达国家中的知识产权培训与教育项目几乎都有世界知识产权组织的介入，可以说世界知识产权组织覆盖了知识产权培训与教育活动的所有方面。

实际上，在过去几十年中，世界知识产权组织在国际知识产权培训与教育项目中一直发挥着核心的作用。1974 年该组织成为联合国的一个专门机构，承担起“推进创造性的知识活动，帮助工业界的知识产权向发展中国家转化，以促进其经济、社会与文化加速发展”的责任。虽然联合国赋予其的这个职责与其之前的要求并不一致，但从 1974 年起，该组织的主要职责应是推进联合国的发展目标，然而其理念与相应活动的变化缓慢。评论者指出，该组织的立场就是通过推进全面的知识产权保护，促进创造性的知识活动与技术转移，并加快发展步伐。

253

虽然世界知识产权组织的各个办公室与部门管理着数量众多且形式多样的培训与教育项目，很多工作还是依靠世界知识产权组织学院（WIPO Academy）来完成的。这个学院通过五大领域的活动组织提供知识产权相关的教学、培训与研究服务。约·高木（Yo Takagi）和姆帕兹·辛杰拉（Mpazi Sinjela）最近详细总结了世界知识产权组织学院的项目发展历程及其战略方向。政策发展项目瞄准的是最具影响力的人群，他们会影响国内和国际知识产权政策课程的导向，如：大使和外交官、政府内的政策制定者、执法权威、法官、教授等等。职业发展项目针对的则是比较实用的知识产权相关技能的发展，比如管理与程序问题。教育学位/证书项目是与发达国家或发展中国家的高等教育机构合作，创造更深层次的教育机会。研究与执行项目则提供了知识产权商业化相关的发展方向。第五个领域触及的范围最广，是学院的远程教育项目，包括多种语言授课的一系列知识产权相关课程。自从学院成立以来，学院的定制项目服务了数以万计的参与者。世界知识产权组织网站上公布的数字是 87 000 多人，而其他世界知识产权组织资料显示这个数字在 2008 年年中就达到了 105 294 人。

根据学院的宗旨，每一个项目都要达到 4 个战略目标：能体现世界知识产权组织会员广泛参与的国际化方向；针对成员国独特的文化、经济与语言需求的方式；充分利用世界知识产权组织丰富资源与专家团队的指导方案；结合法律、经济、环境、商业、科学、技术及其他领域知识的跨学科特点。

254 学院的所有项目都不是随机发展的，是围绕其战略计划而刻意设计的。2005 年，就在各地的委员会加紧组织会议讨论决定发展日程的前夕，世界知识产权组织驻日内瓦办公室（WIPO's offices in Geneva）举行了知识产权教育与研究的大型研讨会。为期两天的研讨会邀请了来自发达国家与发展中国家知名的知识产权专家与教授，分别代表不同的观点发言。很明显，大家对于知识产权的教育方式要进行整体考量持有一致的意见，并且进一步强调了跨学科项目的重要性。与会者呼吁该组织要支持知识产权相关的教学工作。几年后出版了一本专著，我们会在本章的第 4 部分具体讨论其内容以及对于知识产权课程设计的建议。2008 年在日内瓦又召开了另一个国际会议，聚焦知识产权管理的教育与研究活动。参与者来自范围更加广泛的利益相关群体，包括私营企业代表、知识产权管理者和商学院的教授等，会议的效果还不是很明显。

世界知识产权组织学院明显地意识到要满足全世界对于知识产权培训与教育的需求是不可能完成的任务，即使跟各个国家的组织与机构合作也远远不够。基于这一点，世界知识产权组织做出的反应就是尝试建立一个学院网络，由国家结点组成，服务于知识产权培训与教育。2007 年举行了一次研讨会后，知识产权教育全球网络(Global Network of IP Academies，GNIPA)成立了，目前已有 17 家会员。迄今为止，这个网络还没有非洲成员，但这种情况马上会改变。

第 2 部分：世界知识产权组织发展议程带来的机遇

经过数年的讨论，世界知识产权组织于 2007 年正式采用了目前的发展议程。这个发展议程的制定始于阿根廷与巴西的一份建议书，然后经过数轮的会议讨论，很多的提议被提交，通过辩论、合并和组织，形成了目前的发展议程。这个发展议程的实质是否定了知识产权对发展的影响以及相关的全球与地区政策不分场景、过于简单的一刀切观点。这种新思路从理论上讲很值得赞赏，但在实际实施过程中却困难重重。

因此，在 2009 年，世界知识产权组织与其成员国协商并确定了基于项目的方法来实现发展议程的计划。比如，编号为 DA_10_01 的项目正在执行中。设立这个项目的意图是要测试一个在发展中国家与最不发达国家建立知识产权培训机构的新模式。新学院一开始设在 4 个地区：非洲、中东的阿拉伯国家、亚太以及拉丁美洲和加勒比地区，目标是提升当地知识产权领域的人力资源发展能力。

255

这个想法听上去很不错，如果项目圆满实施，就会积极推动世界知识产权组织发展议程的全面实施。然而，值得一提的是，世界知识产权组织知识产权学院全球网络中的一些成员，比如美国专利与商标局（the United States Patent and Trademark Office，USPTO），已承担着许多活动，并表现出发展议程所希望的姿态。美国专利与商标局自己的全球知识产权学院（Global Intellectual Property Academy，GIPA）并没有与之前所提及的知识产权教育全球网络合并，其本身也有着很大的影响力。这种影响力可以用其网站上公布的数字来体现，仅 2008 年这个学院就培训了来自 127 个国家的 4 100 多名官员，而培训的重点就在于提高知识产权保护以及增加美国的利益。实际上，这家美国学院的责任就来自 1999 年的《美国发明者权益保护法案》（American Inventor's Protection Act），该法案赋予了美国专利与商标局"提供指导、组织项目与研究、协调与外国知识产权办公室以及国际组织进行知识产权保护相关合作"的权力。

有可能发生的情况是，与类似美国专利与商标局这样的机构合作承办的已有活动仅仅贴上发展议程项目的标签，在组织文化与利益相关者的态度上没有任何改变。如果世界知识产权组织议程的实施项目被视作为之前被批评的项目的延续，那会导致发展议程出台之前的那些问题非但没有解决，反而会恶化。如果只是徒有其表的改变就标志着发展议程及其拥护者、世界知识产权组织乃至整个国际知识产权体系的失败。

知识产权教育全球网络在非洲的新节点将设在突尼斯。目前知识产权教育全球网络的非洲成员包括肯尼亚、摩洛哥与尼日利亚。这些地区的经验教训非常有价值。我们可以通过讨论某个特定国家，比如尼日利亚，来突出说明建立看似有所不同的知识产权培训与教育新模式会带来怎样的风险与机遇。尼日利亚知识产权培训与教育可以作为例证，说明全球关于知识产权培训与教育改革的讨论可能在当地无人关注，也有可能会推进更广泛的参与并对知识产权在发展中的作用进行更严格的评估。

256

第3部分：尼日利亚的案例

据官方统计，尼日利亚有1.5亿人口，是非洲人口最多的国家，拥有西非总人口的一半。尼日利亚是排在南非之后的撒哈拉沙漠以南地区的第二大经济体。尼日利亚是一个由250个民族组成的国家，有相应的250个语言和文化部落。因此尼日利亚是非洲的文化汇集地。尼日利亚广泛的创造性活动的一个典型标志是近年来电影业的显著增长，每年估计有1 000部低成本电影的发行量。以"诺莱坞"(Nollywood)而闻名的尼日利亚电影业被认定为"世界电影业最具生产效率的行业之一"(甚至可以去掉"之一")。继美国(好莱坞)与印度(宝莱坞)之后，尼日利亚成了世界第三大电影生产国。这一情况对于知识产权案例研究来说尤其具有吸引力。

尼日利亚知识产权管理的法律框架比较薄弱却又顽固官僚。专利、设计与商标的知识产权法规大部分都源自英国殖民时代，并没有经历什么重大的调整。不过版权相对来说发展路径有些不同，经历了积极的立法与管理。

尼日利亚版权委员会拥有版权的管理权，同时受司法部的监管。1988年成立的版权委员会主要由尼日利亚政府拨款运作。由于尼日利亚版权委员会的定位是成为外部利益相关者在知识产权问题上的可靠联络站，它与很多国际机构有紧密的合作并从中受益，这些合作包括研究、项目资助、技术支持等。主要的合作伙伴有世界知识产权组织、欧洲专利局(European Patent Office，EPO)、美国专利与商标局、美国司法部(the United States Department of Justice)、国际唱片业协会(International Federation of the Phonographic Industry，IFPI)、主要的几家跨国软件公司，还有像福特基金会(Ford Foundation)之类的机构。这些组织提供了各种技术支持，包括版权委员会职员在当地和国外的培训、研讨会和研究合作项目等。在这些外部合作伙伴中，世界知识产权组织排第一位。

尼日利亚版权委员会在成立运作的20年中，与世界知识产权组织保持着持续性的相互追捧。而这种关系随着1998年世界知识产权组织全球学院的建立而深化，正是在这个时期诺莱坞电影业发展成形了。尼日利亚版权委员会的许多知识产权事务官员以及专利、商标与设计登记处的人员都从世界知识产权组织通过该学院组织的知识产权培训项目和其他与世界知识产权组织合作的项目中获益。也许更重要的是，世界知识产权组织与尼日利亚版权委员会合作建立了尼日利亚版权研究所（Nigerian Copyright Institute，NCI），"一家以在非洲次区域推动版权法规制定与管理的研究与培训机构"。

257

有了尼日利亚版权研究所这个平台，尼日利亚版权委员会开始着手在尼日利亚的高校推进版权法规的教学与研究工作。2008年，尼日利亚版权委员会通过尼日利亚版权研究所编写了《尼日利亚高校版权法规教学大纲》（*Intellectual Property Law Syllabus for Nigerian Universities*）并推荐给尼日利亚高校采用。虽然在课程制定过程中缺乏对利益相关者的咨询，这个项目仍包含了所有知识产权体系，而不是仅限于版权这个尼日利亚版权委员会的法定授权领域。尼日利亚版权委员会的这个课程项目还是很值得称赞的，最起码填补了尼日利亚的高校在知识产权教育方面的空白。但是鉴于尼日利亚在其他创新领域的进展与前景超出了尼日利亚版权委员会的能力与知识范畴，是否应该由作为版权管理机构的版权委员会来主导该国整个知识产权政策与教育事务还有待商榷。

除了由尼日利亚版权委员会推动的知识产权教育以及提高公众意识的活动，关于知识产权的教育活动还以其他正式的（即由机构组织的）和非正式的形式开展。20世纪80年代后期，知识产权教育正式纳入了尼日利亚的高校课程，特别是法律系，不过只有一小部分院系讲授知识产权教育课程，课程的设置也相当薄弱，要么只有单独的一门课程，要么作为商业法课程的一部分。在法律职业教育层面，知识产权则作为商业法课程的一部分。这一课程列入法律教育委员会的律师培训计划，通过尼日利亚法学院组织实施。但是法学院在这方面的课程设置一般都仅限于几个课时的讲座，内容也仅为商标、设计注册，基于公约规定的专利申请办事流程，以及相关登记如何操作等。2000 年以来，尼日利亚已有 32 个法学院（系）开设了知识产权课程，内容与形式不一，不同院系采用的课程也不尽相同。重点还是在知识产权的传统领域，主要讲授法规以及案例说明，政策与发展相关的内容甚少。尼日利亚版权委员会的课程项目除了模糊地提到“出现的新问题”以外，其他的情况也差不多。

258 由知名度较高的专业人士、执行官与利益相关方参加的知识产权研讨会经常在尼日利亚的法律界与商界举办。法律界、电影与音乐行业、国家与国际知识产权管理机构联合推动着尼日利亚知识产权教育与提高公众意识的项目和活动。除了一些特例，大部分的项目都有一个特点，就是关注权益拥有方的利益，抵制从批判与发展的角度对公共领域进行知识产权的探究。

正如克里斯托弗·梅(Christopher May)在 2006 年所指出的，尼日利亚的知识产权教育与能力提升项目几乎没有涉及“知识产权保护新的或不一样的解决方案。各个国家的特定情况只有在不与《与贸易有关的知识产权协议》追求的法律效应以及世界知识产权组织认可的‘最佳做法’冲突时才会着重提出来”。那些高级别的知识产权官员们有意或无意地成了将这种经验转变成“社会取向的重要政治（甚至是意识形态的）内容”的产物。如梅指出的那样，“世界知识产权组织让政策制定者社会化的做法是非常重要的；教育与培训项目可以在国内负责政策制定的精英中培养支持者，他们热衷于新的（或变化的）知识产权保护方式，克服来自当地的反对阻力（如果他们不甘缄默）”。

我们是基于如下的事实来看待这个现状的：诺莱坞为外部利益者提供了平台与机遇，以保持在尼日利亚知识产权问题上采取单一化的政策态势。尽管尼日利亚版权委员会作为典型，高调地销毁了该国国内市场的许多盗版电影与书籍，但这只是转移注意力的障眼法，对诺莱坞不构成真正威胁。大部分对尼日利亚电影的盗版行径都发生在尼日利亚境外，使用复杂的技术远程地进行无授权商业目的的复制。尤其在一些工业化国家中，来自尼日利亚和其他非洲国家的移民成了诺莱坞的大客户。换句话说，不只是在尼日利亚国内，在发达国家也有很多人在靠坑骗尼日利亚的电影制作者们发财。在其国内市场上，一张尼日利亚电影的碟片均价在 1.25 美元左右，而在境外，盗版碟平均可以卖到 7 美元一张。

然而，在尼日利亚，由于版权委员会启蒙活动、教育与高校课程项目的积极推广，知识产权的概念已潜移默化地进入了公众意识。2005 年，版权委员会启动了旗舰项目——反盗版战略行动（Strategic Action against Piracy，STRAP）。这个项目为版权委员会在尼日利亚全国的版权以及知识产权保护活动提供了一个思想意识提纲，本质上说就是简化为主动出击的反盗版行动。尼日利亚公众对于知识产权的认识并没有延伸到与知识产权相关的其他领域，尤其是生物技术、食品安全、人权、健康等。重点还是在版权方面，但是在这个领域创造作品的文化团体与使用者都会先被假设成盗版者，直到证明他们不是。

259

总的来说，尼日利亚版权委员会在尼日利亚捍卫的知识产权保护姿态与方式源自其坚定的信念：只有严格保护知识产权，抑制任何想要获取原创作品的行为，捍卫创造者的权益，甚至不惜牺牲其他利益相关者的权益，才是其政体内经济与社会发展的万全之策。得到了诺莱坞利益集团的声援与支持，尼日利亚版权委员会的反盗版战略行动在尼日利亚进展顺利，对公众的知识产权教育也深入人心。

这种在尼日利亚对知识产权保护强有力并有偏颇的方式像是与历史发展与情境无关的机器，这倒是后期才开始捍卫知识产权的国家，如美国、日本、欧洲大部分国家、近年来的韩国与其他几个亚洲“小龙”所喜闻乐见的。这些国家在创造与创新的早期发展阶段，要么忽视知识产权保护，要么采取发展友好、易于技术转移的知识产权策略。当今世界的大多数发达国家，就像美国，都是从盗版起家的。

最后要指出的是，知识产权政策与管理相关的标准化法规也成了尼日利亚失去其在全球知识产权政策讨论中从其发展的角度争取更多权益的话语权。迄今为止，尼日利亚并没有成功地优化其作为非洲最大人口国与最大潜在市场的地位。除了人口与市场优势，尼日利亚还是非洲的知识发电厂，集聚了众多的音乐、电影、文学、丰富多样的文化，以及丰富多元的生物资源、传统知识与创新团体。尼日利亚是，也应该是，发展中国家的领头羊与代表，在知识产权政策领域提出非洲地区的发展议程。但是，尼日利亚并没有像巴西、印度与中国（金砖国家）和其他发展之友集团（Friends of Development，FOD）国家那样，坚持质疑以美国为首主导的知识产权标准方式，确立新的知识产权发展要务，并在现行的世界知识产权组织发展议程中得以体现。

总而言之，尼日利亚的知识产权教育发展是有倾向性的，主要原因是整个项目的主导机构尼日利亚版权委员会有其职责范围的限制。更重要的是，版权委员会采取的是标准的非批判式的工作方式。这也就是为什么不管是在本国还是在国际上，尼日利亚版权委员会愿意合作的，或是愿意与尼日利亚版权委员会合作的，都是权益拥有者。因此，导致尼日利亚版权委员会将自身与整个知识产权体系的作用看作是一种对权益拥有者的应有回报。目前为 260

止，尼日利亚推进的知识产权教育不仅偏向于权益拥有者，也偏向版权领域。虽然尼日利亚有着精细的官僚体系、专业人员与多元化的知识产权利益相关机构，但版权委员会仍主导着政策领域，而这个领域正是尼日利亚推进均衡、对发展动向敏感的知识产权教育课程制定所需要的。

第4部分：正统的知识产权教育学

无疑，世界知识产权组织学院成立10多年来在达成其目标方面成果是卓著的。在这么短的时间内能向数量如此众多、背景如此多元的参与者开展特定主题的培训，任何一家教育机构都会感到自豪。对于学院项目的评估也确认参与者受到的培训是非常高质的，也符合该组织的宗旨。世界知识产权组织想要的并不只是毕业者的数量，而是成功地推进其战略目标。学院做得特别好的一点是强调知识产权教育与培训的学科交叉方式，这是整体理解知识产权如何在社会中发挥作用的前提条件。显而易见，世界知识产权组织在其课程制定以及教育战略发展过程中做了很多的咨询与反思工作。

世界知识产权组织在设计与推进知识产权课程方面的合作工作却还远远没有完成。2008年，世界知识产权组织才出版了以知识产权教学为主题的第一本书——《知识产权教学：原则与方法》(*Teaching of Intellectual Property: Principles and Methods*)。在学院的网站上有个题为《高校层面的知识产权教学方法与教育学》("Intellectual Property Teaching Methods and Pedagogy")的文件，提供了更多关于教学方法与教育学原理的信息，但世界知识产权组织认为还有很多的问题没有解决。

世界知识产权组织还没有独立分析或充分探究的一个关键问题是在发展中国家如何设计知识产权课程内容、教材与课程进度才合适？发展中国家与发达国家的知识产权教育与培训应该保持一致吗？是否应该针对目标受益人群强化甚至改变某些主题和视角？

有些观点提出在教育培训发展中国家参与者时，一个不同之处就是需要让发展中国家参与者确信这些主题的确与他们相关，这样才能揭开知识产权的“神秘面纱”并消除他们对知识产权影响健康与教育等领域的“偏见”。要达到这个目标，教材中要有大量篇幅着重描写知识产权对经济发展的影响。然而，对于一些发展中国家担忧的问题，如知识产权与更宽泛的公共政策制定和人类发展的交叉影响的问题，并没有花多少时间进行批判式的评估。

261

学院的学术文献也没有提及更适合发展中国家知识产权教育的不同教育学原则。虽然世界知识产权组织在传输教学方法、教育学战略、样板课程与源材料时也承认这种一码通吃的知识产权教育模式并不合适，但这些材料几乎没有为发展中国家的参与者量身定制任何内容。

在讨论“如何讲授知识产权”这个主题时，世界知识产权组织所给出的不同方法主要是面对面课堂教学和辅导与远程教育之间的区别。这种区别当然也重要，但是远没有触及深层次的问题，如学生与老师的角色、教学风格、材料的选择以及其他教育学问题。有些文件提及了案例分析与问题导向这样的教学方法，这当然也有用，但是更翔实与深入的讨论才是有效推进知识产权教育与培训的关键。完全有可能找到一些特定的方法更适合不同情境中的不同学习者，比如来自发展中国家的学习者。

世界知识产权组织学院为高校的知识产权课程提供了一份特别的指南。根据这份指南，高校中与知识产权相关的专业课程至少可以有三种形式：非法律学科（如商科、工程或科学）的综述性课程；知识产权法律的初级与高级课程；研究生的专业课程。包含的主题取决于课程的性质，可以包括权利范围、申请保护程序、实施机制等。围绕这些主题，其课程可分为综述性课程、主题性课程、高级研讨班，或是实践课程，由全职教师或是兼职教师进行教学。当然，不同项目的课程内容与形式及指导老师，都不尽相同。

学院发布的关于教育学的文件只有几小段是关于如何在发展中国家进行知识产权教学的。对这个主题不够重视且资源匮乏阻碍了项目的实施。而学院认为，只有当大学教授与管理者、政策制定者意识到知识产权是“达到经济与文化发展目标不可或缺的工具”，才能对克服这些障碍有所帮助，才能有效推进发展中国家的知识产权教育与培训。除了这些，就没有其他关于这个主题的实质性内容了。

世界知识产权组织关于知识产权教育学的指南中的其他内容都是比较共性的。新的指导老师首先要研读该领域的知名专家所编写的教科书范本。那些经验丰富的教授与业内人士则不必如此。学院还列出了其他研究内容与资料的链接，用于知识产权教育与培训。实际上，这其中大部分是世界知识产权组织会议文件与委托撰写的报告，只有一小部分是独立编写的参考资料。

但是，这份清单也过时了好多年。而且，里面所列的主题与材料也不足以涵盖目前知识产权与发展及相关的公共政策交叉作用的批判式分析与展望。举一个典型的例子，其中有一份资料是关于“出现的新问题”，它宣称给出了对尼日利亚知识产权问题的剖析。但是就像清单里的许多其他材料一样，这份资料的分析还是只关注权益，对发展问题星星点点地提到了一些，但没有实质性的解决方法。

世界知识产权组织学院关于知识产权教学最综合性的成果是最近出版的一本书。这本著作的撰稿人包括一些知名的知识产权专家，从各个角度比较多元化地讨论了知识产权的相关问题。每个章节有特定主题，如专利、版权、商标等。还有其他的专题，如工业设计、知识产权与竞争、经济与知识产权、商学院中的知识产权课程、非法律人士需要了解的知识产权相关知识、知识产权实务、知识产权远程学习，以及目前发展的趋势。但是对于知识产权与发展、发展中国家的知识产权或其他能产生类似效果的主题没有专门讨论。只有最后一章对于当前趋势与未来发展的总结有点接近于批判性视角。

整本书中星星点点的某些陈述表面上看反映了一些不同的视角，但是，总体上说，这本书的内容还是很保守地重复着标准的知识产权信条，而正是这种信条引发了批评意见，并导致了世界知识产权组织发展议程的出炉。

再比如，书中关于专利的章节，省略了很多当前公共政策问题的讨论，包括医药专利与公众健康，这个话题肯定有很多学生感兴趣，特别是来自发展中国家的学生。这个话题颇具争议性，会产生很多不同的讨论视角，但这正应该是去触动而非回避它的原因。 263

关于版权与相关权益的章节中特别建议教授们对学生要强调世界知识产权组织的互联网协议（包括技术保护措施等）不会根本上改变国际标准；“它们均衡、灵活，充分考虑了不同发展层次的所有国家以及所有利益相关者的合法权益”；不会造成法律与经济上的负担；不会延伸版权保护范围。这样的建议如果出自一位参加编写与推动这些协议的专家，还比较能让人理解，但这样的建议并不能客观地反映数字版权以及反规避立法这样一些有争议的话题的不同视角。事实上，这样的建议很有可能与许多发展中国家的专家意见是相悖的，他们会建议讲授知识产权课程的教师们在授课时更为客观、注意细微差别。

第5部分：开放思想对待知识产权与发展问题

鉴于知识产权教育与培训项目参与者的目的不尽相同，我们相信有必要讨论一下如何更好地确定知识产权与发展的教育学问题。不过，更为切实可行和适用的方式是给出一些可能的建议，即如何能更好地将知识产权教育与培训和实施发展议程的基本原则有机结合起来。这可以通过学院创造新的项目与活动，或者对现行的项目进行评估与调整，以及由外部利益相关者介入来实现。

要讲清楚知识产权关于发展导向的观点，最简单、最实用的教学策略就是将相关的批判性内容与现实问题结合起来。采取相应的教育学策略可以引导大家用更为开放的思想观念去观察分析知识产权与发展之间存在的复杂关联性。这就需要摒弃之前确信知识产权保护总是能推动发展的假设。同时，我们也不可以假设知识产权保护是阻碍发展的，或者对知识的更多获取对于达成发展目标是更好的方式。开放的知识管理产权体系并不是两极化的、相互排斥的选项。而且，也不仅是单纯地走向另一个极端。知识产权与开放获取之间的关系要更为复杂。

264

知识产权经常可以通过创新的方法加以利用以确保开放。具体的例子包括开源软件社区的基石——通用公共许可证（general public license，GPL）。这样的机制及接纳它的社区如果没有一个强有力的、实施性强的知识产权体系，便会分崩离析，而通用公共许可证很好地解决了这个问题。类似地，大家可能意识到知识共享许可从本质上讲就是一个数字权益管理（digital rights managements，DRM）系统。数字权益管理系统包含三个核心部分：技术保护手段、权益管理信息操作、终端用户许可协议。知识共享许可从根本上说主要依赖后两个部分来管理数字权益。版权法则是知识共享能力的基础，这个能力包括要求使用者对创造也有所贡献，同时保留作品的完整性，或是以同等条件将衍生作品许可授权给其他社区的使用者。

知识产权教育有一个更宏大的抱负，就是要开发出一些新的课程。这些课程聚焦在知识产权、发展，以及所有国家尤其是发展中国家所应对的全球公共政策挑战的问题上。要构建这样的课程，一种策略是有意识地将公共政策的目标放在前列，让学生多了解知识管理与主要的全球挑战（气候变化、食品安全、人口健康、公共教育、男女平等和减少穷困等）之间的联系，然后再逐步深入研究知识产权的法规或信条。课堂研讨的问题可以包括：

- 全球专利政策如何影响非洲的艾滋病危机？这跟其他全球范围流行病的真正威胁为何有关系？
- 知识产权法律、环境生物多元性与气候变化之间有何联系？
- 版权抑制了对学习材料与教育的获取吗？如果是，那么谁受到了影响？在哪里受到影响？受到怎样的影响？为何受到影响？
- 西式的版权、专利、商标对于保护全世界土著民族的传统知识与文化是否适用？
- 国际知识产权政策对于互联网与手机作为通讯媒介，推动文化转型以及建设参与性更强的民主体系会产生怎样的影响？
- 植物基因资源的专利越来越集中是否威胁到农民的生计，甚至影响到全球的食品安全？

围绕这些问题来构建整个课程会有更好的甚至是意外的收获，而不是将其作为基础或高级课程的最后一个模块，如果还有时间的时候才加以讨论。特别是，这样能让学生在一个适合的情境中进行思考，能更容易看清楚知识产权到底是什么：一种能获得更大的社会政策目标的手段。这可以成为一种有效开放学生思想的战略，让他们在更大的范围内看清知识产权在社会中的作用，以及知识产权是如何推动或是阻碍发展的。

265

第6部分：知识产权教育与开放发展的一些结论

将开放的概念应用于国际发展形成的一种新的观点对于转变主导了20世纪下半叶的概念范式有着非凡的意义。在知识产权领域，有这样一种变化趋势：以前那种基于贸易、强调严格一致的保护、推进技术转移以促进发展中国家的经济增长的框架，正在向一个以人为中心的系统转变，这个系统以自由与可持续为核心价值。然而在尼日利亚和很多其他发展中国家，知识产权教育与培训仍然受狭隘思维所控制，课程中几十年不变的信条就是让人们确信知识产权才是解决问题的方案。不承认知识产权教育的非确定性、细微差别及复杂性，就不可能尝试利用适合当地情况的知识产权体系来推进经济、社会与文化的发展。开放的思想对提升自主发展的能力是至关重要的，必须成为发展中国家知识产权培训政策与教育学的奠基石。

世界知识产权组织新的发展议程给出了一个逆转之前发展趋势的机会并使之变为现实。虽然其中的一些建议认为能力建设与标准设定不是一回事，毋庸置疑的是所有的教育与培训活动都不可避免地有一个标准或理念支撑，反映出解决问题相关的价值观与信念。从这个意义上说，教育与培训从种类上分不只是技术协助类。因此，需要思想更为开放的教育学方法对知识产权在发展中能否发挥作用的真实情况提供更清晰的分析。今后由世界知识产权组织主导的研究与能力建设项目将从融合中获益，使组织与协调更为便利。通过对外部的计划进行援助（而非管理），并加强对学生更直接的支持，世界知识产权组织与其合作伙伴才能更好地应对开放思想对未来知识产权与发展问题带来的各种挑战。

266

270

参考文献：

1. Armstrong, C., J. de Beer, D. Kawooya, A. Prabhala, and T. Schönwetter. *Access to Knowledge in Africa: The Role of Copyright*. Cape Town: University of Cape Town Press, 2010.
2. Boyle, J. "A Manifesto on WIPO and the Future of Intellectual Property." *Duke Law and Technology Review* 9 (2004): 1-12.
3. Chesbrough, H., W. Vanhaverbeke, and J. West, eds. *Open Innovation:*

Researching a New Paradigm. Oxford: Oxford University Press, 2006.

4. de Beer, J., ed. *Implementing the WIPO's Development Agenda*. Waterloo, ON: International Development Research Centre; Centre for International Governance Innovation; Wilfred Laurier University Press, 2009.
5. Deere, C. *The Implementation Game: The TRIPs Agreement and the Global Politics of Intellectual Property Reform in Developing Countries*. Oxford: Oxford University Press, 2008.
6. Drahos, P., and J. Braithwaite. *Information Feudalism: Who Owns the Knowledge Economy?* London: Earthscan, 2003.
7. Ficsor, M. *The Law of Copyright and the Internet: The 1996 WIPO Treaties, Their Interpretation and Implementation*. Oxford: Oxford University Press, 2002.
8. Fink, C., and K. E. Maskus, eds. *Intellectual Property and Development: Lessons from Recent Economic Research*. Oxford: The World Bank and Oxford University Press, 2005, 1-15.
9. Gervais, D., ed. *Intellectual Property, Trade and Development: Strategies to Optimize Economic Development in a TRIPS Plus Era*. Oxford: Oxford University Press, 2007.
10. Hope, K. R. "Investing in Capacity Development: Towards an Implementation Framework." *Policy Studies* 32 (1) (2011): 59-72.
11. Idris, K. *Intellectual Property: A Power Tool for Economic Growth*. 2nd ed. Geneva: World Intellectual Property Organization, 2003.
12. Kapczynski, A. "The Access to Knowledge Mobilization and the New Politics of Intellectual Property." *Yale Law Journal* 117 (2008): 804-885.
13. Krikorian, G., and A. Kapcynski, eds. *Access to Knowledge in the Age of Intellectual Property*. New York: Zone Books, 2010.
14. Lessig, L. "Piracy." In *Free Culture: How Big Media Uses Technology and the Law to Lock Down Culture and Control Creativity*, 62-79. New York: Penguin Press, 2004.
15. May, C. *A Global Political Economy of Intellectual Property Rights: The New Enclosures?* London: Routledge, 2000.
16. May, C. "The World Intellectual Property Organization (Global Monitor)." *New Political Economy* 11 (3) (2006): 435-445.

271

17. May, C. *The World Intellectual Property Organization: Resurgence and the Development Agenda*. London: Routledge, 2007.
18. Netanel, N. W., ed. *The Development Agenda: Global Intellectual Property and Developing Countries*. Oxford: Oxford University Press, 2008.
19. Okediji, R. "WIPO-WTO Relations and the Future of Global Intellectual Property Norms." *Netherlands Yearbook of International Law* 39 (2008): 69 - 125.
20. Owoseni, C. T. "Recent Developments and Challenges in the Protection of Intellectual Property Rights. New Developments and Challenges in the Protection of Intellectual Property Rights: A Nigerian Perspective." WIPO/ECTK/SOF/01/2.7. http://edocs/mdocs/ip-conf-bg/en/wipo_ectk_sof_01/wipo_ectk_sof_01_2_7.pdf.
21. Sell, S. *Private Power, Public Law: The Globalization of Intellectual Property Rights*. Cambridge: Cambridge University Press, 2003.
272 22. Sell, S., and C. May. *Intellectual Property Rights: A Critical History*. Boulder, CO: Lynne Rienner Publishers, 2006.
23. Takagi, Y., and M. Sinjela. "Harnessing the Power of Intellectual Property Strategy and Programs of the WIPO Worldwide Academy." *World Patent Information* 29 (2007): 161 - 167.
24. Takagi, Y., L. Allman, and M. A. Sinjela, eds. *Teaching of Intellectual Property: Principles and Methods*. Cambridge: Cambridge University Press, 2008.
25. World Intellectual Property Organization (WIPO). The Teaching of Intellectual Property Law. In *Introduction to Intellectual Property*, 563 - 580. London, UK: Theory and Practice, 1997.
26. World Intellectual Property Organization (WIPO). "Proposal by Argentina and Brazil for the Establishment of a Development Agenda for WIPO." Doc. WO/GA/31/11. *WIPO General Assembly*, 31st Session. Geneva, September 27 - October 5, 2004. http://www.wipo.int/meetings/en/doc_details.jsp?doc_id=31737.
27. World Intellectual Property Organization (WIPO). *WIPO Worldwide Academy 1998 - 2008, A Decade of Excellence, A Decade of Achievement*. Geneva: WIPO, 2008.

第三部分

开放的建设

第 11 章

科学、信息通信技术与参与式发展的开放协商：AfricaAdapt 网络的经验教训

布兰·哈维

新的信息通信技术的到来，尤其是多种信息源与多种设备输入的 Web 2.0 在线技术的实现，激发了很多领域从业人员的想象力，包括国际发展与科学领域。这些新的平台提供了机会，将被简单地定义为终端用户或信息消费者的人群转变成积极的参与者或制作者，且各个不同的利益或行业社区在阅读、反应、修改与分享内容的过程中可以变换角色。因此，有人声称 Web 2.0 代表着一种“新的参与架构”，更民主化，同时也挑战着基于信息通信技术构建的环境与关系中传统的做法与观念。而与此同时，在参与式发展与气候科学领域，对于终端用户角色演变的思考正在发生，尽管程度不尽相同。

这些转变体现着由批评家、女性主义者与后现代理论家以及逐渐意识到权力、文化与知识构成之间紧密关系的大众提出的关于什么是官方或有效知识的挑战。它们也表现了对某些特定的认识共同体与学科构建意义的广泛的批判式思考。在此背景下，本章想要批判式地思考一种新的参与式架构及其应用前景，这个架构利用信息通信技术构成的网络进行气候变化与国际发展的合作。通过这个北半球-南半球适应气候变化的知识分享网络的案例分析，本章探究了如何将开放与参与这些概念的不同理解集合在一个项目里，并阐述了这个项目在工作方法上离散式的建构以及对这种方式的理解。项目所达成的分享意义与做法，是由现存

276 的文化、关系、经济认知和参与加上特定技术与协议所决定的工作方式的结果。

这些分享意义构建的流程却很少透明或是加以开放地反思。这些意义都是通过某些“组织”社会关系的特定做法标准化后得出的。这限制了我们对于一个给定的参与架构建设过程或者这个架构是如何适应其工作内容的理解。这在项目的边界内外都有深远意义，因为“知识文化拥有真正的政治、经济与社会效应”，这些效应会互相倾轧、不能兼得，也能从根本上决定最终所能达成的结果。承认这种复杂性并公开地参与这些不可见的意义协商与标准化流程，就可以揭示各种力量与文化如何建设并限制我们对发展理解的方式。

本章先介绍在气候科学与国际发展的情境中认知文化的概念，并将它与通过信息通信技术等架构技术支持的特定形式的论调如何产生的过程联系起来。然后通过 AfricaAdapt 案例说明一个协作的项目中不同社区的交叉对意义产生的挑战。AfricaAdapt 是非洲的一个北半球-南半球如何适应气候变化的知识分享网络。通过与主持这个网络的合作伙伴详细讨论，本章探究了工作方法是如何确立与说明的，并检阅了这些工作方法对网络中意义与目的离散化建构的影响。我们着重关注了发展范例向项目合作伙伴对参与和开放的理解施加的强大影响，以及在此网络中信息通信技术建构的环境如何让某些活动享有特权而又倾轧其他活动。基于这些观察与理解，我们总结了这些意义产生的流程对现行网络构架的影响并思考这对于此种合作形式有何更广泛的意义。

理论背景

此部分介绍了认知文化的概念，并将之与话语权联系在一起，这种话语权可以验证某些意义有效同时否定其他意义。然后讨论信息通信技术如何在这个意义协商的过程中起到调解作用。

认知文化与意义的离散化建构

277

20世纪70年代以来，对知识产生、验证并流通的流程和条件的研究与思考稳定地增长，揭示了权力、性别、文化与职业实践在形成我们所知过程中的干涉作用，以及定义所知的力量如何增强某个社会团体同时削弱其他社会团体的权威。后工业时代全球化趋势与新技术的崛起也导致在跨国信息或知识社会中，信息与知识可作为政治和经济货币的论调。面对对知识在情境中意义（及其与权力的联系）的理解以及它作为货币与商品的增长这两种平行发展的趋势，研究者们正热衷于探究卡琳·诺尔·塞蒂纳（Karin Knorr Cetina）所称的"知识设置"或"服务知识，并随着知识的表达而展开的全套设置、流程与原则"。塞蒂纳称，这些设置由特定的认知文化决定，而这特定的认知文化又决定了保持或推翻某个问询结果的政策与做法。知识设置从历史上看有受时间、地点与周边世界（如物理科学领域的周边世界就是实验室）限制的倾向，但网络化社会在全球范围的互动允许更加分布式的设置（主要得益于信息通信技术的发展）。据塞蒂纳观察，这种演变涉及不同周边世界的融合以及不同行政与政治文化之间关于如何兼容的协商。在气候变化与国际发展领域，问询与多种认知、地理与社会红利相交，需要更好地理解这些知识设置的产品如何流转，并被其他有着类似知识的社区或文化采用或征服，与其他真相合并。这里讨论的案例正处于同时代的跨国知识协商状态。

为了更好地理解在特定的认知社区中知识主张的产生以及它们进入更广泛的流通之间的联系，我们要用到"话语"这一概念。关注此概念以及话语的产生对于理解交流行为如何组成与表述我们的社会现实很有帮助，也能揭示权力在这个流程中所发挥的作用。诺曼·费尔克拉夫(Norman Fairclough)就声称："控制话语的权力可看作是通过推崇特定的观念以维持某个特定的离散式行为，让它占有主导地位，倾轧其他选项(包括对立的)。"用词语组成话语(同时组织词语所指向的概念)最终构成了对象及社会关系，还有这些话语中的主题位置，个人或集体可以在这些位置上发表言论。因此，在国际发展中，"参与"和"开放"这些词的意义的构成，有效地形成了发展行动的政治观念，然后延伸至潜在的被认为(或努力成为)对发展有贡献的机构与个人。比尔·库克(Bill Cooke)在2003年提出，"参与"在世界银行/国际货币基金组织(International Monetary Fund)发展计划中付诸实践时，比起与这个词经常关联起来的权力类型，与近年来殖民制度下的管理方式更有共通之处。

278

本文讨论的最后一个问题是新的通信技术在知识产出、验证与流通的过程中发挥的作用。我们认为信息通信技术作为协调的手段，在人们组织与协调行动时发挥着关键作用。罗杰·西尔弗斯通(Roger Silverstone)详细描述了这一协调的流程，认为它是"根本上辩证的概念，要求我们将沟通过程视作既有机构又有技术驱动与嵌入的流程。而协调，则需要我们理解沟通过程如何改变了支持这些过程的社会与文化环境，还有机构和个人参与者跟环境及其相互之间的关系"。从这个意义上讲，协调的技术不能被看作是被动的或中立的，而应该同时是它们被付诸使用的环境与情境的产品和缔造者。从这一点上理解信息通信技术，就可能将它们产生的影响与其他发展中协调力量的影响加以比较与关联。这些协调力量包括管理技术(如"项目"与"评估")"在组织与协调涉及人、时间、空间与金钱的行动中能够提高效率与可靠性"。对于信息通信技术应用于发展情境的研究还没有充分探究"权力、政治、援助依据、机构安排"等问题，但这些问题"正是可以打开'黑匣子'的钥匙，可以帮助更好地理解并激发合适的行动"。

气候科学领域的参与、开放与知识

传统上，自然科学更应该与探究模式相关联，关注的是距离、客观性、权威性而非发展社区模式，因此直到 21 世纪初期气候科学领域才开始关注内涵、社区意见、向其他知识集开放等方向。最近关于 IPCC（政府间气候变化专门委员会）气候模型与预测系统是否应该公开透明的争论就突出了目前新的研究结果与知识的建立还是偏向于闭合式的“专家”讨论方式。但是现在越来越多的人发现利用所谓非科学知识集（或称为本地、传统生态、原住民知识）的传统做法来进行天气预测、测量与调节也有着很大的潜力，也有越来越多的人支持在使用天气信息时请社区一起参与。这种趋势的产生主要是因为意识到气候科学在可靠预测气候变化方面的局限性以及社区在做出决策时所需信息精度的可变性，还有当地知识、文化、做法在对气候变化做出有效反应时的重要作用。

279

可见，气候变化成了一个复杂的领域，自然科学、社会科学、文化与政治在多个层面上相互交叉作用，从全球气候建模与管理框架改换成当地的天气对人类与自然环境之间关系的影响。在这个领域中需要多种技术进行协调，包括用来进行数据收集、建模与降尺度的复杂的信息技术，还有在气候变化与发展领域全球与区域机构的各种沟通技术。这些都深刻地影响着当前气候变化及其与发展关系的话语与知识体系的形成，也影响着可能的参与形式与层次。我们会对之进行深入探究。

AfricaAdapt：通过网络化合作进行意义协商

本章现在要讨论的是 AfricaAdapt 这个案例。这个网络将科学与发展社区的合作伙伴聚在一起，由一家非政府组织、一家政府间组织、一家科学研究的地区中心和一家发展研究所联合主持管理工作。这是一个典型的不同背景的认知社区相互交叉的案例，利用不同的技术协调形式在网络中推动建设知识共享文化这个首要目标，而这个目标与之前所定义的推动开放的概念是保持一致的。

280

方法论

这里的分析主要是从 2009 年 10 月与该网络合作实施伙伴组成的网络管理层中不同层次的 5 位受访者及与其紧密关联的 2 位受访者进行面对面或用虚拟方式访谈所得。其中 3 位是网络的知识分享主管(Knowledge Sharing Officers，KSOs)，主要负责网络相关活动的实施，在合作的非洲机构工作；1 位受访者时任项目经理，在发展研究所工作；1 位网络管理团队成员，在合作的非洲机构工作；1 位是在英国工作的知识分享顾问，他在早期的网络发展战略制定过程中起着重要作用，后来主要为知识分享主管提供指导；还有 1 位是捐助机构的代表，对这个网络的活动非常熟悉。我们会引用受访者的原话来描述他们在网络中意义制定的流程逐渐展开时所留下的印象，他们的回答会经常放在一起，用以比较不同的情境如何影响他们对于意义的建构。我们从采访内容中抽取归纳了一些他们对合作期间意义与工作方法如何建立的共性、重复的描述，并在下文中加以分析探究。

背景

AfricaAdapt 是 2008 年在非洲建立的一个适应气候变化的知识分享网络，一开始由 4 家合作单位主持管理：位于塞内加尔达喀尔(Dakar)的第三世界环境与发展行动(Environment and Development Action in the Third World，ENDA - TW)、位于加纳阿克拉(Accra)

的非洲农业研究论坛(Forum for Agricultural Research in Africa，FARA)、位于肯尼亚内罗毕的IGAD(政府间发展组织)气候预测与应用中心(Climate Prediction and Applications Centre，ICPAC)和位于英国布赖顿(Brighton)的发展研究所(Institute of Development Studies，IDS)。该网络的宗旨是“推动适应气候变化的知识流通，帮助对气候多变性与非洲大陆气候变化敏感的研究者、政策制定者、民间社会组织与社区更有效地持续工作”(详见www.africa-adapt.net/about)。该网络目前已有近1 300名来自非洲气候与发展社区的会员，大部分是教授与学生。网络由英国国际发展部(Department for International Development，DfID)与加拿大的国际发展研究中心将其作为非洲适应气候变化(Climate Change Adaptation in Africa，CCAA)项目的子项目给予资助。非洲适应气候变化项目的宗旨是为了促进非洲本土研究者的参与行动研究。因此，AfricaAdapt项目的理念跟非洲适应气候变化是一致的，提供了一个空间让其会员们共同构建其工作，获取非洲本土研究者提供的多种形式和语言的信息与研究发现，与其他从事非洲如何适应气候变化相关工作的人建立起新的联系(虚拟或面对面的)。而信息通信技术的使用在推进与协调4家合作单位之间以及主持者与会员之间的关系方面起到了非常重要的作用。合作主持管理的4家单位之间，主要应用了Web 2.0工具，比如Skype、Wikis、Delicious，还有更传统一些的电子邮件。而与其会员之间的联系，AfricaAdapt网络运用了不一样的工具，比如推特、YouTube和自己的网络平台，这个平台可以用类似于脸书和其他一些社交网站的样式创建用户和项目档案。

281

最初想要创建一个知识分享网络的讨论主要在加拿大的国际发展研究中心与英国的发展研究所之间进行(在选择其他合作机构之前)，包括确立知识分享的文化到底应该涉及哪些理念。这些讨论主要由网络的一位知识分享顾问来引导，他那时在英国的发展研究所工作，在早期讨论制定实施战略过程中起着重要作用，之后也由他将这些战略与所选择的合作机构分享。正是基于发展研究所对知识分享网络的愿景与网络建设之初的讨论，合作单位确立了未来网站的驱动力有哪些，选择了知识分享主管团队的工作方式，并安排他们在各个合作单位工作。每家合作单位将这些初步确定的建议又根据自己的特定情境做了相应的调整，雇用了知识分享主管。受聘的知识分享主管专业背景与经历各不相同，也说明了网络的启动会议上发展研究所的知识分享愿景传达之后合作单位的机构文化确立过程中有一个内部解释与协调的过程。在农业领域的政府间组织，聘用的是一位图书馆信息系统与发展所需的信息通信技术专业背景的知识分享主管，而在那家环境领域的非政府组织聘用了一位有市场营销背景的知识分享主管。发展研究所挑选的是一位具有教育与发展专业背景的知识分享主管；而搞科学研究的气候研究所决定聘用一位气候科学家，最后，一位有物理学专业背景的气象学家得到了这个职位。

在项目之初对知识分享文化的特定愿景的推崇，与此愿景被加以阐释后翻译转化成聘用不同知识分享主管的结果，这两者之间的相互作用揭示了多种机构与认知影响如何导致对知识分享不同的理解以及在网络中的实施。这一过程的展开分几个阶段：有时“可见”（从合作伙伴的会议上对某个概念的报告中可见）、“有部分不可见”（合作单位之间的内部协商）和“大多不可见”（知识分享愿景的初步发展、评估与认可），而各个阶段涉及的参与度也是不同尺度的。而这些不同层次与尺度的参与和开放又可以同时进行，极大地影响着在离散化的协作网络中人们对特定概念的理解、体现和行动。

282

网络中意义的构建、验证与论争

要说明网络中的意义是如何构建的，我们可以先来看一看一些决定了网络的建设原则与目标的核心概念，然后思考一下不同情形的合作单位是如何理解这些意义以及意义形成的流程是怎样的。所有受访者给出的最核心并最具挑战性的概念包括："知识分享文化"（前文已有所讨论）、"研究者"（这个项目的关键目标群体之一）与"质量"（特别模糊的一个概念，但对于旨在收集、翻译、散播气候相关的研究内容的网络来说却又很有争论意义）。正如本文一开始所说，话语的构成有对象、社会关系和主题位置，个人或集体可以在这些位置上发表言论。因此，对这一流程的思考可以帮助揭示特定人员、机构或社区之间是如何协商权力，最终又是如何影响到谁能包括进来谁不能进来的。我们用以下两个例子来说明这种协商在网络中是如何展开的。

我们的研究者并非都穿着实验服

正如前文所述，研究者是参与这个AfricaAdapt网络的核心成员，也是目标群体。在网络战略的制定过程中，有一个共识就是研究者应该是首要目标群体，这在呈现给潜在利益相关方的项目计划书里就有所陈述。但由于非洲的气候变化研究需要多学科交叉，这个目标群体的范围又十分宽泛而多变。当这个概念在来自不同的文化与语言的网络会员之间传达时，含糊不清的解释造成了一些困扰，几位在网络中担任知识分享主管的受访者是这样反馈的：受访的1号知识分享主管回忆道，"我有一位同事，也是知识分享主管，她讲法语，她一直在说研究者如何如何，但她说着说着就困惑了，然后就问：'嗯，请跟我明确一下这个问题，你们所说的研究者到底指谁？我听到研究者这个词时就想到穿实验服的人，而我们的研究者并没有穿着实验服呀。'"

283

然而，过了一段时间，在网络成员的共享话语框架内对于研究者的理解范围变窄了很多，差不多只跟加拿大国际发展中心资助的非洲适应气候变化项目中的参与行为研究形式(participatory action research,PAR)相关了。这种变化主要是因为这些研究形式与网络的总体发展目标高度一致,而获取外联信息与相关联系方法也有诸多好处,当然,提高资助研究推广活动的可见度也有潜在的益处。然而,在网络成员之间,“研究者”这一特定团体的定义与解释是不一致的,尽管大家都同意项目资助者有很大的影响力。一位知识分享主管认为网络越来越关注资助者的优先权而逐渐偏离了它本来的聚焦点;而另一位受访的2号知识分享主管则认为这个变化除了受资助者的影响,还缘于网络“内部”对于聚焦点的搜索,“我们对自己说‘先从研究者开始吧’,但‘研究者’这个概念太宽泛了……为了更加确定,我们回去看非洲适应气候变化项目书,这样更容易些。我们的确是找到了聚焦点,这很有帮助。所以项目资助者对这个过程的影响很大。我们无意识地就会对自己说‘这是非洲适应气候变化的项目’,因为他们是资助者,但是这样真的是最佳做法吗?”然而,当我们就同一个问题与项目经理讨论时,他的看法非常不同。他觉得网络的发展越来越包容,而不是相反。“我觉得一个很重要的变化,也是非洲的现场项目经理支持的变化,就是AfricaAdapt不需要只为非洲适应气候变化项目服务,而是涵盖了非洲适应气候变化并加以调整的整个领域,所以它不再只是项目的一个客户……对于我们来说,这让我们可以从某些程度上脱离与非洲适应气候变化的联系,但是从外部看,人们还是会把这个项目看作是国际发展中心抚养的孩子。”

284 目前对于研究者这一目标群体的理解如何演变的多种认知表明隐藏的部分或整体不可见的意义制定在形成不同情境中的人对于事物发展的理解方面具有多大的重要性。这些认知也指向了特定话语的力量,不管是直接听到还是推断得出,如何能推进对其要传达的信息的一致理解(如“研究者”的定义)。因此,虽然AfricaAdapt理论上是向所有人开放的,那些在网上或在某个活动上发现这个网络的人可能来自非常不同的背景，而对其加入这一“开放”网络的邀请基于特定的优先等级，无论是战略上还是无意识的。

开放与参与是流动的概念，而参与的空间取决于多种因素，包括在本案例中使用者可获取的工具或资源的类型（气候数据集与脸书风格的档案页面）、使用者收到的邀请形式和给予特定使用者优先权的动机或压力（前文已提及）。网络的合作伙伴注意到气候学家在这个网络的参与较少。受访的项目经理提出了一些初步想法，指出造成网络中气候学家参与较少的原因既有内部的也有外部的。“科学在这个网络中并不发挥主要作用，而且部分原因也是由于还有其他网络、其他空间容纳相关的科学活动，所以我们不需要再重复这些活动。……另外，我们也没有真正地提供鼓励科学活动开展的空间。”

一位知识分享主管则指出，网络没有成功地吸引气候学家参与其实是失去了一个机遇，特别是其中的一个合作单位IGAD气候预测与应用中心，其本身就是科研机构。他说：“IGAD气候预测与应用中心与气候学家和类似群体有很多联系，但我在网络上并没有看到这些人。因此，我觉得网络并没有充分利用这些资源。我们的目标应该是研究者，但我们只跟参与行为研究者打交道，而忽略了气候学家。”这些观点证明了可获取的参与空间类型，以及其他地方可获取的空间，对参与者的类型起着决定性的作用。事实上，将网络有限的人力与财务资源投入行为研究社区的决定也许限制了包括气候学家在内的其他研究者的参与可能。尽管这样的决定可能会被视作没有成功地向所有人开放，然而从更实际的方面讲，这也反映了务实的观念，即尽善尽美实在太难了，还不如找到一个特定的目标做好，与其他项目互助互补。这个例子说明推动开放的重要挑战就是获取开放的空间对于不同的人来说可能是不一样的，因此，有些人比其他人更容易获取；

285

同时，它也突出了这样的情况，即一个特定研究者团体的优先程度对网络的形成有着根本和持久的影响，而这个过程也受不同情况的合作者的影响，每个合作者对其也有着不同的理解。这也可能导致一个相关概念，其与网络最终想要的会员相互影响。

质量的评估

不难看出，围绕气候变化这个有争议且复杂的主题，这个知识分享的网络能否提供高质量的有效信息是非常重要的。气候变化的知识跨越了许多认知、学科领域与机构团体，从各种知识产生的源头提取并且不同人群的可接受程度也不同。在许多方面，AfricaAdapt 所提供的知识都介于应具有客观性与可验证性的科学发现和当地民众日常观察与传统知识结合的所谓“软”形式之间。收集、评估与验证知识的流程对于认知社区的架构与运行来说是占中心地位的，因此网站一开始就需要决定其编辑的方式，以确保其质量。而这些决定在给某些参与者提供了很好的机会的同时，也潜在地对于参与者空间的提供有些偏向性，不管是在质量的概念还是在编辑者的控制策略方面。那位受访的项目经理这样表述讨论框架背后的思维模式：

> 很显然，从一开始我们就明确地意识到质量问题。但是我们的初衷是要提供一个相对开放的空间，没有过多的介入协调，能够接受不同形式的知识，而 IGAD 气候预测与应用中心也强调了这个宗旨，希望这个网站和我们的活动都是非常社区化的，我们需要确保我们与社区的互动交流、本地的知识及其他相关活动。所以从一开始我们的编辑策略就定好了，比我所见过的其他网站策略都要开放与自由一些，但明显，我们的管理团队对此有

286

> 些争议："我们其实需要基础的有质量的气候科学知识，有质量的科学知识才能支撑起我们的工作。"

当被问到 AfricaAdapt 应该如何做来维持其知识来源的质量时，受访的 3 号知识分享主管呼吁要有更严格的专家介入协调与控制："所产生的知识及其质量也许应该受到监管或者通过某种机制得以维系，有点类似于一种评审机制，有专家或同行评审……我们在发布内容时也应该有选择性，要看看提供者是否擅长某个专业、是否为知名的科学家或教授。"

这些观点上的不同指向的是在气候变化与发展领域关于知识来源的更宽泛的讨论，正如本文一开始所提及的。受访的项目经理就这一立场对参与者的潜在影响提出了他的想法，特别是已习惯于对质量有更为详细定义的使用者可能做出的反应。他认为："一位非洲的气候科学家在撰写一篇高质量的气候科学文章时，他也许会想：'我不要把我的文章上传到 AfricaAdapt，这个网站没有任何验证的流程，我的工作价值可能会被埋没。'"

这其实体现了一种可能，就是如果在一个特定空间里采取包容性更强的方式，实际上可能会限制某些认知文化群体的参与潜能，因此这些群体注重更为标准化的（或者说有排斥性的）质量评测手段。这也体现了寻求跨学科或认知区域的知识分享项目所面临的巨大挑战，到底应该如何分享，有没有比较典型的合适的做法，这个问题并没有在这个共享空间得到充分讨论与比较，而且在不同的社区之间经常理解不一。

最后，质量问题还未在网站的合作伙伴之间引起冲突，尽管他们对这个问题的理解各有不同。不过对于发展研究所与捐助机构所获得的知识的质量问题"倒是"出现了更广泛的争论。这一立场也不可小觑，特别是在适应气候变化社区的知识产出政治经济体内。这一立场也决定了如何利用信息通信技术方便使用者在网站上分享知识，这些方式我们会在下一部分详细介绍。

287

信息通信技术与意义的协商

AfricaAdapt网络合作伙伴及其目标受众的离散化性质意味着信息通信技术无论在管理上还是在交付服务上都起着中心作用。然而，事实上在线技术的连接与使用在非洲大陆还是很有限的，而80%的网络成员都在这里，这就对发挥这个中心作用提出了挑战。这个问题值得反思，合作伙伴们一边试图平衡技术的选择与使用，让用户们能通过各种形式表达自己（图片、视频、微博等等）；一边又不得不承认存在着限制因素，包括连接率、识字率、技术的获得度等等。我们还需要注意这些被选用工具的固定逻辑以及它们是否适用于特定的知识设置。比如，用维基作为共创空间，这里没有“明确的”格式，某个人贡献的内容可以被别人反复评阅修改，一些气候研究社区的成员就对此感到不安。同样，可用的工具中缺少气候建模工具与数据集（而其他知识平台上有）这一点也进一步体现了网站对其推广流通的信息与知识的形式和来源有着特定的观点。

除了选择与部署合适的信息通信技术，对于网站的核心成员来说，沟通更是重要的挑战。这些成员想要确保开放与合作的模式，但同时，又要协商调和由于每个成员机构的运作标准所限而导致的不同期望。这些问题都对研究如何在不同的机构、认知、文化、语言或技术之间合作实现开放有借鉴作用。同时，这些问题也与前文提出的意义制定问题有所重叠：两者都强调特定的意义，而其形式又取决于产生的意义。核心管理成员就指出了内部一直在努力平衡伙伴间更大的开放度与希望创造一个更安全的运作空间（特别是知识分享主管）之间的冲突，这种努力也是信息通信技术的知识分享顾问一直所鼓励的。他解释说：“在初期阶段，我们主要由知识分享主管与顾问一起讨论如何建立一个空间，先由知识

288

分享主管做出分享，然后建立他们的同行支持，再决定用维基空间这个比较私密的空间，这是个不错的主意……核心小组也希望能快速地了解知识分享主管在他们的会谈中说了些什么，对于有多少内容可以分享也进行了一定的协商。”

这些在合作中推进开放同时又避免强制性的可见度的协商（或称为“信息的全景敞视”），指向了开放与支持技术之间的一个重要连接点。一个闭合的让知识分享主管可以脱离管理监控的在线空间，与一些合作伙伴的机构层级和实际操作是不一致的，也与一些合作伙伴对于开放共享的愿景不一致，他们认为必须在开放模式中创建一个大家支持的安全空间。

超越信息通信技术本身：协调技术与执行规定

除了信息通信技术提供的协调功能之外，其他技术（这里的技术是更宽泛的概念）从根本上决定了网络内部显现的开放与参与形式。这里影响力最强的是项目本身的理念及其相关的技术与实践。它非常适合国际发展领域，行为主要在关系周边形成，而关系则由项目的架构限定。正如本文开头所提及的，最初项目提议发展的部分可见流程确定了话语，而对网络宗旨与定义的理解就是通过话语形成的。合作计划与逻辑框架的发展勾画出了这个空间，在这个空间里合作成员与合作组织中的特定个人将成为带头人，并且定义合作活动中的开放程度与可见空间。

一位知识分享主管强调了在合作活动中提高可见度的这些技术的潜力，“我们应该更努力发展通信系统，提高可见度，改进工作表之类的项目管理工具；工具需要非常简单，这样才能让任何一位项目成员都很清楚发生的情况”。另一位知识分享主管则强调了这些技术在管理合作伙伴行为方面的重要性：“AfricaAdapt 有一个管理架构，基于这个架构还有很多项目文件作为指南引导我们执行这个项目。这些都是帮助我们做出决定的东西。比如，核心小组成员基于项目文件做出了决定，然后告诉知识分享主管或各个参与机构去执行。”因此，这些项目文件形式的发展与使用，跟确定的标准一样，在合作机构内部或之间协调并组织行动，帮助明确各个角色与各自的责任；但同时，似乎也强加了限定。这位 3 号知识分享主管所说的架构其实也有层级概念（即少数几个人制定的项目文件，通过核心管理团队解读后传递给执行某个决定的知识分享主管），这在每个合作机构中也是如此，只不过程度稍稍不同而已。

在 AfricaAdapt 项目中，其实跟很多其他项目一样，协调技术（包括信息通信技术以及更宽泛的管理技术形式）方便了某些形式的互动与交流的同时也排斥了其他。在研究开放与发展时，揭开这些动态可以展现出特定技术在多个层面上在合作伙伴间协调时其影响的复杂属性。比如，对知识分享主管的维基工具这种新的交流工具的使用，可能创造出新的意义共建空间，但是这些益处会被机构层级形式和其他管理技术隐含的种种限制（如项目的逻辑框架）所抵消或抵制。我们在结论部分会对此加以概述并思考对未来的研究与行动意味着什么。

讨论与结论

AfricaAdapt 提出的挑战可谓雄心勃勃，其志在跨越不同的分区推动适应气候变化领域知识分享的开放与合作，并取得了卓越的成绩，也能总结出重要的经验教训。本文通过处于不同位置的网络核心成员伙伴表述的观点与经验，对这些经验教训加以思考提炼，着重反思了合作伙伴之间意义协商的方式对参与的新架构范畴的影响以及信息通信技术与其他协调技术对这种协商的影响（和反映）。本次调查的首要结论就是，虽然这些新的技术可能确实在某些情境中提供了贡献和参与的新渠道，但它们都受很多其

290

他因素的影响，而这些因素会决定是否及以何种形式创建这个新架构。另外，基于对开放和参与的各种不同解释，特别是在跨认知社区的合作中（我们在气候变化与发展中就有类似发现），一个架构是否适用就很难达成一致意见。除了以上综合性的结论，这个网站的经验教训还体现在以下几个关键点上：

首先，关于开放和参与的构想是特定认知与机构文化的产物，会对知识的产生以不同的方式加以民主化。诺尔·塞蒂纳曾断言，"知识文化对政治、经济与社会有着深刻的影响"，这隐含着"协作"而非"中心化"的内容产出，从根本上又取决于这些内容所覆盖的现有机构与认知传统。这些传统反过来对何时与是否将一个人的观点凌驾于另一人之上以及是否邀请合作或抓住合作机遇等类似问题，起着决定性的作用。这些现行的知识文化的影响力不可忽视，并且要放在更宽泛的知识产出、验证、流通的政治经济体中加以理解才能有效地与之互动。在AfricaAdapt这样的网络化协作环境中，这个任务就更为复杂，而且关于开放的不同概念互相交叉，因此必须进行协商。

此外，在推动与流通网站主要运作之外的以知识为主要目的的情境中，对空间与技术相关知识及呈现内容保持一致必然会同时对其他内容产生参与和开放的限制，就像我们在质量部分所论证的。因此，在网络内对开放的推进开放会涉及采用哪个人的认知、工作等方式的不同决定，而这个模型的建立必然会牺牲他人的利益，这一过程的讨论往往是不公开的。因此，参与空间的创建（平台与网络等）不可能在给定的设定或认知社区权力与权威作用之外发生，这一点我们应该承认。这也体现出开放与知识民主化之间的关系比网络合作伙伴在AfricaAdapt项目之初设想的更为复杂，需要知识中介更好地思考他们（和其他人）在开放或限制（以及对谁）这些空间时的作用。 291

其次，正式与非正式的意义协商对于最终在网络式协作中产生的共识来说是核心。基于前一个关键点所述，分区之间的协作不可避免地需要在非对称地处于不同位置的合作伙伴之间进行协商。这些协商可以在非正式或不可见的情境中发生，也可能在正式且开放的或正式但闭合的情境中发生。意义经常在这些情境的结合中产生，导致一个特定的认知如何被采纳的过程不是很清晰。而参与者也没有平等地影响这些协商的结果，他们所处的位置（捐助方、北美的合作方、初级或高级职员等等）决定了他们的获取度与影响力，而后者对于在合作关系中建构意义是至关重要的。除此之外，在这项调查报告中我们也反复指出，意义看似被分享，但可能是机构化了，或者用不同的方式行为化了（正如各个机构雇用了不同的知识分享主管一样），由此也会导致截然不同的结果。

最后，信息通信技术与其他协调技术可能在意义协商和决定我们如何将意义化为行动过程中发挥影响作用。

我们认识到协调技术对于方便或排斥某些交流与参与形式起到了非常重要的作用。我们需要意识到，要创建合适的空间让人们可以在公开之前创造属于自己的意义，同时强化技术与可见度，这是很困难的。我们也要注意到，特定的协调技术既可以强化某个认知论和文化标准内的参与标准，也可以与之相冲突，还要理解这最终将对包含所产生的影响。本章将信息通信技术视作可以互相强化或冲突的潜在协调技术之一。因此，我们不能把信息通信技术当作是保证人或者新发展架构的典型，而不去通盘考虑这个复杂区域的所有做法、认知与协调活动。只有全盘考虑，我们才能发现通过使用新的交流技术推进开放的新机遇，同时挑战发展合作关系的模式。

292

发展趋势

解决以上问题的核心是先要承认在集中合作项目的开端这些

意义协商的过程是不可避免(与常态)的，并要考虑这类协商所涉及的可见度与开放的标准。这可能需要花费更多的时间在合作的最初阶段——列出自己(无论是机构还是个人)看来非常明显、毫无争议但对别人来说恰恰相反的假设。需要识别并列举话语产生与意义制定的关键影响力，思考所处位置不同的合作者如何与这些影响力联结在一起。AfricaAdapt 的项目经理在反思自己可能会用不同的方式参与网络发展的最初阶段时就曾说过："我们反复讨论过，我觉得我会在一开始的时候更努力地通盘考虑整个情境，从一开始就明确知识分享对大家到底意味着什么，而不是先从几个人开始建立能力，然后才开始想这种方式会不会改变整个机构的文化。"这表明需要在核心工作中融入灵活性与集体学习以实现开放，还需要注意到人们在正视与调整他们自己的做法和认知时承担的风险，特别是在跨越认知分区时。我们还可以通过回顾部署在项目内的技术适用性的演变过程学习到这一点。这种形式的学习，在行为社区是非常核心的方式，而在网络式的发展过程中往往被忽视，或者事后才被意识到，而不是在一开始。因此，开放也更应该被视作持续发展与评阅的集合过程，而非可以构建的一个固定终点。

参考文献：

294

1. Avgerou, C., C. Ciborra, and F. Land. *The Social Study of Information and Communication Technology: Innovation, Actors, and Contexts*. Oxford: Oxford University Press, 2004.
2. Berkes, F., J. Colding, and C. Folke. "Rediscovery of Traditional Ecological Knowledge as Adaptive Management." *Ecological Applications* 10 (5) (2000): 1251 - 1262.
3. Cornwall, A. *Making Spaces, Changing Places: Situating Participation in Development*. Brighton: Institute of Development Studies, 2002.

295

4. Cornwall, A. "Historical Perspectives on Participation in Development."

Commonwealth and Comparative Politics 44 (1) (2006): 62 – 83.

5. Dessai, S., M. Hulme, R. Lempert, and R. Pielke, Jr. Climate Prediction: A Limit to Adaptation? In *Adapting to Climate Change: Thresholds, Values, Governance*, ed. W. N. Adger, I. Lorenzoni, and K. O'Brien, 64 – 78. Cambridge: Cambridge University Press, 2009.
6. Ensor, J., and R. Berger. Community-based Adaptation and Culture in Theory and Practice. In *Adapting to Climate Change: Thresholds, Values, Governance*, ed. W. N. Adger, I. Lorenzoni, and K. O'Brien, 226 – 239. Cambridge: Cambridge University Press, 2009.
7. Fairclough, N. *Critical Discourse Analysis: Papers in the Critical Study of Language*. London: Longman, 1995.
8. Foucault, M. *Power/Knowledge: Selected Interviews and Other Writings, 1972 – 1977*. New York: Pantheon, 1980.
9. Kerr, R. International Development and the New Public Management: Projects and Logframes as Discursive Technologies of Governance. In *The New Development Management Critiquing the Dual Modernization*, ed. S. Dar and B. Cooke, 91 – 110. London: Zed Books, 2008.
10. Knorr Cetina, K. *Epistemic Cultures: How the Sciences Make Knowledge*. Cambridge, MA: Harvard University Press, 1999.
11. Knorr Cetina, K. "Culture in Global Knowledge Societies: Knowledge Cultures and Epistemic Cultures." *Interdisciplinary Science Reviews* 32 (4) (2007): 361 – 375.
12. Roncoli, C., K. Ingram, and P. Kirshen. "Reading the Rains: Local Knowledge and Rainfall Forecasting in Burkina Faso." *Society & Natural Resources* 15 (2002): 409 – 427.
13. Silverstone, R. The Sociology of Mediation and Communication. In *The SAGE Handbook of Sociology*, ed. C. Calhoun, C. Rojek, and B. Turner, 188 – 207. London: Sage Publications, 2005.
14. Smith, D. "Texts and the Ontology of Organizations and Institutions." *Studies in Cultures, Organizations and Societies* 7 (2) (2001): 159 – 198.
15. Smith, M., N. J. Engler, G. Christian, K. Diga, A. Rashid, and K. Flynn-Dapaah. *Open ICT4D*. Ottawa: IDRC, 2008.
16. Thompson, M. "ICT and Development Studies: Towards Development 2.0." *Journal of International Development* 20 (6) (2008): 821 – 835.

17. Tol，R.，R. Pielke，and H. Von Storch. "Save the Panel on Climate Change!" *Spiegel Online International*，January 25，2010. http://www.spiegel.de/international/world/0,1518,673944,00.html.
18. Walsham，G.，and S. Sahay. "Research on Information Systems in Developing Countries：Current Landscape and Future Prospects." *Information Technology for Development* 12（1）（2006）：7-24.
19. Wenger，E. *Communities of Practice: Learning，Meaning，and Identity*. Cambridge：Cambridge University Press，1998.
20. Zuboff，S. *In the Age of the Smart Machine: The Future of Work and Power*. New York：Basic Books，1988.

296

297

第12章

开放数据、知识管理与发展：认知公平的挑战

凯瑟琳·M. A.赖利

如果人们把数据放到网络上，不管是政府数据、科学数据、社区数据，还是任何其他数据，别人都可以拿来做他们从前无法想象的很棒的事情。

——蒂姆·伯纳斯-李(Tim Berners-Lee)
2010年2月在TED的演讲

我们的经验证明已成定论的都可以改变。所以，将此信息让所有人都可获得是如此的重要。

——世界银行行长罗伯特·佐利克，2010年4月

蒂姆·伯纳斯-李认为，2010年是"全球开放数据运动"的开端。受更大范围的对产权与生产的开放系统的争论驱动，关于开放数据的讨论已经进行了一段时间，之后也受到了一些特定事件的推动，如经济合作与发展组织科学技术政策委员会(Committee for Scientific and Technological Policy)2004年1月30日发布的34个国家签署的《公共资金支持的研究项目数据开放获取声明》(Declaration on Access to Research Data from Public Funding)，还有美国总统奥巴马在2009年1月上任第一天就开始启动的开放政府项目。但在2010年开放数据才在真正意义上得到应用，进入公众视野。比如，2010年1月海地地震发生时，全世界的志愿者使用开放数据制作实时的街道地图，显示受灾、难民、援助站等位置，极大地方便了各方的援助。

这一新兴运动因其赋予力量的能力而受到了广泛赞扬。支持者们认为开放数据会推进民主化进程，让决策过程更透明。但我们还是不要急于下定论吧。开放数据远不像打开封藏的书本让大众都来阅读那么简单。开放数据也不只是在互联网的帮助下将之前封闭的数据让大众获取而已。开放数据是由于互联网的存在而产生着海量数据并使这些海量数据公开获取的过程。其结果是信息洪流，而这一洪流需要管理、处理且呈现。在这种新的情境中，日益新增的数据需要用新的方式去管理。

298

比如，视觉分析与数据可视化方法正被用来赋予复杂数据包以可理解的意义。这些技术产生了知识产出的传统科学方法以外的新方法，比如不明推理方式与解读方式。这一发展非常有趣，但是舞台没有搭起来之前我们并不能知道演员们到底在表演些什么。应对开放数据问题的技术正改变着信息流通与知识产出的主导架构，也暗示着在社会系统中社会结构是如何创建与再创建的。这些数字化知识管理的新形式会影响到知识产生的方式、管理如何实现、主体化如何发生等等，由此也会以重塑发展与变化流程的方式影响产出、权力及平等之间的关系。

简言之，我们面对的问题是开放数据运动如何重塑人们"参与管理他们自己的生活"的能力。最终这是个关于认知公平(cognitive justice，CJ)的问题，认知公平可以定义为寻求决定发展与变化的决策过程中的公平。过去，认知公平的主要威胁是霸权科学，因为作为一个法定的框架，科学会使一些认知方式优先于其他方式。本章所要论述的是全世界的开放数据运动一直致力于解决决策过程中的排斥做法问题。特别是由于开放数据竞争的新技术的产生，不同的认知方式正在自然而然地共存互动。这是一个很好的现象，但我们也需要认识到，结合了不同的认知方式的知识管理系统也会因其在所包含的知识形式之间设置和构建对话的方式而对认知公平带来新的威胁。在政策制定的空间对机会平等的威胁在未来可能不会是来自权威丧失或对非科学逻辑的排斥，而更可能来自知识管理系统中组成和衡量不同认知方式的参数间的竞争。

299

开放数据与数据可视化

目前正在爆发式发展的数据可视化是思考如何改变知识管理来应对开放数据洪流的一个很好的起点。这是因为数据可视化赋予海量信息以可理解的意义，以应对全球网络信息流管理的需求。关于数据可视化，一个被广为接受的定义是用可视化的方式加强认知，或者更通俗化地说，用视觉帮助思考，这通过将视觉定量分析（计算机辅助的统计分析）与图形呈现（图表）的定性工作相结合来实现。不过近期在数据可视化社区的讨论表明这个定义应该拓展，由于在赋予意义的工作中合作、协调、散布的作用加强，应该把交流也包含到这一定义中。总的来说，数据可视化包含着一种重要的源于海量数据问题的认知观念的转变。它挑战着旧的典型分区（如科学与人文科学）以及新的模式如何创建。

鉴于可视化目前的红火程度，可能大家会惊讶地发现可视化不算是新技术。最近的几个项目都概述了可视化悠久的发展历史，如尤金·F.普罗文佐（Eugene F. Provenzo）就记录了 W. E. B. 杜波依斯（W. E. B. Du Bois）为 1900 年巴黎博览会的“美国黑人文化历史展”（*Exhibit of American Negroes*）所做的数据可视化工作。约克大学（York University）的里程碑项目（Milestone Project）回顾了历史，发现当代的数据可视化深深植根于早期的统计、制图、殖民主义带来的计划与商业拓展、单一民族国家的崛起、数学的进步、数据管理的进展，以及制图与再生产新技术的发展。我们可以看到数据可视化在历史上与西方殖民扩张的关联，在这一过程中建立了认知的主导方式（如对地理空间的制图式理解）并同时排斥了其他的认知方式（如人类空间生态的理解）。

但是我们要指出一系列造成数据可视化新动向的因素。第一个就是信息处理与存储成本的降低，这是信息时代的标志（正如摩尔定律与巴特勒定律一样）。第二是计算机与数据监控的普及，由此产生了海量数据集，内容林林总总，从金融市场、气候模式到人类动力学（研究人类行为举止的学科）、人类基因组和文化艺术，无所不包。这两个因素合起来就意味着不同类别的知识可以在知识管理系统内进行编码、存储、处理，从而减少了决策系统中对某些认知方式的排斥。

300

然而，数据如何处理仍是个问题。将数据挖掘技术应用于计算机支持的统计分析改变着数据处理的方式。本·施奈德曼（Ben Shneiderman）解释说，早期的计算机辅助分析应用于受控的科学实验中，在假设-演绎模式之后，使用客观的、分解成简单部分的方式避免分析中人类的主观性。结果就产生了我们熟悉的二维线图，将 X 轴的变量与 Y 轴的变量关联，展示了一种线性的因果关系。但是，演绎逻辑的应用也意味着其他任何不适用于此模式的数据都被排斥在外，这就产生了排斥非主导认知模式的问题。

这种方式的局限性很明显，数据集的尺寸与复杂度也一直在增长，因此解释性数据分析的支持者开始形成新的生力军。这种新的方式中，分析者使用有赖于复杂的数据挖掘算法的计算机辅助可视化工具在海量的复杂的数据集中抽取模式、集群、差距或概览。本·施奈德曼解释说：

> 数据或信息可视化的支持者们很享受这种方式，因为计算机以丰富的控制面板按键使庞大的数据集得以快速呈现来支持探索。用户最多可以操控百万级的数据项，每 100 微秒就可以更新呈现用不同颜色、尺寸标注的数据项。使用了正确的代码，人类的预注意知觉技能可以让用户在几百微秒内就能识别出模式、发现异常值、注

> 意到差距，并发现集群。数据集超过百万级时不容易在电脑上显示，用户则可以提取相关的子集、将数据归类或随机抽取样板来创建一个可管理的数据集。

虽然数学在识别模式方面能起到作用，但随着数据集变得越来越庞大、复杂，人类在确定查询模式挖掘数据以及解释结果查询方面要发挥更大的作用。传统的推理技巧中加入了推论和归纳方式，允许知识创建的不同方式。陈述、比喻和图像的方法在解释与呈现结果中起到更大的作用，又使知识产生的做法变得更有创造性。

301 向可视化分析的转变激发了一股淘金热，很多人试图用这种方式赋予信息时代兴起的海量而复杂的数据流以可理解的意义或对其加以管理。在以这种数据集为标准内容的领域，如气候学，这种方式对科学家们来说尤其具有吸引力。但对这种方式反应最强烈的还是遭受了“9·11”恐怖袭击之后的美国。面对监控加强之后的更多数据，再加上对情报可用性的压力，美国的国土安全部建立了国家可视化与分析中心(National Visualization and Analytics, NVAC)来协调产业与学术界在视觉分析领域的发展。数据分析自此开始广受执法专家、关键设备管理者(比如电网)、欺诈侦测与保险专家以及实时情况评估人员(如军队、灾害反应小组、大企业等)的关注。

这些例子表明，视觉分析的发展与知识输入决策流程的方式改变是契合的。戴夫·斯诺登(Dave Snowden)的 Cynefin 模型说明线性、简化的科学方法在受控的情境中是有用的，可以合理地排除无关信息。而在更为复杂的、非线性的、不受控的情境中，系统是开放的，限制条件很少，参与人员在行动过程中持续地改变着情境。在这样的条件下，斯诺登认为有必要加强应急性工作。他建议要找到一些方法进行试错，扩大理想的反馈，减少不理想的反馈。这就有必要把所有数据和所有认知方式纳入思考范围。视觉分析就是这样一种有用的工具，可以用管理者能驱动的流程监控变化的情境。那么，怎样才是理想的反馈呢？当我们的整个思维都受到简化科学方式的局限时，什么才算是理想的反馈在很大程度上会受到我们自己的认知论参数的限制。而现在，我们的思维被开放了，什么才算是理想的反馈这个问题本身也是动态的，正如我们对应该如何实现任何一个既定目标的愿景也是动态的一样。

开放数据可以支持这些开放流程的民主化进程。现在不仅有很多受公共资金支持的数据集可以公开获取(如世界银行的开放数据项目：http://data.worldbank.org)，而且公众现在也有能力通过一些软件在互联网搜集之后产生自己的数据集(如 http://www.wefeelfine.org)。还有人为网络上的数据做链接，这样就很容易将相关的数据进行汇总。免费获取和(或)开源软件也支持利用数据的各种工具和资源，更推进了分析的民主化进程。最后还可以找到很多应用程序将这些数据分析结果可视化(http://www.data-visualization-tools.com)。这反过来又推动了将图表设计应用于可视化的复兴运动，比如大受欢迎的网站 We Love Datavis (http://www. datavis. tumblr. com)和类似于激进制图(http://www.radicalcartography.net)这样的项目。一些数据集被上传到网络，让用户可以实时与产生的数据进行互动，分享他们的可视化和解析结果(如 http://www.theyrule.net)。

302

从这个意义上讲，数据可视化是合作与互动式的(虽然从整个构思来说是归纳式的)，它创造了分析过程民主化与累积的潜力。如果在一个完美的世界中，这意味着数据在被产生的同时也在被消耗，合作与实施同时在发生。数据可视化的视觉分析与图表呈现可以揭示和(或)解决主流叙述所隐含的假设，也可以找到和(或)监控参考人群中的模式或差距。数据可视化可以应用于复杂情境的管理。而对那些关注认知公平的群体来说至关重要的是，以上所有这些都可以从当地的视角完成。这里，知识的新形式不仅可以培养壮大，还可以用创新的方式互相对话。从这个意义上讲，开放数据与数据可视化看似解决了追求认知公平的群体指出的霸权科学问题。

那为什么我们还要担心数据可视化作为管理大数据集的方式会有问题呢？反对者提出了几条显而易见的理由。比如，在执法领域，视觉分析就引发了普遍的对于监控以及隐私侵犯的担忧。但更根本的是要考虑在这样的系统中如何并基于什么逻辑做出决策的问题。开放数据、新的分析方式或应急思维如何对社会结构的改变做出贡献？这些改变又如何影响权力或平等关系？更宽泛地讲，这些流程如何改变我们协调社会关系的方式？这对于社会系统中出现的社会结构类型又意味着什么？这将如何影响权力与平等关系（特别是在决策时）？

303

作为社会活动的知识管理

以上这些问题的答案需要用到知识管理新理论。“知识管理”这个词早在 20 世纪 90 年代早期就开始用于商学院的教学中。作为一种商业活动，知识管理包含了各方面的战略，旨在提升团体内的合作与决策效率，最大化地从知识产权投入中获得回报。我们经常用的“知识体系”这个词，最初来自系统理论，能很好地说明知识管理的运作。数据在这里被定义为原材料，没有内在的意义；只有在被组织成信息之后，数据才有了意义。知识则被定义为信息的应用或使用。顺着这条思路，知识管理包含了多方面的战略，用来方便和（或）驱动以最适合决策的方式在层级上转型。

从开放数据中收集的不同形式的知识需要依靠技术来理解。随着这种技术的出现与发展，一些研究者建议说这些是企业的知识管理形式，旨在组织与吸收各种形式的知识，掌握其潜力并供有能力的人探究其作用。不过，知识管理层级有个缺点，就是知识被视作一种材料物品，可以从中提取价值。事实上，这个架构是在 20

世纪 80 年代中期大企业内部提升工作弹性的情境中发展起来的。当时企业需要找到一种方法将知识与人分开，将其储存并管理，这样就算人离开了企业，价值也会留存下来。把知识看作货品，这个知识管理的模式将人类代理与权力关系从沟通流程中去除，而这些又是知识产生的基础。以这样的方式思考知识这一问题引发了对简化主义的社会分析。

比如，苏尼尔·萨哈拉布迪（Sunil Sahasrabudhey）与阿维纳什·贾哈（Avinash Jha）就曾警告说，不要把这个看似显而易见的知识民主化当作是民族多元主义战胜了中心霸权。萨哈拉布迪认为目前来说，“所有可以被新技术组织、可以被计算机处理、可以由新的通信手段联结入网的，都可以被称作知识。那么做到这些的科学与技巧都是知识管理”。这种“在知识领域中的控制权由科学界向虚拟界的转移可能会打破传统知识体系的层级架构。艺术、管理、设计与软件的发展带来更多的价值，并在公共领域比科学与产业活动占有更高的地位”。而其结果，萨哈拉布迪论述说，“我们现在进入了一个新时代，知识跟每个人都相关。我们每一个人都要关心获取和拥有价值高的知识以增加我们在这个日益发展的知识社会中生存和成功的概率”。此外，萨哈拉布迪指出，“整个这场秀只有少数人在真正扮演角色，他们觉得其余人，在这个数字分区之外的人，农民、工人、艺术家、女人、土著人，并不知情，而且就算他们知情，他们也只是跑跑龙套，而非角色扮演者”。总的来说，在全球化、网络化的经济体中，知识的价值日益增长，因此，强大的角色扮演者可以探索新的合法框架（如开放）来组织与探究知识（如视觉分析）。这种知识的抽取被视作对知识产生的公共流程的威胁，特别是对“自然流程的抽取储存与保留会威胁到其内部本身的存在”。

304

这其实是建议地方上知识的保留需要建立当地的自主机制，而非知识管理全球企业系统。虽然这些论点是要保护当地的知识流程，但仍然跟之前的企业知识管理系统一样，把知识看作固定的货品。知识就像一种矿产资源，一旦挖掘出来，矿洞就关闭，整个地方就成了鬼城。这种思维导致了文化的博物馆化，知识被视作是静止、无变化的，同时知识产生的流程也被浪漫化了，文化变迁过程中的权力争斗以及这些过程对社会公平的意义等都被忽视。而把知识作为固定的货品，则忽视了知识产生的动态变化，在自主体之外就缺乏选择，社区也无法与外来文化或技术系统互动。也就是说，不同知识管理系统之间的联结被忽视了，我们也没有工具用来理解这些可能的互动如何让某些特定的社区在协商过程中产生优势或劣势。

克里斯蒂安·福克斯就建议用一种新的辩证法来思考知识管理体系，以更好地捕捉知识与社会活动之间互动的方式。这种方法不把知识看作是主观的（思想状态），也不是客观的（可以用管理系统来操控的物品），而是输入同时又产生于驱动着复杂的社会事物发展过程的认知、交流与合作过程。在这一观点中，“认知是个人方向，是社会系统的元素，交流指的是行为之间的互动，合作则是整合，即社会系统本身由元素之间的互动组成”。在特定的社会系统中，每个人用认知处理数据使之变成他们的主观知识。交流需要先将这个知识客观化，再传递给他人。两个人计划合作时，他们的知识必须编码成为社会标准、机构或传统的一部分，因为项目的基本假设有必要加以固化。所有这些标准、机构、承诺与投入都会限制我们的认知流程。

305

这种知识产生与社会结构之间时时发生的互动就是“推动系统改变、维持、调整和再生”的力量。因此，福克斯认为知识管理可以定义为“一个基本的人类活动，因为人类在社会关系中永久性地协调着他们的认知、交流与合作”。我们理解了知识管理是社会事物发展的辩证过程，信息就成了社会变革的驱动力量。基于这一点，福克斯论述说知识是信息的社会表现。我们还可以加上一点——信息是知识的技术表现。

对于福克斯来说，知识管理一直在发生着。所有的社会都是知识社会，因为所有的社会都在努力管理知识源头（虽然方式不同），所有的社会也都是通过认知、交流与合作产生并发展的。目前阶段的不同之处在于，借助于计算机与互联网，知识为生产，并进一步在这个日益相互联结的世界中为安全与平等打下基础。这都基于生产活动，包括劳工、制造、分配、内容、服务、促销等环节中信息强度的增强。福克斯认为这种信息强度是所有知识社会之间的区别，尤其是基于知识的社会。简言之，目前阶段的不同就在于各个流程中的信息强度，而知识管理常常通过数字渠道进行。

福克斯用辩证方法理解知识管理为知识层级提供了更受欢迎的架构。他的模式中，知识管理是一个动态的、有生命的活动，既是地方层面的，又与超越地方的层面有互动协商。我们可以研究主观的思考是如何受信息不均匀或霸权模式影响的，还有当地的知识产生模式如何出现并引发着不同的反应。利用这个模式，社区可能会在信息流通的不平等模式中挣扎，但也能够审视技术与社会活动之间演变的互动，并决定保护什么知识，引入什么知识，探究什么知识，以及如何去做。他们还可以审视这些决定是如何做出的，并思考如何修改这样的流程。换言之，这个模式允许我们考虑知识产生是如何形成信息流的，这些方式要么为更广泛争论的结果提供条件，要么为更地方化的争论限定参数。

306

现在的问题成了开放数据与视觉分析发展形成的新社会-技术集团如何反映并形成体现发展与变化模式的社会结构。也就是说，互联网的分布式结构及其实现的社会化的分析活动，两者如何一起反映并形成某种社会关系集？正如前文所述，目前这些社会-技术集团的构成包括开放数据、普及的计算机、信息处理的新技术以及民主化的获取。这里很有必要将开放数据流集成的情境与某个知识产生活动的不平等现实分隔开。这就是说，对相互竞争的逻辑做出反应的客观化与系统化的不同过程涉及不同的集团。

这一点相当重要。当我们不再把科学作为合法知识的唯一主宰，而向所有的知识开放决策流程时，游戏规则就彻底改变了。决策不再通过将知识抽取到主导框架之外控制进行，而是通过为某个希望达到的结果成功指派合法空间与标准来完成。通常这种争斗围绕着自主性问题展开：是将参数本地化会更有利还是将其整合到更大的空间更有利？结果，问题并不在于知识管理是否及如何为强权服务，而是权力如何进入知识管理的流程。最终，这些模式可能会进入萨哈拉布迪与贾哈的探索渠道。但是我们也要注意到需求并不一定会实现。意识到知识管理是一种社会活动，我们也会更加注意地方的权力动态，并向地方机构打开大门。

307

开放数据、数据可视化与发展

我们在国际发展的情境中观察开放数据与数据可视化时，可以审视一下开放数据能在多大程度上切合发展手段与目标决策所需合法标准的开放。简单回顾一下就会发现，什么算是合法知识并没有一个主导的衡量标准，但开放数据索引与分析的控制有很多不同的方式。开放数据项目时常作为特定发展辅助模式的补充，确保在对话参数上施加控制手段。但在其他案例中，开放数据与数据可视化的确看似敲开了知识产生与管理的流程，对决策产生了有趣的影响力。

在大型国际发展组织中开展的开放数据与数据可视化工作遵循着现代化理论的“连续性的变体”。开放数据项目的设计目的是让现行的系统更有效地发挥作用，而不是重新思考这些现有系统是否起作用。在这些案例中，开放数据很少用来改变知识管理的现行模式。正相反，开放数据是以如何加强发展的旧方式来呈现的。开放数据并没有开放争论或允许决策逻辑互相竞争，而是在高度结构化的流程中吸引更多的参与，旨在让这些流程更高效、更合理。

这样的努力还包括在国际发展社区内将统计数据放在互联网上供公开获取。2010年10月，联合国贸易与发展委员会(Commission on Trade and Development)就整合了数据库、商品价格指数、对外直接投资(foreign direct investment，FDI)统计数据和世界贸易信息，将它们公布在联合国贸易与发展会议(United Nations Conference on Trade and Development，UNCTAD)的网站上(http://unctadstat.unctad.org)。此外，2010年4月，世界银行启动了开放数据项目(http://data.worldbank.org)，提供获取其超过七千个指标的目录。2011年7月，世界银行又公布了该机构的投资、财务报表以及为全球基金管理的资产等数据(http://finances.worldbank.org)。在这最新公布的通告中，世界银行宣称新的网站将让公开获取的数据“以社会的、互动的、有视觉冲击的、可机读的形式展现并获取”。国家级的捐助组织也紧跟其后，将其援助活动数据公布在网站上。比如，以前的加拿大国际发展机构(Canadian International Development Agency，CIDA)就将其活动数据公布在加拿大政府公开透明的网站上(http://www.data.gc.ca)。 308

这种新的透明形式允许监管组织追踪国际组织的责任履行，确保援助目标达成。比如，www.aiddata.org就是一个专门追踪全球发展用资金与外国援助的网站，而www.aidinfo.org则用来确保当地民众了解他们的社区有哪些项目与资源，帮助他们追踪当地官员是否履行了责任。这些项目当然非常好，提升了援助资金的影响力，确保资金到达受众的手里。但是作为知识系统来说，他们还是局限于传统的会计方法，目的只是改进现行的方式，让发展更有效率。它们并不代表新的知识管理方式，也没有向发展的现行主导思维方式发出根本性的挑战。

从这个意义上讲，我们还有必要研究一下占主导地位的决策者是如何在开放数据流通的空间建立决策标准的。比如，世界银行开启开放数据项目时，该银行的网站专栏“发展市场”有位博客就写道：“世界银行将作为领头羊，引领各层级机构开放数据，并证明‘解放数据’能够为他人创造有价值的产品、工具或以新的方式整合各种材料以理解趋势、关系并为发展结果铺平道路。”但这样的项目到底是什么样的？一个比较有名的例子是全球适应研究所(Global Adaptation Institute)发布的全球适应指数(Global Adaptation Index,GAIN)。这个指数使用世界银行的开放数据根据气候引发的环境变化对国家的影响、这些国家的适应能力以及利用投资改善负面影响的能力等为全世界的国家排序。“这个工具的亮点，”该研究所的鲍勃·爱德华兹(Bob Edwards)说，“是它允许投资者预见到……来认清一个国家的发展轨迹及其创造投资环境的能力。”这其实挺令人不安的，因为这个指数是基于以前投资取得的外部效应来预测未来的投资潜力，所以它所推动的投资行为正是造成气候变化的罪魁祸首。这个项目是个挺典型的例子，说明了索引开放数据的标准如何被用来维护支持以现行方式发展的知识管理系统。

309

对于数据的盲目崇拜使这样的项目变得合理合法，而这种盲目崇拜却蒙蔽了我们的视线，让我们无法看清在更大的范围内新的方式如何赋予开放数据以意义，并引发关于发展可以如何发生、最终结果会是怎样等的讨论。汉斯·罗斯林(Hans Rosling)，一位推崇开放数据的忠实信徒，提供了一个关于这个问题的绝好的案例。罗斯林认为发展不充分的问题从来不是因为数据的缺乏，而是对于发展不充分的本质有一些先入为主的观念导致了进步的停滞。所以问题在于数据足够而洞察力不足。比如，大家都认为非洲的艾滋病问题跟贫困有关，但是罗斯林通过传统统计相关性研究发现，在非洲一些最贫困的国家，艾滋病发生率是最低的。这也意味着对艾滋防治的研究应该更注重文化习俗而非资源配置，而如果干预活动侧重教育而非减少贫困也会取得更大的成功。罗斯林从这些研究发现得出这样的论点："如果人们更好地理解这世界上正在发生的情况，他们就能做出更好的决定。"但罗斯林忽视了这样一个事实，那就是对我们所能获得的丰富数据的解析方式也会是多种多样的。从认知论角度，这里并没有变化。我们只是想强调如果更多的人对现行的多样性再多做些分析，并将分析结果公布给更多人知晓，那这发展不充分的问题应该是能解决的。

然而，发展的社区并不能免受开放数据的影响。2008 年 2 月，全球金融危机前夕，时任法国总统萨科齐(Nicolas Sarkozy)成立了一个经济表现与社会进步测量委员会(Commission on the Measurement of Economic Performance and Social Progress)。该委员会由约瑟夫·斯蒂格利茨(Joseph Stiglitz)、阿马蒂亚·森和让-保罗·菲图西(Jean-Paul Fioussi)负责，主要目标是找到限制经济表现与社会进步重要指标国内生产总值(gross domestic product，GDP)的因素，并提出替代指标、测量工具和更容易理解社会与经济发展的呈现方式。GDP 作为经济、社会与生态发展的重要指标，对其限制条件已有了长时间的研究，但是这次 GDP 没有能接住房地产泡沫对美国经济的影响而全线垮塌，这引发了对新的国家与国际进展测量方法的思考。

该委员会的讨论结果在 2009 年 9 月公布。该报告声称统计"在过去 20 年中发挥着日益重要的作用"，部分原因是在"'信息社会'中，对数据的获取，包括各种统计数据，越来越容易。越来越多的人通过统计数据了解更多情况或做出决策"。报告撰写者进一步指出人们做的决定"依赖于我们测量了什么、测量结果是否准确以及对测量结果理解得是否充分"。而为了达成这样的目标，报告的撰写者们建议将传统的客观测量发展的手段与新的关于生活富足与可持续发展的主观指标相结合。这些新指标包括"人们的健康、教育、个人活动与环境条件"。其中一位报告撰写人解释说：

310

"我们的想法是要建立一些更贴近于公民体验的指标，而不是抽象的、对系统的专业审视。"这份报告虽然提出了一些新的指标，但是作者们一致认为这需要"全球化的争论"来确定"社会到底关心什么，我们是否真的在为真正重要的东西努力"，也需要国与国之间的对话，"找到并优先采纳那些可以让双方都看到社会进步是如何发生以及如何可持续发展的指标"。

虽然官方的指标仍然会依赖于"有力的、可靠的测量手段……可以用来预测生活满意度"，该委员会的工作为就不同指标的选择，数据如何收集、呈现与分析，结果如何可视化等展开讨论开辟了空间。除此之外，产生并散布不同类型的数据可以帮助不同的团体以他们自己能弄明白的方式来跟踪幸福指数。比如，经济合作与发展组织发布了一个可以互动的工具，叫"创造你的幸福生活指数"（http://www.oecdbetterlifeindex.org），让使用者可以挑选跟他们相关的标准来研究国民经济的发展。虽然还比较初级，但这项实验在测量进展的过程中进一步扩大开放与加强多元化的做法无疑是值得赞赏的尝试。测量手段与指数的多元化可以在演化成危机之前更容易切入问题实质（如房地产泡沫问题）。不过这又引发了另一个问题，就是如何平衡不同的观点。有人就会问，不同的团体用的是不同的测量手段，那么哪些手段在哪些政治舞台上最具合法性？

开放数据创造了不同解析之间开展政治性竞争的可能，而那些一直在开放数据运动前沿的组织非常了解这一情况。政治变革组织意识到政治也日益受到数据强大力量的影响，因此它们一直与社区合作，在帮助社区管理知识的同时也推动了它们自己的发展计划。比如，国际非政府组织的 Tactical Tech 一直陪伴着一组柬埔寨的性工作者，合作研究基于证据的方案。项目协调人马娅·英迪拉·甘尼什（Maya Indira Ganesh）解释说，现在柬埔寨性工作者的处境十分艰难，因为该国严苛的反非法交易法律把性工作

311

者定义为罪犯。希望帮助这个国家的性工作者的团体认识到要改变这项法律，就需要先改变公众对性工作者的看法。要做到这一点，他们要证明这项法律并没有成功取得预期的效果，却对社会造成了伤害，同时他们还要改变性工作者在当地民众心目中的形象。

他们做了一份调查，提供了能够改变民众看法的数据。在这个过程中，他们意识到需要很小心地选择指标，要容易收集、测量、理解、可视化且成本不高，要能对社区产生影响。这个项目还特别关注调查结果的可视化，因为他们觉得视觉材料最有政治影响力。这项工作还需要非常熟悉人们在特定的文化空间里如何“获得信息”。通过收集性工作者在被捕前被关押在小黑屋里多长时间这样的数据，可以显示这项法律对性工作者的孩子造成的影响，以及性工作者是否能够按时吃药以对抗艾滋病。通过收集有关性工作者遭受的虐待这样的数据，可以证明地主与警察才是社会邪恶的更大源头，而不是性工作者本身及他们的顾客。这组性工作者对他们要讲述的经历非常清楚，设定的指标则是要帮助他们组织好特定的材料来讲他们的故事，以及他们需要用到的分析方法，帮助他们改变特定的情境。这个案例既说明了开放数据的力量如何改变社区的知识管理，又说明了开放数据如何与更深层次的问题相结合，帮助社区更深层次地认识自己。

这些实验其实指向了关于发展的知识模式向知识密集发展模式的转变。在前一种模式中，专家利用科学的标准来测量发展或进展；而在后一个模式中，不同的获得方式在发展或进展的决策过程中进行着对话。而知识管理的新方式正在推进后一种模式的发展。比如，国际可持续发展研究所（International Institute for Sustainable Development，IISD）的拉斯洛·平特（Laszlo Pinter）做过两个社区级的项目发展可持续发展指标，一个项目在匈牙利巴拉顿湖（Lake Balaton）地区（http://www.balatonregion.hu/bam），另一个在加拿大的温尼伯市（Winnipeg）（http://www.mypeg.ca）。 312

每一个项目的可持续发展和生活富足指标都由草根开发的流程产生，数据则都公布在互联网平台上，便于社区成员之间的沟通。平特认为这种由社区驱动发展的数据联盟是可持续发展的根本，因为它们是社区提升适应能力的主要模块："政策的制定不能简单地通过指标分析发现当前紧要问题与消极发展趋势再寻找解决方案，而是要把中心任务放在提高适应能力上，通过提升机构设置、发展网络和提升能力来推动利益相关者之间的互动，让他们随着社会的发展与时俱进，不断学习新的情况并做出新的调整。"

如果发展的目标是提高社会的富足程度，那么平特建议我们应该从用外部获得的手段作为自上而下决策的基础这种模式转向由内部产生方法措施作为在我们社区的知识系统中进行意义制定的基础这种模式。在这种新模式中，数据不再是做出决策的工具；数据产生、分析与呈现的方式需要融入社区的发展流程之中。这意味着数据需要反映不同的理解方式，而这些方式需要在社区决策流程中进行协调。这又意味着社区将变成争论决策合法标准的场所，而这种争论是在启用新的数据可视化模式的知识管理大平台上进行的。

对认知公平的再思考

所有这些都表明我们需要重新思考认知公平的基础是什么。认知公平可以宽泛地定义为在形成发展与变化的决策过程中对平等的追求。但认知公平要求的提出是在一个特定的情境中，这就意味着对它的定义会狭窄很多，聚焦在决策流程的霸权科学合法框架与多元化的当地知识产生方式之间的斗争上。

印度学者希夫·维斯瓦纳坦(Shiv Visvanathan)在提到印度一个镰状细胞血症肆虐的社区时创造了"认知公平"这个术语。这个社区找到了维斯瓦纳坦和他的同事，寻求在解决这个问题过程中利益相关者之间对话的可能性。维斯瓦纳坦解释到，这个社区需要的不仅是“参与”解决问题的过程，更是关于他们情况的对话中的“认知呈现”。这个案例突出了很多早期认知公平支持者所面临的困难。他们发现限制了决策过程的社会公平性的并不是参与机会，而是在决策发生的空间中主导的合法框架。在这个空间，“现代科学”凌驾于非科学证明的隐性知识、关于当地生态系统与文化的知识、伦理与世界观构成之上，成为社区未来发展选项的仲裁者。而由此得出的结论是“当今世界社会不公平现象猖獗，部分原因就是狭隘霸道的现代科学产生了认知的不公平，却将之合法化了”。因此，认知公平常被定义为不同知识系统共存并相互对话的可能性，或“不同知识系统在对话与争论中的合法存在的权利”。要实现争论中的机会均等和决策结果的公平，向科学发起的挑战是有必要的。

313

而这样发展的结果是认知公平有从技术转移和科学民主化参与模式偏离的倾向。参与发展模式是自上而下的现代化项目失败后逐渐出现的，这些项目往往由缺乏对当地社区足够了解的外部专家来执行。社区参与渠道并不是用来挑战项目的参数设定，而是为了确保项目通过多方咨询、信息交流与各种推广材料取得成功。斯帕克斯(Sparks)称这种努力为现代化理论的“连续性的变体”。在这些案例中，他认为就算按计划是要做多元化的尝试，但往往是由执行的专家来决定哪些科学知识是与给定的争论有相关性的，也是由这位专家决定要参考哪些当地的知识。因此，“这种看似参与性强、务实的解决问题的方式的实际结果还是将决定权交给了拥有已被大家广为接受的西方科学知识的专家。”用维斯瓦纳坦的话说，在参与式的发展项目中，“民主梦仍是传播论，就是梦想能将科学带入乡村。在这里创造出的是科学的脾性，一个美好的教育学愿景就是培养人们持有科学的世界观。”

这就引发了认知公平的问题。作为主导的决策框架，现代的科学标准向来是将认知的另类方法排斥在外，视之为非法的方式。314 博温托·德苏萨·桑托斯（Boaventura de Sousa Santos）在他的经典著作《科学论》（*A Discourse on the Science*，2007 年版）中论述说，现代科学模式注意的是通过合理有序的实验，像法律条文一样地归纳并明确陈述自然与社会的运行机制。自然界的普遍因果规律需要确定一个固定的起点，而结果，按照定义，跟时间与地点无关。而为了建立社会秩序的规律，现代的方式依赖于识别事实，并以可测规模进行呈现，但这种测量需要始终如一，以便验证、检验并保持透明，要消除“表演技巧、随机浮现、通才的顿悟及其他个人因素产生的见解”以及民族与道德层面的观念。然而，兰德尔·阿恩斯特（Randall Arnst）指出，“绝大多数人都不质疑的科学知识比其他知识更有效、更有价值这一假设其实是错误的。传统的或是当地产生的知识是针对不同的环境、条件与文化形成的不同的知识”。因此，主导的科学框架是一种系统的模式化过程，倾轧取得知识的不同方式，从根本上说就是一种认知的不公平。

解决这个问题的努力通常会致力于帮助边缘化的团体重新获得他们的话语权，更大程度地包含在决策过程中。而那些陪伴在旁的援助者起到了明确的政治作用，帮助他们呼吁其发展日程、协调各方支持、影响公众舆论等等。但是这些团体所能参与的空间却依然是由科学主导仲裁的。因此，这种参与也是不充分的，因为“不管其做法如何民主化，如果起引导作用的知识本身没有民主化，那这样的空间也不可能足够民主化。在这样的空间里，总有各种反民主化的压制，包括那些受压制团体的知识或是取得知识的方式常被认为不合格”。

认知的公平需要进一步解决知识系统对合理对话的参数设定问题。维斯瓦纳坦解释说：“参与这一理念已经从根本上接受了专家对于知识的定义。而参与只是为了稍加修改或缓和一下。希望能将专家知识与民族科学混合。但这个世界里，专家的意见被捧得至高无上，而其他的都是外行，都只是实践、地方观念和原始材料的大杂烩。两者之间没有对等法则。”我们注意到这段话表述的是专家知识与当地知识系统的垂直关系。维斯瓦纳坦进一步论述了“认知公平是要承认知识系统的多元性，还有知识与生活及生活方式之间的关系。在这个情境中，认知公平的政策只有在多个知识框架并存的情况下才能实施，而非在单一框架内”。因此，为了应对其健康困境来找维斯瓦纳坦寻求帮助的社区团体希望能在知识系统层面与健康专家对话。在他们的社区做出关于健康的决策时，他们希望对话的参数是由西方的健康专家与当地的部落医生共同设定的。从这个意义上讲，认知公平要求的不是单纯的参与或话语权，或与科学的对抗，而是取得知识的不同方式之间的对话交流。

315

而事实是，开放数据自然而然地将多种取得知识的不同方式带到一起。不仅是不同类型的数据可以数字化并融入网络知识管理系统，开放数据、计算机的普及、新的信息处理技术，加上民主化的获取，以及让不同的团体将取得知识的不同方式用于开放数据的解析，让霸权科学成了历史。比如，随着数据可视化的兴起，各种想法的可视化呈现成为可能（或者说流行）并可作为决策依据的一部分。可见，开放数据在瓦解引起认知不公平忧虑的排外做法方面起到了很大的作用。

这当然并不意味着认知公平已然实现；这意味着我们要重新考虑在开放流程的情境中可能会对决策过程的平等造成的威胁。现在更多的关注放在了这些新的对话以及它们所代表的妥协在特定决策空间的存在方式上。我们需要从互相竞争、冲突或补充的逻辑之间对话的架构方面重新思考认知的公平。在决策空间对于平等机会的威胁不再是排外观念的结果，而是来自决策流程对其包含的不同观念的碾压。正如朱莉·E. 科恩（Julie E. Cohen）所论述的，“不论是法律还是技术层面，相关问题都包括权利的分配和获取、控制与改变的能力……也许换种说法应该是网络化或得以体现的空间，和网络化或得以体现的本身，其本质都取决于不同界限空间的设定，而这个空间我暂时定义为信息流受许可与授权的语义与技术结构限定的空间。网络化或得以体现的空间可以是主导的空间或批判式做法的空间，取决于谁来决定界限并控制许可”。基于这一点，我们可以将视线投向信息修改或信息流空间设置如何影响不同形式的知识在决策流程中得以利用的方式这类的问题。我们也可以看看不同的逻辑是如何和谐共处、相互妥协或整合的，它们对政策结果有什么影响。

316

因此，根据科恩的评估，我们不能把认知公平定义为不同知识形式进入争论的权利，而需要从构架创新发展日程的角度研究认知公平问题。一种方式是从知识尊严的角度考虑这个问题，并建议在知识产生的过程中使不同形式的知识都受到应有的尊重。在实际情况中，这就需要考虑开放数据的情境以及所引发的知识产生的新形式。在本书第 11 章中，布兰·哈维就思考了不同的逻辑对于网络讨论空间构建的贡献。在开放空间的形成过程中，不同类型的知识汇聚在一起，要做到认知公平就需要避免在这样的互动空间中发生剥削、边缘化、嘲笑或是不尊重的问题。

另一种方式是关注决策空间如何由认知、交流与合作构建而成的。这样可以从平等机会（主观思考、交流与合作）与平等结果（信息流的益处公平分配）的角度思考认知公平问题。回到福克斯的知识管理模式，我们可以想象决策空间构建过程中的各种不对称所涉及的认知公平问题。根深蒂固的社会-技术系统与信息流模式会以限制人们自由追求独立思考与表达的方式破坏认知与交流。在第 4 章中，马克·格雷厄姆与哈瓦德·哈尔斯塔德就思考了特定的消费品生产与营销相关的信息流模式是如何限制人们在市场中依据所给信息做出选择的。在这个案例中，认知公平指的是消费者在做出购买决定时获取产品相关信息并应用于各种取得知识方式(比如环境的可持续发展或劳动责任等)的可能性。

同理,如果信息流以及认识与交流框架太少的话就会破坏独立思考,让人们失去有效对话的基础。这种情况会产生一个空白 317 点,使人们无法探究合作所能带来的成效或者使合作空间被机会主义框架攻占。在这种情况下有必要考虑在特定的情境中怎样的机构框架类型是必要的或令人满意的。这个观点与第 7 章中帕明德·吉特·辛格与安尼塔·古鲁穆里的论述相一致,他们就认为新自由主义框架会填补政府紧缩留下的空白,而开放流程需要机构框架支撑以确保足够的财务与行政支持,并建立基本的公平原则,这是新自由主义政策无法做到的。这里的难点在于决定需要的支持到底是多少以及用什么样的原则来确定开放流程。理想的支持应该足够灵活,可以根据特定情况进行调整。

最后还有一种可能,信息流对于空间轨道的竞争会导致团体间的日益激化的争斗,这会破坏对话与合作。这种担忧近期由伊莱·帕里泽(Eli Pariser)用“过滤气泡”的概念进行了阐述。帕里泽发现一些搜索引擎(如谷歌)与网站(如脸书)开始使用将搜索结果往以前的搜索模式靠拢的算法。帕里泽认为这种结果就成了“网络隐形的算法编辑”并创造出“个人的信息生态系统”,将我们圈进一个封闭的空间,与不同的观念隔离开。这其实会造成一种印象,就是这个世界十分赞同我们狭隘的观念,如果发挥到极致,我们就会不再开放包容不同的观念。目前对于互联网的“过滤气泡”问题严重到什么程度有不同意见,但使用这个概念有利于我们研究认知、交流与合作的固定模式对开放数据流的民主化力量的遏制影响。

总的来说,在开放数据的世界中,不要把认知公平看作以取得知识的不同方式参与决策空间的权利,将其视为取得知识的不同方式所进入的空间的质量会更有帮助。知识产生以及基于其信息而做出的决策都是在特定的环境与社区中进行的,所以很难给出认知公平的通用原则。然而，研究索引信息的参数与供决策的空间如何影响导致特定发展行动的知识管理模式，还是非常有必要的。开放数据和数据可视化提供给我们的工具的确可以用来揭示信息流与知识产生的模式。分析内容与工具的获取可以开启关于在特定情境中适合知识管理的空间类型的开放式讨论。

318

致谢

感谢马修·L.史密斯、伊内克·布斯肯斯、迪帕克·沙哈希拉布德(Deepak Sahasrabudhe)、汤姆·朗利(Tom Longley)、阿维纳什·贾哈、理查德·阿里亚斯·埃尔南德斯(Richard Arias Hernandez)、泰勒·摩根斯顿(Tyler Morgenstern)给予的评价与建议，对我很有帮助。

322

参考文献：

1. Appadurai, A. "Grassroots Globalization and the Research Imagination." *Public Culture* 12 (1) (2000): 1 - 19.
2. Arnst, R. Participation approaches to the research process. In *Participatory Communication for Social Change*, ed. J. Servaes, T. Jacobson, and S. White, 109 - 122. New Delhi: Sage.
3. Ball, P. "Picture This." *Nature* 417 (4) (July 2002): 11 - 13.
4. Berners-Lee, T. " Tim Berners-Lee: The Year Open Data Went Worldwide." *TEDTalk*. Long Beach, CA: TED University, February 2010. http://www.ted.com/talks/tim_berners_lee_the_year_open_data_went_worldwide.html.
5. Boutin, P. "Your Results May Vary: Will the Information Superhighway Turn into a Cul-de-sac because of Automated Filters?" *The Wall Street Journal*, May 20, 2011. http://online.wsj.com/article/SB100014240527487034212045763274l4266287254.html.
6. Chen, C. "Information Visualization is Growing." *Information Visualization* 1 (2002): 159 - 164.

323

7. Cohen, J. E. "Cyberspace as/and Space." *Columbia Law Review* 107 (1) (January 2007): 210 – 256.
8. Fekete, J.-D., J. Van Wijk, and J. Stasko. The Value of Information Visualization. In *Information Visualization*, ed. A. Kerren, J. Stasko, J.-D. Fekete, and C. North, 1 – 18. Berlin, Heidelberg: Springer-Verlag, 2008.
9. Friendly, M. A Brief History of Information Visualization. In *Handbook of Data Visualization*, ed. C.-h. Chen, W. K. Hardle, and A. Unwin, 15 – 56. Berlin, Heidelberg: Springer-Verlag, 2008.
10. Fuchs, C. "Knowledge Management in Self-Organizing Social Systems." *Journal of Knowledge Management Practice*, May 2004. http://www.tlainc.com/articl61.htm?newwindow=true.
11. Fuchs, C. "Knowledge and Society from the Perspective of the Unified Theory of Information (UTI) Approach." In *Proceedings of FIS 2005: Third Conference on the Foundations of Information Science*, ed. M. Petitjean, 1 – 29. Paris: July 4 – 7, 2005. http://www.mdpi.org/fis2005/F.24.paper.pdf.
12. Howard, A. "Global Adaptation Index Enables Better Data-driven Decisions." *O'Reilly Strata*, September 15, 2011. http://radar.oreilly.com/2011/09/global-adaptation-index-open-data-speed.html.
13. Janert, P. K. *Data Analysis with Open Source Tools: A Hands-on Guide for Programmers and Data Scientists*. Sebastopol, CA: O'Reilly, 2010.
14. Jha, A. "Internet and the Shifting Grounds of Knowledge." Presented at *The Conference on The Emerging Organisation of Knowledge and the Future of Universities*, December 19 – 20, 2008. New Delhi: Jamia Milia Islamia University, 32nd Indian Social Science Congress, 2008, 1 – 9. http://www.vidyaashram.org/papers/ISSC_Avinash_Jha_Internet.pdf.
15. Kaplan, A. *The Development of Capacity. NGLS Development Dossier*. Geneva: UN Non-Governmental Liaison Service, 1999.
16. Kerren, A., J. T. Stasko, J.-D. Fekete, and C. North. "Workshop Report: Information Visualization-Human-Centered Issues in Visual Representation, Interaction, and Evaluation." *Information Visualization* 6, no. 3 (2007): 189 – 196.
17. Kielman, J. "Foundations and Frontiers in Visual Analytics." *Information Visualization* 8 (4) (2009): 239 – 246.

324 18. Kleinrock, L. "History of the Internet and its Flexible Future." *Wireless Communications, IEEE* 15 (1) (February 2008): 8 - 18.

19. Liew, A. "Understanding Data, Information, Knowledge and Their Inter-Relationships." *Journal of Knowledge Management Practice* 8 (2) (June 2007). http://www.tlainc.com/articl134.htm.

20. Nandy, A. *The Intimate Enemy*. Bombay: Oxford University Press, 1987.

21. Pariser, E. *The Filter Bubble: What the Internet Is Hiding from You*. New York: Penguin Press, 2011.

22. Pinter, L., L. Bizikova, K. Kutics, and A. Vari. "Developing a System of Sustainability Indicators for the Lake Balaton Region." *Tajokologiai Lapok* 6 (3) (2008): 271 - 292.

23. Roberts, N. C. "Tracking and Disrupting Dark Networks: Challenges of Data Collection and Analysis." *Information Systems Frontiers* 13 (1) (2011): 5 - 19.

24. Sahasrabudhey, S. "Knowledge Flux and the Demand on Thought: Dialogue at Indian Association for Cultivation of Sciences." Unpublished paper presented at *The Indian Association for Cultivation of Sciences*. Calcutta, India: April 15, 2008, 1 - 17, http://vidyaashram.org/publications.html.

25. Santos, B. S. A Discourse on the Sciences. In *Cognitive Justice in a Global World: Prudent Knowledges for a Decent Life*, ed. B. S. Santos, 13 - 48. Toronto: Lexington Books, 1987/2007.

26. Santos, B. S. *The Rise of the Global Left: the World Social Forum and Beyond*. New York: Zed Books, 2006.

27. Santos, B. S. Introduction. In *Cognitive Justice in a Global World: Prudent Knowledges for a Decent Life*, ed. B. S. Santos, 1 - 12. Toronto: Lexington Books, 2007.

28. Shneiderman, B. "Inventing Discovery Tools: Combining Information Visualization with Data Mining." *Information Visualization* 1 (1) (2002): 5 - 12.

29. Shiva, V. Western Science and its Destruction of Local Knowledge. In *The Post-Development Reader*, ed. M. Rahnema and V. Bawtree, 161 - 167. London: Zed Books, 1997.

30. Snowden, D. Cynefin: A Sense of Time and Space, the Social Ecology of

Knowledge Management. In *Knowledge Horizons: The Present and the Promise of Knowledge Management*, ed. C. Despres and D. Chauvel, 237 - 266. Woburn, MA: Butterworth Heinemann, 2000.

31. Sparks, C. *Globalization, Development and the Mass Media*. Los Angeles: Sage, 2007.
32. Stiglitz, J. E., A. Sen, and J.-P. Fitoussi. *Report by the Commission on the Measurement of Economic Performance and Social Progress*, Paris: Commission on the Measurement of Economic Performance and Social Progress, 2009, 1 - 292, http://www.stiglitz-sen-fitoussi.fr/en/index.htm.
33. Tamburri, R. "Canadian Researchers Launch National Index of Well-Being." *University Affairs* 19 (October) (2011). http://www.universityaffairs.ca/canadian-researchers-to-launch-national-index-of-wellbeing.aspx.
34. Thomas, J. J. "Visual Analytics: Why Now?" *Information Visualization* 6 (2007): 104 - 106.
35. Visvanathan, S. Knowledge, Justice and Democracy. In *Science and Citizens: Globalization and the Challenge of Engagement*, ed. M. Leach, I. Scoones, and B. Wynne, 83 - 94. New York: Zed Books, 2005.
36. Wallace, P. Introduction. In *Knowledge Management: Historical and Cross-Disciplinary Themes*, ed. P. Wallace, 1 - 10. Westport, CT: Libraries Unlimited, 2007.

325

327

第 13 章

开放发展的自由之歌：表明意图、释放力量

伊内克·布斯肯斯

2008 年以来的一系列事件引发了对全球经济本质及其对世界影响的反思。如果我们从 2011 年美国信用等级危机的视角回顾 2008 年的全球金融危机，我们可以很清楚地看到全球金融、生产与管理系统都有其局限性。但直到这一系列的危机真正降临之前，我们中的绝大多数人，包括一些经济学专家，都没有意识到即将发生的经济崩溃。对于几十亿贡献了辛勤劳动、时间、精力与才智，投入了梦想与积蓄的人们来说，这个金融系统从没有好好运转过，目前的反对之声正是深受损失、感觉受到背叛的人们发出的呐喊。

我们需要认真地从这个历史性事件中吸取教训并运用到开放发展中。作为本书背景的信息时代（丹尼尔·贝尔创造的术语）与网络化社会（曼纽尔·卡斯特尔首先提出的概念）发展出了新的网络化社会形貌，改变了政府管理、生产与主观意识的机制。这些改变非常重要。我们要把它们看作开放发展的潜在模式和斗争的场所去研究理解，这样可能会找到不发达与边缘化问题的解决方案。但同时我们不能人为地将网络化社会形态与全球经济发展的总体神话隔离开。全球金融危机的降临让我们清楚地意识到我们要以保持开放流程的意向去研究开放发展的理论与实践方法，特别是在更大范围的政治-经济论点影响着我们的思维与行动时。

彼得·莫德尔（Peter Moddel）称“意图”这个词是“意义产生或特定行为的动力”，并断定意图“在经典科学中被忽视，在控制发

射/接收交流模式中没有其地位，无处不在的意图没有得到认可，但其实如果没有它，我们的大脑就不会产生任何意义单位，我们就会像僵尸一样生活在这个我们无法理解的世界”。开放发展是一个集成概念，既有抽象的概念又有实践方法，而它所内含的对于改变的梦想是植根于人类的意图之中的。我们需要认可人类的意图是开放发展项目的组成部分，这样才可以认定开放发展的设计者、思考者、实践者及参与者，才能由此加强改变的潜在力量。这种方式与阿马蒂亚·森将发展愿景看作自由的观念是一致的。

328

进一步对开放发展概念的环境加以审视也是非常重要的。概念对引导与构成人类思维和行为有着非常大的影响力。在权力关系的动态力场中存在着概念集成，并且相互之间交织互动。这些概念集成之间总是互相影响。而这种互相影响的结果则取决于在具体与特定的情况下人类意图的强烈程度及其与权力机制的互动程度。另外，概念还有着“迷惑人的力量”：就算概念集成不能兑现其承诺，在概念的表面意图与其实际影响力之间没有建立起逻辑联系，人们还是会坚持相信概念，特别是在概念的意图具有情绪与说服力时。

因此，我们不仅要审视开放发展的概念环境，还要研究概念迷惑力的工作机制。只有搞清楚这些概念动力学，致力于开放发展的人们才会有意图坚持这份事业。

基于以上这些想法，本章第 1 部分就审视了在当今世界中影响着国际发展的广义上的概念环境。在第 2 部分中，我们探究了概念的迷惑机制，并参考了一些例子，如国内生产总值、独立发展、结构调整、手机接入以及先到先得的理想。这为第 3 部分的内容搭好了舞台。而在第 3 部分中，我会阐述开放发展是一种新的世界观的表现这个观点，它既可以看作是现行主流的以经济为中心的世界观的对立面，也可以说是另一个选项。国际发展归根结底是人类的发展，是为了实现人类的愿望、减轻人类的痛苦的，灵感来自人类伸出援手帮助我们之中在环境、机遇、能力等方面处于劣势群体的这种驱动。本章提供了一种思考方式，让机构在开放发展中发挥中心作用，让我们能始终清楚自己的意图，不受概念的迷惑。

329

第1部分：我们所处的到底是什么时代？

每个社会最首要的特征就是其对于以下问题的隐含假设：我们作为人到底是谁？这个世界如何运转或应该如何运转？如何生活才是正确的方式？我们在这个世界中的目标是什么或应该是什么？这些基本的假设形成了一个基础框架，支撑并创造着我们的思维、行为、联系、存在与认知。在这个基础框架上汇聚数据、收集信息、组成知识、提炼观点并设计我们自认为需要和有意义的智慧，而视角也是基于这个框架。在同样的基础上我们也证明我们汇聚数据、收集信息、组成知识、提炼观点并设计智慧的方式是正确的：任何模式或者说世界观都由其自有的理性参数组成，因此提供了它存在的理由。

哪怕是我们这个社会中最强大的机构也无一例外地在这个基础框架上决定着各项参数，由此形成我们的观点。而在当前这个时代，这个强大的机构就是全球经济。思维科学研究所前任所长、未来主义者威利斯·哈曼(Willis Harman)在一次与萨拉·范格尔德(Sarah van Gelder)的访谈中说过："每个社会都有一个组织神话；传统社会有，中世纪社会有，我们现在也有。我们当代神话的中心思想是经济是至高无上的最大机构，其他所有事物都应该围绕经济运行，而且大家都认为这是合情合理的，经济逻辑与经济价值就应该引导着我们的各项决定。"哈曼提出我们这个经济为中心的世界观是根深蒂固的精英论，"现在与未来都只为少数人谋利而将大多数人处于不利地位"。

全球文明的基础价值体系建立在以货币价值为主旨的经济意识形态上，而人类与自然环境并没有内在价值。而且，因为经济价值等同于货币价值，维系与修护我们这个世界的关爱，因为没有计费就被视而不见了。这对妇女有特别的影响，因为她们的主要责任包括生育与抚养孩子、照顾老人与病患、参与社区的重要活动等等因为没有金钱报酬就被视而不见了。对人类生活与人种维系的这种重要贡献都无法得到认可，不仅对作为单个人的妇女是非常不公平的，而且这种全球都向钱看齐的模式也是无法持续的。全球经济分配倾向激化了不平等与随之而来的不稳定，哈曼对此做了简明扼要的阐述："曾经在西方社会有一个主导的信念，就是如果你在这个地表面上行为举止得体，你就能去天堂；这个信念体系用某些方式将社会团结一致。然后，我们改变了这个信念，本质上说就是如果你踩着别人往上爬而成功了，你就能最终囊获最多的玩具，赢得游戏，而人们就照着做了。"

330

而据诺贝尔奖得主、经济学家约瑟夫·斯蒂格利茨所说，"我们创造了一个物质凌驾于道德之上的社会，我们所取得的快速增长不管是从环境角度还是社会角度都无法持续，而在这个社会中我们也不团结一致地想办法满足我们共同的需求。市场原教旨主义侵蚀了社区，猖獗地剥削着毫不知情、未受保护的个人。"

鉴于全球经济成了人类可持续发展的威胁，我们需要质疑它对发展流程的影响。联合国社会发展研究所（United Nations Research Institute for Social Development，UNRSID）2005 年关于性别平等的报告就指出，如果"主导政策模式有加剧社会与经济不平等、强化边缘化的倾向，无法进行再分配，政府牺牲民众的利益来适应全球力量制衡"，在这样的世界中是不可能实现性别平等的。此外，在经济增长最快的国家，其失踪妇女的数字也是最高的，很显然经济增长并不保证推动人类进步与发展。就算全球经济能起到这样的作用（最近的事件很清楚地证明其不能），主导的经济模式还是不能为人类的发展创建标准化的指南。

这种世界观如何影响国际与开放发展？

目前的主流世界观不仅掌握并控制着经济思维和行为，还影响着人类生活总体的和其他领域的概念与做法，因为它是我们这个世界的主要机构；它是我们的全球组织神话。开放发展与国际发展不可避免地在多个方面受这个概念力场的影响。在下文中，我们会讨论与开放发展是否能实现其转型梦想相关的三个方向的影响。

331　首先，使用“信息时代”或“网络化社会”这样的术语对于这个星球上的很多人来说都是非常荒谬的，即使是在金融危机发生之前也是如此。我们有充分的理由把我们这个时代称为“弱肉强食失控的时代”，就像中世纪被称为“黑暗时代”而不是“信使时代”一样。在中世纪，重要的消息都由人步行、骑马、坐船来传递，学习与教授需要面对面地进行。但是欧洲中世纪所发生的远远不止这些：对所谓巫师的迫害、宗教裁判所、十字军东征等等，像伽利略这样的科学家锒铛入狱，因为比起权威的宗教教义，他们更笃信科学。这些才是对人类文明与进步最重要的影响，因此这一时期也被称为“黑暗时代”。

同理，我们正在转入的时代也不能以所用的通信技术来命名。以我们人类的经验来讲，我们无法将这个世界的信息网络特征与“弱肉强食失控的时代”区分开。不然我们就陷入了称埃及的暴乱为“脸书革命”的人所落入的陷阱（看起来好像革命的发生是由于脸书的存在），看不到其实质内容与政治基础。事实上，暴乱的发生是对独裁政权渗透多年的系统不公正的反抗。同样的，不正确地使用“信息时代”或“网络化社会”这样的概念，也会让我们无法看清主流世界观的破坏力量。最糟糕的是，将现实的各个方面搞得令人困惑不解就会让人们丧失能力与力量，也就不能发展出信息时代的人文主义视角。

随着全球金融危机的爆发，评论者与抗议者都指责个别银行或华尔街要对此次经济崩溃负责。但是尽管上上下下，包括奥巴马总统都在谴责银行家的腐败，他们仍然拿着百万薪酬。很显然，金融领域的道德腐败正是这个经济系统创造并鼓励的思维方式。与其横加指责，不如好好反思我们自己创造了什么：一个弱肉强食、鼓励损人利己的全球系统。它侵入我们的意图并渗透我们的理念与实践的力量不可小觑。如果使用了与之相应的概念从而维护了这个弱肉强食的全球文化，我们就在不知不觉中挫败了开放发展的努力，阻挠了我们最初主动选择的转型意图。

第二，持有这个主流世界观的人类是贪婪的，主要受无情的竞争与自利驱动，几乎没有空间做道德斗争。目前的全球经济秩序正是基于人类是贪婪的竞争者这样的思想而建立起来的，虽然也有关于其他全球经济秩序选项的争论，比如雅克·弗雷斯科(Jacques Fresco)的金星计划，但我们必须质疑这种关于人类本质的概念是否有效与正确。这个弱肉强食的经济秩序的支持者与受益者通过突出人类本性概念加强了这个系统的主导地位及其鼓励的行为。这也是雅克·弗雷斯科在推广他与之不同的全球经济分配体系的讨论会上提出的观点之一。很显然，人类也赞赏关爱与共享行为，很多关爱与共享工作也在进行，不管有没有经济上的报酬。而且，合作的价值也在新信息通信技术使用方式上有所体现，在这种情况下，我们还固执地持有人类是孤立的个体并受自利与竞争驱动的错误概念就显得奇怪了。系统及系统化地否定生活中关爱与共享的重要价值会歪曲我们作为人是谁、做什么的观念，“即使是经济观念表达上也是如此”。从主流的全球分配中反映出的人类是自私、贪婪的观点也被歪曲了。更重要的是，系统化地否定人类关爱与共享行为的存在与重要性，其实揭示出了主流经济

332

意识形态的荒谬。哈曼在以下论述中更接近了现实：

> 如果你要找到不仅是这个社会而且是任何人类社会的发展目标，你会发现：我们都需要一个健康的环境来抚育我们的子女。我们希望与自然和谐相处。我们需要有安全感。我们认为民主、自由、法律、平等与公正都是非常珍贵的。

第三，以经济为中心的世界观其本质是偏向把人类限定为被动消费者的知识产生流程。而主流的研究模式创造知识是为了预测与控制，把人类限定为被动的研究对象，这并非偶然。这就忽略了人类的解析能力与作为解放者改变世界的潜能。

但是这种认知偏见对国际发展与开放发展是十分不利的，会在两个主要方面对研究、设计、监控与评估产生负面影响。一方面是会限制研究者，将其变成没有主观意图的技术员，而把回应研究的人员限定为单纯的研究对象，那么个人的意图与解析能力就被视而不见了。而对人类这些能力不认可，就很难理解人类动因。人类动因是发展努力成功的关键所在，对于发展的研究如果不认可人的意图与解析能力就不能有效地开展国际发展与开放发展。

第二个方面是解释学-解析与批判式解放方法的不充分利用会导致错失很多开放发展研究机会。很多对开放发展项目非常重要的合作设计工作只有在让设计流程（即实际的发展行动流）可见的研究中才能得到充分利用。这在行为研究方式中得到最佳体现，因为这种方式把研究者与研究的参与人员看作解放者。此外，正如马修·L. 史密斯、劳伦特·埃尔德和赫洛伊丝·埃姆登所称，信息通信技术与开放发展项目开放了参与方法论的种种可能。而行为研究与参与研究都需要方法论标准来衡量其特定的研究做法，并以不同的模式逻辑做出辩解。

以经济为中心的主流世界观及其限定人类的方式对国际发展与开放发展的影响还有很多，我无法在这里一一列举。这些影响也不应该被低估；正因为这些影响是隐性的，不被审视，才显得更有威胁力，更强大。

第 2 部分：力量、概念与意图

在此部分中，我们研究了概念影响机制及其向开放发展领域的转移。某些概念集成支付的却是与之允诺相反的概念，不管背后的意图是什么。

GDP 的案例

与开放发展和国际发展领域相关的特定概念集成是 GDP。GDP 代表了以价格为基础的经济中所有商品和服务的价值。可以想象一个国家的 GDP 增长了，但人民的实际收入却缩减了，因为其宜居性是隐性的。作为经济衡量指标的 GDP 可能设置了错误选项，比如是选择促进增长还是选择保护环境。此外，对 GDP 指标的依赖也掩盖了信用危机造成巨大打击之前美国经济的糟糕状态。斯蒂格利茨承认"对该指标的缺陷已有很长时间的讨论，这个指标没有考量财富分配的差距、自然资源的枯竭、地下经济体以及商品与服务的质量等因素"。其他的发展指标也存在一段时间了，而且没有上述缺点，比如真实发展指标（Genuine Progress Indicator，GPI）与人类发展指标（Human Development Index，HDI），后者后来演变成调整不平等的人类发展指标，但是 GDP 作为概念还是衡量发展过程进展的方法（不管是在世界银行的博文，还是在非洲发展银行的博文中等等）。 334

分离发展与结构调整

类似概念集成的阐释以前也有过，涉及对于发展非常关键的术语和概念，比如“分离发展”与“结构调整”。分离发展的概念用来命名在种族隔离的南非对不同的人有不同的对待方式的这一做法并证明其可行。这个概念的意图看似是尊重人们不同的文化背景，开展真实而可持续的发展项目，但是对分离发展的概念运用的做法与结果加以研究可以发现，分离发展与真实发展毫无关系。这种做法以一种前所未有的方式造成了南非的核心与周边的对立局面，南非本土持续地向实际上只有白人的领地输送着廉价劳动力。而人们在很长一段时间之后才看清事实。

结构调整是一种概念的允诺与结果不一致的例子。结构调整的意图是将纷乱的经济架构整理好秩序以提高生产效率，抽象地讲，这的确很符合逻辑。但在现实中，这些改革其实就是债务偿还计划。很多的非洲机构因为发展不充分而无法完成计划的改革，而这些债务偿还计划使他们无法拥有足够的资源让机构顺利运转。结构调整的灾难性后果在非洲仍比比皆是，但它还是持续多年引领了经济发展理论与做法。

335

为什么在意图与现实之间有这样大的差距？又为什么这种话语与现实之间的脱节可以持续那么长的时间？我们可以用两个发展所需的信息通信技术案例来揭示什么动态变化造成了承诺的倒置。

用概念包装为性别歧视开绿灯

位于哈拉雷的津巴布韦大学，学生使用免费的图书馆电脑是基于“先到先得”的规定。但是管理员发现，来使用的学生绝大部分是男性。当女性学生被问到她们对图书馆电脑使用的观点与经历时，她们都说自己作为妻子与母亲有家庭职责，而图书馆电脑免费使用的时段正是她们要完成家庭职责的时候，而且她们在排队等待使用电脑的时候，可能会有男生过来把她们推出队伍。虽然她们承认“先到先得”的规定是民主的、公平的，甚至可以说赋予了女性权力的，但同时她们也哀叹她们必须付出更多努力用其他方式才能使用电脑。这些女性学生并没有一个概念去思考这一使用规定的正确方式，找到真正与她们的经历匹配的结论，她们所说的只是这个规定造成的现实结果。当研究者进一步努力创造机会让她们直面经历、情绪、反思与梦想时，她们才最终忠实表达了自己的想法，认为她们无法使用电脑其实是缘于种种不便以及对她们应有权利的剥夺。而如果没有研究者的干预，这些女性学生是不会做这种概念思维，找到立场来质疑这条规定的公正性的。

“先到先得”的规定无疑是大学管理方为了尽可能地让男女学生都能获得使用权而制定的，但在特定环境中却成了性别歧视的工具。更成问题的是，这个规定本身成了腐败的力量：给学生限定了逻辑框架，起到了概念烟雾弹的作用，让他们看不清真实情况。这样一来，这条规定在电脑使用领域消除女性竞争力这方面倒是成效卓著，还建立起了女性不使用信息通信技术这一模式化形象。

因连接而分隔：手机使用的讽刺意味

336

手机的使用加强了连接、移动与社会宣传的种种可能，特别是在陆地运输匮乏、很多信息传递靠人类信使与面对面交流的地区。在这种情境中，手机的创新使用看似提高了参与度，比如可以用公共系统呼叫的形式回复未接来电，这让因为费用太高而用不起手机的人也能参与进来。但是，K. B.亚伯拉罕(K. B. Abraham)在赞比亚进行了手机网络与提高女性权利的研究后发现，正是这种创新使用未接来电呼叫的选项在一组使用手机来实现接连、移动与社会宣传目的的女性之间形成了分隔。因为有些女性用得起，有些用不起，那么这些女性使用者就开始用“打手机的人”和“用寻呼机的人”这样的词汇，因而一个前所未有的“虚拟的阶层分隔”出现了。信息通信技术的使用在一个会造成分裂的金钱系统中发生，其可能会成为这个系统的帮凶，而这一技术的使用者也会延续这些分裂。尽管这个女性组织想通过手机使用加强连接效率的意图受到金融经济环境金钱至上负面影响而受到一定程度的挫败，她们并没有对经济机构分裂的概念提出质疑，而是自我批评或互相指责。

概念迷惑力的机制

津巴布韦的图书馆计算机不公平使用事件是由先到先得的民主意图造成的。而学生在对他们的经历做出解释的过程中接受了这个规定内含的意思，从而创造了一个烟幕，阻碍他们看清楚开放获取规定的现实影响并做出正确分析。围绕手机使用展开的关于连接的论调导致了赞比亚的项目活动者之间的分隔。在这两个案例中，参与者本人的概念在意图与行为结果的不匹配上也起到了重要作用。

那我们怎么会花这么长的时间才明白某些概念集成与做法并不能兑现其承诺的目标呢？这里有一个习惯性因素：概念集成的行为机制与一系列活动不容易被打断并改变，因为人类是有习惯的生物。

但是除了习惯，还有很多其他因素。正如津巴布韦的案例所显示的，在各个层面都有力量在起作用：没有受到任何质疑的图书馆开放时间就是一种力量，代表了当地文化以男性为中心，而男学生还用他们的身体力量去欺负女学生。这两种形式的力量影响了女学生的行为，而这种影响她们是意识到的。但这两种力量也可能影响了女学生的概念化流程。在男性主宰的环境中生活意味着男性身体力量的威胁随时存在、非常真实，也意味着这种男性主宰的文化已经浸入了所有的规定、标准以及这些规定与标准的呈现

337

方式。而女学生的概念化流程制造了阻碍他们看清楚真实情况的烟幕。可以说这种烟幕的首要作用就是防止女学生认识到到底是怎么回事，即“调整她们自己的偏向”而转向她们能接受的可能，而非对现实的质疑与反抗。要维持这种虚伪的公平假象，就必须忽视她们自己在这个概念化流程中的作用。而为了无视她们的概念中对男性主宰文化的赞同，女学生也会无视男学生在现状中的利益。力量与无视在这个过程中精雕细刻、潜移默化，让女性自动接受，让男性从中获益。

这种弱势群体在主流文化中调整自己，去接受看似可以接受的选择或优先权的调整偏向，可以用来解释其他的允诺不能兑现的案例。GDP、结构调整、分离发展等概念都来自这个以经济为中心的世界最强大的阶层——金融货币体系。因而，我们做出大部分的民众都会调整其偏向去适应这个强大到无孔不入的概念集成这种设想，也就很符合逻辑了。可以说越是弱势的群体，这种适应调整就越坚决。女权主义的研究者都很清楚地认识到这个事实，“处于支配地位的群体的观念渗透到了社会如何运行的常识中，从而使其他群体的真正利益诉求变得模糊不清”。

这也就解释了为什么赞比亚的女性组织把金钱系统的分隔本质造成的结果归因于她们自己或对方，而并没有意识到手机的使用造成她们之间以前不曾有的分隔到底是怎么回事。津巴布韦的案例表明社会与个人对于性别力量的观念是互相创造与维系的：弱势群体接受主导概念并对他们自己的经历赋予意义是动态的过程。妇女与其他的弱势群体可能因此而并没有意识到他们其实成了将他们自己变成弱势群体的参与者，不仅是因为他们对自己的经历赋予意义的方式受周边环境中主导力量的影响，也因为他们可能没有完全意识到在面对外界压力时他们放弃了忠实于自己的意愿。力量与无视在这些案例中都精雕细刻、潜移默化地让弱势群体自动接受，而让强势群体从中获益。

338

如果我们转而关注人类内在处理理论概念的方式，那么需要能跟现实匹配的概念（而不是相反的方式）的原因也就更能理解了。概念真是强大的工具，一旦被接受成为集体意识的内含部分，就影响着人们的思考、情绪、经历与现实。概念变成了我们人类梦想与对外联系的场所与空间。在这个过程中，概念造就了我们，也输送给我们对于自己与外界的感知。在思考者与思维之间其实没有很明显的分离：一个人在栖居于一个概念的那一刻，思考者与思维合而为一了，除非这个人付出特殊的努力在思维中审视自己。

思维过程一般不反思的性质使概念在揭示现实的同时也掩盖同一现实在其他方面的能力。因此，唤起对“发展”真实意图理解的概念也同时将具有最高尚意图的人引入迷途，即使伴随着这个意图的做法影响着允诺的对立面。我们的感知受到我们深信的概念的指引，而因为概念经常是同义反复的（就是说它们在其特定的解释范畴内汇聚其存在的各种理由），它们就成了完美的烟幕。

揭示真相

通过研究以上案例，我们已经清楚地看到要发现概念集成中不一致之处需要花费很长的时间才能找到问题所在。这种不一致表明逻辑序列中缺失了一个环节，此序列包含：概念集成的“允诺”，允诺实际表现的表面意图，意图所引发的概念化方法与活动的“官方”含义，人类经历与现实的结果，在表现状态方面的影响。

339 概念没有履行其允诺的状况对于这个不一致之处很难发现是有重大影响的。正如我们研究发现的，力量在这里起了关键作用：不管这股力量是受男权还是金钱的控制，这种不一致的被忽视就是为了符合更广阔的环境中更为强势的一方的利益与意图。例如GDP、分离发展、结构调整、“先到先得”、手机连接这样的概念集成反映的都是创造了这些概念集成的系统的利益。虽然更强势的一方也不一定总是这些具有迷惑性的概念集成的原创者，但正是其强势帮助他们始终处于支配地位，哪怕这些概念最初的意图并不是服务于他们。与此同时，弱势群体的概念化流程维持着这种不一致的状态，掩盖着更为强势的那一方的利益所在。这种复杂的情况日积月累地形成了典型的同义反复循环，弱势群体成了将自己变成弱势群体的推手，不仅接受了强势群体的观念，也(不同程度上)放弃了他们自己的意图。

在津巴布韦与赞比亚的案例中，需要有一个关心这些问题的外部人士推开烟幕，将不一致、允诺与现实的差距揭示出来，让大家意识到并加以讨论。同样的方法也可以用来揭示GDP、分离发展、结构调整的真相。但我们如何能揭开蒙在开放发展上的面纱？什么方式才能确保此概念背后的意图准确地到现实中实现？如何确保开放发展为主导的以经济为中心的模式注入人文主义与可持续性，而非服从于这个模式？本书在很多方面都为回答这些问题迈出了重要一步。我们需要将开放流程既看作模式又看作战场。但鉴于全球金融危机的发生，很明显我们也需要研究开放流程中弱势群体以其思考方式将权力拱手让给强势一方的可能。

我们需要理解开放发展也是概念集成，在人类利益、意图与权力的角力场所中运作。概念集成邀请使用者(内部人士)透过概念化的光镜感知其流程、结果甚至对于环境的影响。但结果有可能是又一个烟幕掩盖住了意图与环境影响之间的不一致。

从利益与意图的角度去理解在一个更广阔的环境中一个概念集成是否与更强大的概念集成有冲突，这是至关重要的。如果在一个环境中，一个概念集成与更强大的概念集成有冲突，更强势一方的概念与做法会挫败这个概念集成的意图与利益，将其纳入麾下，迫使它符合胜者的意图与利益。而由于弱势群体的概念化流程创建的烟幕，意图与想要的影响之间的不一致可能要过很久才会被察觉。这种不可见为更强势的一方提供了服务，因此力量与 340

不可见在这种情境中是携手共进的。

如果内部人士与外部人士有了对话(一方受制于概念幻象，而另一方并没有)，意图与想要的影响之间的不一致以及概念集成之间意图与利益的冲突就变得可见、可命名了。而在这个可见化、可命名的过程中，影响无处不在并使原创概念集成偏离轨道的强势一方可以受到控制而被制服。

更重要的是，面对一个在利益与意图方面有冲突但更为强势的概念集成的侵犯，对于原创概念集成来说最强有力的防御就是内部人士自己对自己的意图保持清醒的认识，这样就能在最初的意图与实际表现不一致时立刻发现它。只有意识到有不一致的地方才可能表达不满并创造其他可能性。

第3部分：开放发展的一种新模式

约柴·本科勒在撰写这本书的前言部分时提到开放发展跟自由相关："特别是对于发展来说，开放的模式起到了对新自由主义的华盛顿共识的重要制衡以及之后的软化作用。特别是开放模式提供了某种程度的工程意义上的自由，可以围绕发展设计干预而无需依赖市场或国家。"这个想法在谈到互联网时也被反复提及：自由共享，不受编码控制、产权或市场的束缚。这是开放与自由的空间，参与者都可以尽情地与他们所想交流的人表达、连接与分享。正如 Mozilla 网站上所声称的，"我们相信互联网是公共的、公开的并可获取的"。开放的概念可能一时成为自由的代名词，用来跟开源软件思想意识上的对抗性内含加以区别。但事实仍然是在行使表达与分享的自由时，自由与开放的概念集成相交叉并冲突，成为引导真实世界的标记又赋予其意义。

341

《时代》(*Time*)杂志的编辑列夫·格罗斯曼(Levv Grosman)说过，开放是关于连接的："这是一个关于社区及前所未有的大规模合作的故事。这里有知识的海量概要维基百科、百万渠道用户网站 YouTube 和网络城市 MySpace。这里有少数人发出多股角力，无偿地互相帮助，不仅改变着世界，也改变着世界改变的方式。”如果经济价值等同于金钱的价值，那这些组织所进行的活动中并没有多少是经济方面的。但在它们创造的开放、虚拟、全球化的空间中，很多活动都直接对人类的自由做出了贡献，通过加强他们所有的选项，推进了人类的进步与发展。就算金钱还是起着作用，因为有些期刊（如 *Truthout*）与活动组织（如 Avaaz）需要金钱的资助来维持其运转，但如果把维基百科与 Mozilla 这样的非营利组织与之加以区分，并不能提高我们对这些机构的宗旨与范畴的认识。这是关于“人对人……互联网的初衷就是如此”，蒂姆·伯纳斯-李如是说。

开放发展的思想者与行动者通过实际行为强化着平等、共享与连接。很明显，他们的贡献并不受贪婪与竞争的驱动，而是人类做有帮助的有意义的贡献、公开分享、自由合作的内在需求。因而，开放发展可以看作对现行功利主义的、增长驱动的、以经济为中心的主流世界观的批判。

虽然没有用文字表达而体现在行动中，开放发展最有意义的特征是个人意愿。发展最重要和最强大的驱动力是人的意图，是作为发展流程一部分的所有人的意愿，而对于开放发展来说亦是如此。人类的意图使项目的进展与目标保持一致。但在开放发展中，个人的意图不可否认是所有一切的关键：因为大部分的工作是自发的，没有任何报酬。所以更有必要在判断开放发展项目正确与否时，将人类意图放在概念、手段与战略中最显著的位置上，不管其是指设计、研究、做法还是参与。但我也认为，在启动、思考与交流过程中创建一个显著的人类意图场所以协助开放发展项目抵御主流的以经济为中心的世界观的侵犯，并不是件很容易的事情，还有很长的路要走。

342

在津巴布韦与赞比亚的案例研究中，研究的参与者受到提醒之后，意识到了他们的原始意图与最终结果之间的差距。这一学习过程可以转移到开放发展。就意思、概念化、活动、结果与表现或影响之间关系进行对话可以开启众多概念集成设置的同义反复循环。在这样的对话中，概念不再局限在它们证明其正确性并提供解释的场所，会跟它们的允诺和激发其设计与使用的个人意图保持一致。

此外，参与者之间认可彼此的意图和分享的目标，可以创建一个有意义的对话与互动场所。对于意图而非目标与结果的关注可以将流程与结果的发展和项目目标保持一致，但同时也允许灵活、流动地发现意外的情况甚至是意图之外的积极效果。再者，这样的发展或研究流程有利于证明开放发展的梦想与本质是正确的。

因此，可以说创造一个开放发展新的模式空间作为人类行为与知识构建的场所可能会有很不错的效果。虽然代表他人如是说总是一件很敏感的事，特别是代表一个或是一组投入了他们的开放思想与空余时间在开放发展事业上进行合作的群体来发表意见是很危险的，因为给开放发展一个概念上的空白是很危险的。在第 1 部分和第 2 部分中我就努力地表明为什么这样做是危险的：明显地站在开放发展的思维与做法对立面的主导的世界观会乘虚而入。再者，开放发展中知识产生的流程以特别的方式进化，任何想要对开放发展做出有意义贡献的研究、监控与评估行为都需要证明其正确性；如果做不到，就会造成流程中的不和谐与不一致，以及知识内容的扭曲。因此，给开放发展的概念集成留下方法论上的空白在现行的有权力差异的概念集成角力场上是非常不理性的。如果我们不表明开放发展自我呈现的意图，其潜力以及贡献者的时间与精力都有被发展相关的其他观念吞并的风险。

343

存在论、认知论、价值论与方法论的模式框架在概念、话语、阐释中显现，更重要的是在共同创造开放发展的人类行动中呈现。

对于模式的认可需要合作完成，特别是在开放发展中！这里我要呈现一个开放发展模式的概要，希望读者对它的感知能与我的意图一致：旨在激发未来的方法论行为与思考的临时论点。虽然开放发展应该保持开放，所以这不是对开放发展的总结性陈述（我也希望保持这种状态），但是开放发展也需要一个概念框架以对下列对象的概念达成共识：

- 国际发展与人类发展。
- 单个的人类。
- 知识。
- 社会是什么或应该怎样。
- 人类的价值。

基于此，开放发展作为一种模式，其意图应包括以下"定义"：

人类发展的进步。这里"进步"的定义是提高人类及其社区的福祉。"发展"则定义为自由。重要的指标包括人类发展指标、调整不平等的人类发展指标、性别不平等指标和多向穷困指标。

人类。人类是有意图、有解放力与创造力的参与者。这些品质不仅是发展者与研究者所拥有的，也是参与者与受益者所拥有的。

知识。知识应该是机敏的，流动的，可以开放获取的。知识应该是可以分享与共同创造的。学习、分享与合作、网络化的过程都是研究的重要领域。所有的研究方式只要能揭示某个现象，我们都应该认可其价值。

社会。一个社会应该横向地激发出人类互动与分享的空间。经济系统主要推进的应该是人类有意识的进化与更多的自由。 344

价值。关爱、分享与合作是理性的价值。人类的进步则定义为所有人的真正自由。人类分享、创造和给予的能力是无限的。人类生活在一起能够创造一个非零和的国度。

这个概要可以引导内部人士与外部机构一起面对开放发展，选择对开放发展项目的特定本质来说是正确的概念和手段及可靠的战略。也可以作为开放发展项目意图的决算表。如果项目没有在实际中跟意图保持一致，那说明流程对参与者关闭了。

开放发展的思考者与行动者主要通过他们的行动而非他们对于行动的思考来展示他们设计、研究、行动与行为研究的模式可能是怎样的。他们提供了一个平等的空间，这一空间有别于主流的以经济为中心的世界观代表的霸权，并挑战着现行的只关注控制和预测的知识与行动而不关注改变、表达、分享与创造性的主流研究模式。

对人类意图的认可会让开放发展项目保持开放，参与可靠的讨论。强化人的意图，因而让人本身与基于连接、分享和表达自由的开放发展项目保持一致。开放发展可能以超出我们现在所能想到的方式成为一首自由之歌。它的领域正在拓展，新的天际线正在被创造。它已经让我们的世界更加自由，更富有关爱和分享。我们还能期待更多。而在打造开放发展的领域中，我们应该尊重正在思考与创造开放发展的人类意图。尊重它意味着发现它并释放它的力量。

349 **参考文献：**

1. Abraham，K. B. “The Names in Your Address Book：Are Mobile Phone Networks Effective in Advocating Women's Rights in Zambia?” In *African Women and ICTs：Investigating Technology，Gender and Empowerment*，ed. I. Buskens and A. Webb，97 - 104. London；Ottawa：Zed Books；IDRC，2009.
2. Blunden，A. “Amarta Sen on Well-being and Critical Voice.” August，2004. http://home.mira.net/～andy/works/sen-critical-voice.htm.
3. Buskens，I. “Agency and Reflexivity in ICT4D Research：Questioning Women's Options，Poverty and Human Development.” *Information Technologies & International Development* 6，(Special Edition，2010)：19 - 24.

4. Buskens, I. "The Importance of Intent: Reflecting on Open Development for Women Empowerment." *Information Technologies & International Development* 7 (1) (Spring 2011): 71 - 76.
5. Buskens, I., and S. Earl. "Research for Change — Outcome Mapping's Contribution to Emancipatory Research in Africa." *Action Research* 6 (2) (June 2008): 173 - 192.
6. Earl, S., F. Carden, and T. Smutylo. *Outcome Mapping: Building Learning and Reflection into Development Programs*. Ottawa: International Development Research Centre, 2001.
7. Elder, L., H. Emdon, B. Petrazzini, M. Smith,. "Open Development: A New Theory for ICD4T." *Information Technology & International Development* 7, (1) (Special Issue, 2011): iii - ix.
8. Gurumurthy, A. "From Social Enterprises to Mobiles-Seeking a Peg to Hang a Premeditated ICTD Theory." *Information Technologies & International Development* 6, (Special Edition, 2010): 57 - 63.
9. Habermas, J. *Theorie des kommunikativen Handelns*. Frankfurt am Main: Suhrkamp Verlag, 1981.
10. Hill, M. "Development as Empowerment." *Feminist Economics* 9 (2 - 3) (2003): 117 - 135.
11. Kleine, D. "'None but Ourselves Can Free Our Minds' — Development, Technological Change and Escaping the Tyranny of Direct Impact." Paper presented at the IFIP 9. 4 Workshop Theorising Development and Technological Change. London: London School of Economics, May 26, 2010.
12. Leone, M. "Stiglitz: GDP Blinded Us to the Crisis," *CFO*, September 29, 2009. http://www.cfo.com/article.cfm/14443847/?f=rsspage.
13. Ludema, J., D. L. Cooperrider, and F. J. Barrett. Appreciative Inquiry: The Power of the Unconditional Positive Question. In *Handbook of Action research: Participative Inquiry and Practice*, ed. P. Reason and H. Bradbury, 187 - 199. London: Sage, 2001.
14. Mbambo-Thata, B., E. Mlambo, and P. Mwatsyia. "When a Gender Blind Policy Results in Discrimination: Realities and Perceptions of Female Students at the University of Zimbabwe." In *African Women and ICTs: Investigating Technology, Gender and Empowerment*, ed. I. Buskens and A. Webb, 67 - 76. Ottawa: Zed Books, IDRC, 2009.

350

15. Molyneux, M., and S. Razavi. *Beijing Plus 10: An Ambivalent Record on Gender Justice*, Occasional Paper 15. Geneva: United Nations Research Institute for Social, 2006.
16. Moddel, P. "Intent and the Process of Becoming Conscious: A Phenomenological View. Society for Scientific Exploration." 2009, http://www.scientificexploration.org/talks/27th_annual/27th_annual_moddel_p_phenomenology_intent.html.
17. Nussbaum, M. C. *Women and Human Development: The Capabilities Approach*. Cambridge: Cambridge University Press, 2000.
18. Nussbaum, M. C. "Capabilities as Fundamental Entitlements: Sen and Social Justice." *Feminist Economics* 9 (2-3) (2003): 33-59.
19. Sen, A. *Development as Freedom*. Oxford: Oxford University Press, 1999.
20. Senge, P., and O. Scharmer. "Community Action Research: Learning as a Community of Practitioners, Consultants and Researchers." In *Handbook of Action Research: Participative Inquiry and Practice*, ed. P. Reason and H. Bradbury, 238-249. London: Sage, 2001.
21. Smaling, A. "The pragmatic dimension: Paradigmatic and Pragmatic Aspects of Choosing a Qualitative or Quantitative Method." *Quality & Quantity* 28 (3) (1994): 233-249.
22. Smaling, A. "Open-mindedness, Open-heartedness and Dialogical Openness: The Dialectics of Openings and Closures." In *Openness in Research: The Tension Between Self and Othe*,. eds. I. Maso, P. A. Atkinson, S. Delamont, and J. C. Verhoeven eds. Assen, Netherlands: Van Gorcum, 1995, 21-32.
23. Smaling, A. Dialogical Partnership: The Relationship Between the Researcher and the Researched in Action Research. In *The Complexity of Relationships in Action Research*, ed. B. Boog, H. Coenen, and R. Lammerts, 1-15. Tilburg, Netherlands: Tilburg University Press, 1998.
24. Smaling, A. Qualitative Research Summer Schools, organized by the Center for Research Methdology, Human Sciences Research Council, Pretoria, South Africa, 1993-1994.
25. Smith, M., and L. Elder, "Open ICT Ecosystems Transforming the Developing World," *Journal of Information Technology and International Development* 6 (1) (Special Issue on Open Development, 2010): 65-71.

26. Stiglitz, J., A. Sen, and J. P. Fitoussi. *Report by the Commission on the Measurement of Economic Performance and Social Progress, Executive Summary, point 3*. Paris: Commission of the Measurement of Economic Performance and Social Progress, 2009.

351

27. *UNDP Human Development Report. The Real Wealth of Nations: Pathways to Human Development: 20th Anniversary Edition*. 2010. New York: United Nations Development Programme.

28. U.N.R.I.S.D. *Gender Equality: Striving for Justice in an Unequal World*, Occasional Paper. Geneva: United Nations Research Institute for Social Development; UN, 2005.

撰稿人

- 约柴·本科勒,马萨诸塞州剑桥市互联网与社会伯克曼研究中心(Berkman Center for Internet and Society)系主任、企业家法律研究杰克·N.和莉莲·R.伯克曼教授(Jack N. and Lillian R. Berkman Professor)
- 卡拉·M.博尼纳,英国伦敦政治经济学院(London School of Economics and Political Science)管理系研究员
- 伊内克·布斯肯斯,南非格拉鲍研究未来与促进未来发展研究中心(Research for the Future and Facilitating the Future)GRACE项目执行主任
- 莱斯利·成,Bioline International 合作出版网站负责人;加拿大多伦多大学斯卡伯勒分校重点发展研究中心(Centre for Critical Development Studies)副主任
- 阿布达拉·达尔,加拿大多伦多大学桑德拉·罗特曼中心(Sandra Rotman Centre)公共卫生科学和外科学教授、南非斯泰伦博斯高级研究所(Stellenbosch Institute for Advanced Study)教授
- 杰里米·德贝尔,加拿大渥太华大学法学院副教授
- 马克·格雷厄姆,牛津大学牛津互联网研究所(Oxford Internet Institute)主任(主管研究)
- 伊芙·格雷,南非开普敦大学教育技术中心(Centre for Educational Technology)名誉研究员、知识产权法律和政策研究部(IP Law and Policy Research Unit)高级研究员
- 安尼塔·古鲁穆里,印度班加罗尔(Bangalore),信息技术促进变

革研究中心(IT for Change)执行主任

- 哈瓦德·哈尔斯塔德,挪威卑尔根大学(University of Bergen)地理系博士后
- 布兰·哈维,加拿大渥太华,国际发展研究中心高级项目经理 354
- 迈拉·卡恩,英国伦敦,伦敦政治经济学院研究生
- 梅利莎·劳登,美国洛杉矶,南加利福尼亚大学安南伯格传播与新闻学院(Annenberg School for Communication and Journalism)博士生
- 阿伦·K. 马丁,法国巴黎,经济合作与发展组织政策分析师
- 哈桑·马萨姆,加拿大多伦多和滑铁卢,滑铁卢复杂系统与创新研究所(Waterloo Institute for Complexity and Innovation)研究员
- 奇迪·奥古马南姆,加拿大渥太华,渥太华大学法学院副教授
- 凯瑟琳·M. A.赖利,加拿大渥太华,西蒙弗雷泽大学(Simon Fraser University)通信学院助理教授
- 乌尔里克·里韦特,南非开普敦,开普敦大学土木工程系副教授
- 卡尔·施罗德,加拿大多伦多,作家与未来学家
- 帕明德·吉特·辛格,印度班加罗尔,用于改变的通信技术项目主管
- 马修·L. 史密斯,加拿大渥太华,国际发展研究中心高级项目经理
- 马歇尔·S. 史密斯,美国帕罗奥图(Palo Alto),美国教育部前副部长、斯坦福大学教育学院前院长、教授

索　引

（本索引中所注页码为英文原书页码，即本书边码）